TS 한국교통안전공단 시

드론 (초경량비행장치) (무인멀티콥터) 조종자 자격

김종복, 오석봉, 김창수, 김장호 지음

BM (주)도서출판 **성안당**

■ 도서 A/S 안내

성안당에서 발행하는 모든 도서는 저자와 출판사, 그리고 독자가 함께 만들어 나갑니다.

좋은 책을 펴내기 위해 많은 노력을 기울이고 있습니다. 혹시라도 내용상의 오류나 오탈자 등이 발견되면 "좋은 책은 나라의 보배"로서 우리 모두가 함께 만들어 간다는 마음으로 연락주시기 바랍니다. 수정 보완하여 더 나은 책이 되도록 최선을 다하겠습니다.

성안당은 늘 독자 여러분들의 소중한 의견을 기다리고 있습니다. 좋은 의견을 보내주시는 분께는 성안당 쇼핑몰의 포인트(3,000포인트)를 적립해 드립니다.

잘못 만들어진 책이나 부록 등이 파손된 경우에는 교환해 드립니다.

저자 문의 e-mail : eiceo@naver.com(오석봉)

본서 기획자 e-mail : coh@cyber.co.kr(최옥현)

홈페이지 : http://www.cyber.co.kr   전화 : 031) 950-6300

오늘날 인류는 제4차 산업혁명이라는 새로운 패러다임에서 살고 있다. 즉 인공지능과 기술정보의 기반에 초지능 융합을 통한 거대 디지털 생태계의 환경을 만들어가고 있다. 그 가운데 우리가 관심 갖고 있는 드론(Drone)은 최일선, 최첨단 현장에서 무한 진화·발전하고 있다.

드론은 과학기술 및 AI의 진화 및 각종 센서, 위성항법장치(GPS)의 활용 등으로 이전보다 훨씬 더 섬세하고 자율적인 비행 및 임무수행에 있어 좀 더 포괄적이고 체계적인 완성도 높은 비행 임무가 가능해지고, 스마트폰 등의 모니터링이 가능한 초소형 기체부터 대형 기체 운영으로 레저 및 농업, 항공촬영, 조종교육 등 일반인도 손쉽게 일정 기준의 자격을 갖추면 비행이 가능해졌다.

정부는 택배, 농업, 군, 소방, 경찰 등 각종 산업과 국가 안보에 활용 가치가 높은 드론 산업을 집중육성해 2025년까지 시장규모를 1조 원으로 끌어올리고 세계 7대 드론 강국으로 도약하겠다고 밝히고 있다.

드론은 제4차 산업의 선두주자로 학교 및 연구소 산업체 등에 핵심 요인으로 인식되고 있다. 드론 비행으로 수집되는 빅데이터를 분석, 활용함으로써 현재 및 미래의 예측을 훨씬 더 과학적으로 풀어가고, 인공지능 및 사물인터넷과 결합하여 새로운 산업 생태계를 가져다줄 것으로 전망되고 있다.

본 드론 수험서(초경량 비행장치 무인멀티콥터 조종자)는 평소 항공과 드론에 관심을 가지고 입문하려는 사람뿐만 아니라 드론 조종자, 나아가 제4차 산업혁명의 핵심기술로 구현될 새로운 미래 플랫폼을 꿈꾸는 사람들에게 드론에 대한 기초지식 및 항공기의 기본 지식을 제공하고 있다. 항공기 및 드론의 비행원리를 쉽게 이해하도록 이론적인 내용을 간결하고도 내실 있게 설명하고 있으며, 수험서 본래의 역할을 다하기 위해 장별로 풍부한 기출문제와 적중예상문제를 구비하여 연습과 복습에 충실하도록 함으로써 필기시험에 대한 완벽한 대비는 물론 실기시험에도 대처하도록 하였다. 향후 독자들의 의견과 최신 정보를 지속적으로 반영하여 드론의 입문서이자 수험서로서의 역할을 충실히 해나갈 것이다.

끝으로 수험서가 나오기까지 수고해 주신 성안당 출판사 편집진들에게 진심으로 감사의 마음을 전한다.

대표저자 김종복, 오석봉, 김창수, 김장호

무료 동영상 강의 안내

❶ 유튜브(https://www.youtube.com/) 사이트에서 『한국드론센터』를 입력한 후 검색 아이콘을 클릭합니다.

❷ 『KDC』 아이콘을 클릭합니다.

❸ KDC한국드론센터에서 본 도서의 전체 무료 동영상 강의를 학습할 수 있습니다.

초경량 비행장치(드론) 조종자 증명 시험 안내

1. 시행처 : 한국교통안전공단(https://www.kotsa.or.kr)

2. 응시 기준 : 만 14세 이상(무인동력비행장치 4종의 경우 만 10세 이상) 초경량 비행장치 조종자 자격 증명을 취득하고자 하는 자가 항공안전법 제125조에 의해 응시하는 시험(학과시험 및 실기시험)

3. 과목 및 합격 기준

- 학과시험(필기시험)의 경우 70점 이상(100점 만점) 합격
- 실기시험의 경우 모든 항목에서 만족(S)을 받아야 합격

※ 세부 기준은 TS국가자격시험 홈페이지(lic.kotsa.or.kr)에서 확인

4. 조종자 자격 관련 Q&A

Q1 기존에 취미로 무인동력비행장치를 운영하던 사람들은 자격 증명을 취득해야 하나요?

A1 네. '2021년 3월 1일부터 항공안전법 제125조 제1항 및 같은 법 시행규칙 제306조 제4항에 따라 최대이륙중량이 250g을 초과하는 경우에는 영리뿐만 아니라 비영리 기체를 운영하는 경우에도 자격 증명을 취득해야 합니다.

Q2 무인동력비행장치 교육기관마다 순서, 구호 등 교육 방법이 상이한데, 이를 통일하기 위하여 시험 전 과정에 대한 영상을 제공하나요?

A2 관련 영상은 유튜브 채널 "TS 드론날자"를 통해 업로드되어 있습니다.

　* 유튜브 채널 URL : https://www.youtube.com/channel/UC46q7ckdrKxiSL5I7HOySTw

Q3 무인동력비행장치 최대이륙중량 25kg 초과 기체를 사용할 경우, 교육할 때마다 비행 승인을 받아야 하나요?

A3 네. 항공안전법 제127조 및 같은 법 시행규칙 제308조에 따라 최대이륙중량 25kg 초과하는 드론을 비행하기 전에 관할기관에 비행 승인을 받아야 합니다. 다만, 동일한 목적의 비행은 최대 6개월까지 비행 승인이 가능합니다.

Q4 무인동력비행장치 국가자격 취득을 위한 실기시험장 운영은 어떻게 변경되나요?

A4 '21년에 시행되는 실기시험은 교육을 이수한 교육기관(전문교육기관 또는 사설교육기관)에 상관없이 사전에 응시자가 협의한 전문교육기관 또는 공단에서 제공한 상설실기시험장에서 선택하여 볼 수 있습니다. 단, 실기시험 응시에 필요한 서류(비행경력증명서, 제원표, 신고증명서, 신체검사증명서, 보험 관련 서류 등) 및 기체는 응시자가 준비해야 합니다.

Q5 개인이 보유하던 기체로도 시험이 가능한가요?

A5 네. 신고된 기체라면 시험 응시가 가능합니다(영리/비영리 관계없음).

Q6 무인동력비행장치 실기시험을 응시하기 위해선 어떤 기체를 준비해야 하나요?

A6 다음과 같이 응시하는 종별 무게 기준에 해당하는 기체를 준비해야 합니다.

구분	무게 기준	영리	비영리
1종	최대이륙중량 25kg 초과 자체중량 150kg 이하	보험 가입 증서 필요	서약서 징구
2종	최대이륙중량 7kg 초과 자체중량 25kg 이하		
3종	최대이륙중량 2kg 초과 자체중량 7kg 이하		
4종	최대이륙중량 250g 초과 자체중량 2kg 이하		

Q7 무인동력비행장치 4종 자격 취득을 위한 온라인 교육은 총 몇 시간으로 구성되나요?

A7 온라인교육은 항공법규(3시간), 비행이론 및 운용(2시간), 항공기상(1시간)으로 구성되어 있으며 총 6시간 과정입니다.

Q8 무인동력비행장치 1종을 취득해도 2종이나 3종 자격 증명을 별도로 취득해야 하나요?

A8 아닙니다. 해당 종류의 1종을 취득하면 2종, 3종 및 4종 기체에 대한 운영이 가능하므로 1종만 취득하여도 됩니다. 즉, 상위 자격 증명을 취득하면 하위 자격 증명이 필요한 업무수행이 가능합니다.

Q9 무인동력비행장치 다른 종의 자격 증명을 취득하기 위해서는 학과시험을 따로 봐야 하나요?

A9 아닙니다. 학과시험은 같은 종류의 자격(예: 무인멀티콥터) 1종부터 3종까지 통합으로 시행되며 학과시험에 합격한 경우, 유효기간 (2년) 이내라면 1종부터 3종까지 모든 자격 증명에 적용됩니다.

Q10 초경량 비행장치 종류를 잘못 선택해서 응시자격을 신청했는데 취소할 수 있나요?

A10 응시자격 신청 취소는 불가능합니다. 해당하는 종류의 응시자격을 다시 신청해 주시기 바랍니다. 응시자격을 잘못 신청한 부분에 대해서는 불이익이 없습니다.

Q11 초경량 비행장치 조종자 증명 시험의 진행 절차는 어떻게 되나요?

A11 초경량 비행장치 조종자 증명 시험 절차는 크게 2가지로 구분할 수 있습니다.

1. 학과시험(지식평가)에 먼저 응시하고 합격한 다음 실기시험(기량 평가)에 응시하여 합격하면 자격 증명을 취득하게 됩니다. 다만, 실기시험 접수 전까지 응시자격이 되는 서류를 제출하여 응시자격 부여(경력검증, 신체검사 증명)를 받아야 합니다.
2. 전문교육기관에서 교육을 받아 수료하면(학과, 모의, 실기 모두 포함) 응시자격 부여를 받아 실기시험에 응시하여 합격하면 조종자 증명을 취득하게 됩니다.

목차

PART 03 **항공기상**

PART 04 항공법규

PART 05 실전 모의고사

학습목표

무인항공기의 기본 원리 이해 및 드론의 주요 구조, 안전 수칙 등을 숙지하여 고득점의 자격시험 통과 및 실제 무인기 운영에도 큰 도움을 받을 수 있다.

PART

01

드론(무인 멀티콥터)

Chapter 01 무인항공기

1 무인항공기 정의

무인항공기(UAV; Unmanned Aerial Vehicle)란 조종사가 비행체에 직접 탑승하지 않고 지상에서 원격조종 또는 사전에 입력된 프로그램으로 자율적인 비행을 하는 일회용 또는 재사용할 수 있는 동력 비행체를 말한다.

2 무인기의 역사

무인기는 드론이라 부르기도 한다. 무인기를 드론이라 부르게 된 계기는 명확하지 않지만 영국에서 1935년에 사람이 타는 훈련용 비행기 '타이거 모스(Tiger Moth)'를 원격조종 무인 비행기로 개조하면서 여왕벌(Queen Bee)이라는 별명을 붙였는데, 영국 여왕이 연상된다 하여 이것에서 수벌을 뜻하는 드론이란 단어가 무인기를 지칭하는 말로 나온 게 아닌가라는 추정이 있다. 1936년경 미국에서 나온 원격조종 비행기에 대한 연구 자료에는 드론이란 명칭이 등장한다.

3 무인기 용어 정리

초기 군사용 무인기는 표적 예인기(Target Tug)에 줄을 달아 끄는 항공 사격 표적이나 무인 표적기였다. 그런 표적기는 무장을 하지 않는데 마치 벌침이 없는 수벌 같아서 영어로 수벌인 드론이라고 불렸던 것이 드론이란 명칭이 군대에서 널리 퍼진 계기이다. UAV라는 명칭이 널리 사용되기 전 20세기에는 주로 RP(A)V(Remotely Piloted (Aerial) Vehicle)라고 불렸다. 완전히 조종사가 필요 없는 게 아니고 원격조종 비행체라면 RPV가 더 적절하지만 현재는 쓰이지 않는 명칭이다. 21세기에 들어와서 국제민간항공기구(ICAO)에서 RPAS(Remotely Piloted Aircraft System) 공식용어로 채택되었다(기체만을 명칭할 때 RPA, 운영시스템을 명칭할 때 RPS).

4 초경량 비행장치의 특징

일반적으로 초경량 비행장치는 1인승이며, 자체중량은 115kg 이하인 비행장치를 말하며 초경량 비행장치와 경량항공기는 다음과 같이 구분한다.

– 초경량 비행장치 : 자체중량 115kg 이하, 1인승

– 경량항공기 : 최대이륙중량 600kg 이하, 2인승 이하

1) 초경량 비행장치 종류

① 동력비행장치

동력, 즉 엔진을 이용하여 프로펠러를 회전시켜 추진력을 얻는 비행장치로서 고정된 날개 형태로 제작된 항공기를 말하며, 연료 소모가 상대적으로 회전익에 비해 적어 장거리, 장시간 비행에 적합하다.

ㄱ 타면 조종형 : 타면 조종형은 주날개 및 꼬리 날개에 있는 조종면(방향타, 승강타)을 움직여 양력의 불균형을 해소시킴으로써 조종할 수 있다.

ㄴ 체중 이동형 : 행글라이더를 기본으로 발전해 왔으며, 평지에서도 이륙할 수 있도록 행글라이더에 엔진을 부착하여 개발하였다. 타면 조종형과 같이 무게(115kg 이하) 및 좌석이 1개로 제한을 받는다.

② 회전익 비행장치

고정익 비행장치와는 달리 1개 이상의 날개(로터)를 이용하여 양력을 얻는 비행장치를 말한다. 즉 고정익의 경우는 날개가 고정되어 있고 비행장치가 전진하여 생기는 공력으로 양력을 발생시키는 반면, 회전익의 경우 비행장치가 정지되어 있더라도 날개를 회전시켜 양력을 얻을 수 있다.

ㄱ 무인 헬리콥터 : 무선통신장비(지상장비, 조종기)를 이용하여 조종하거나, 내장된 프로그램에 의해 자동으로 비행하는 비행체이다.

ⓒ 무인 멀티콥터 : 사람이 타지 않고 무선 통신 장비(지상장비, 조종기)를 이용하여 조종하거나, 내장된 프로그램에 의해 자동으로 비행하는 비행체로써, 모터의 속도로 기체를 제어하는 것이 특징이다. 항공촬영, 군사용, 산업용, 물품 배송 등에 활용되고 있다.

ⓒ 무인비행선 : 가스기구와 같은 기구 비행체에 스스로의 힘으로 움직일 수 있는 추진 장치를 부착하여 이동이 가능하도록 만든 비행체이며, 추진 장치는 전기식 모터, 가솔린 엔진 등이 사용되며 각종 행사 축하비행, 시범비행, 광고에 많이 쓰인다(무게 180kg 이하 및 길이 20m 이하로 제한).

ⓡ 동력패러글라이더 : 조종자의 등에 맨 엔진을 매거나, 패러글라이더에 동체를 연결하여 비행하는 두 가지 타입이 있으며, 패러글라이더에 연결된 줄을 사용하여 방향과 속도를 조종할 수 있다.

ⓜ 열기구 : 공기주머니의 아랫부분으로 강한 불꽃 열을 쏘아 올리면 내부의 공기가 뜨거워지고, 온도차에 의한 공기의 부력을 이용하여 하늘로 떠오르는 기구이다. 불꽃을 발생시키기 위한 버너(Burner)가 있다.

ⓗ 낙하산 : 가항력을 발생시켜 대기 중을 낙하하는 사람 또는 물체의 속도를 느리게 하는 비행 장치이다.

ⓢ 행글라이더 : 행글라이더는 경량합금 골조(알루미늄 등)
에 질긴 나일론 천을 씌운 활공기로서, 조립 분해가 용
이하다.

ⓞ 패러글라이더 : 낙하산과 행글라이더의 장점을 결합한 것
으로 낙하산의 안정성 및 운반 등의 편리성과 행글라이더
의 활공성 등의 장점을 가지고 있다.

5 무인항공기의 분류

무인항공기의 비행 원리는 유인항공기와 동일하며 기본적인 고정익, 회전익으로 나뉘는 분류 외에도 다양
한 측면, 쓰임 용도에 따라 분류가 가능하다.

1) 기체 형태에 따른 분류

① 고정익(Fixed Wing) 무인항공기

- 고정 날개 형태로 제작된 무인항공기를 뜻하며, 비교적 저가의 센서로 안정화가 가능하며 GPS
를 이용하여 위치 측정이 가능하여 경로점 비행이 간단히 구현되는 특징이 있다.
- 연료 소모가 상대적으로 회전익 무인기에 비해 적어 장거리, 장시간 임무에 적합하다.

② 회전익(Rotary Wing) 무인항공기

- 헬리콥터 형인 무인항공기를 말한다.
- 비행 효율, 속도, 항속 거리에 있어서는 고정익보다 불리하나 수직 이착륙이 가능하여 함상이나
협곡, 산악지대 등의 운영에 유리하다.

③ **가변로터형(Tilt−Roter), 브이톨(V−Tol) 무인항공기**

- 고정익으로 비행하며 로터와 프로펠러 시스템이 가변형으로서 이착륙 시에 로터로 양력을 발생시켜 수직 이륙한다.
- 고정익 비행의 장점과 회전익 비행의 장점을 모아 설계한 비행체라 볼 수 있다.

④ **멀티콥터형(Multi−Copter) 무인항공기**

3개 이상의 로터를 탑재하고 있는 비행체 형태로 조종이 용이하며 운용비가 낮다.

2) 크기에 따른 분류

① 초소형 무인기 : 15cm 이하의 크기로 손으로 던져서 운행이 가능하다.

② 미니급 무인기 : 최대 2명이 휴대하여 운행이 가능하다.

③ 중소형 무인기 : 차량 1대에 장비와 운용자를 탑재하여 이동하면서 운행한다.

3) 비행 반경에 따른 분류

① 근거리 무인항공기 : 약 50km 이내에서 활동이 가능하다.

② 단거리 무인항공기 : 약 200km 이내에서 활동이 가능하다.

③ 중거리 무인항공기 : 약 650km 이내에서 활동이 가능하다.

④ 장거리 체공형 무인항공기 : 약 3,000km 이내에서 활동이 가능하다.

4) 비행고도에 따른 분류

① 저고도 무인항공기(Low Altitude UAV) : 최대 6,200m(20,000ft) 저고도 비행을 하며 전자광학 카메라, 적외선 감지기 등을 탑재할 수 있다.

② 중고도 체공형 무인항공기(MALE ; Medium Altitude Long Endurance) : 최대 13,950m(45,000ft) 대류권 비행이 가능하며 전자광학 카메라, 레이더 합성 카메라 등을 탑재할 수 있다.

③ 고고도 체공형 무인항공기(HALE ; High Altitude Long Endurance) : 13,950m(45,000ft) 이상 성층권 비행이 가능하며 레이더 합성 카메라 등을 탑재할 수 있다.

5) 운용 목적에 따른 분류

① 군사용 : 군사용 드론으로는 감시 및 정찰을 주 임무로 하는 정찰용, 레이더 방공망 파괴에 많이 쓰이는 형태의 공격용, 유인 전투기나 미사일의 훈련을 위해 표적 역할을 수행하는 표적용, 대공 감시 및 방어망 혼란용으로 쓰이는 기만용 등의 드론이 있다.

② 항공촬영 : 무인 헬리콥터의 등장으로 기존의 유인항공기를 이용하였던 항공촬영은 무인 헬리콥터로 대체되기 시작하였다. 특히 자동제어시스템이 탑재되어 신뢰성이 증가한 무인 헬리콥터의 출연으로 동영상 촬영이 본격적으로 시작되어 벨기에의 FlyingCam을 시작으로 007시리즈, 해리포터 등의 촬영을 하며 2014년 아카데미상까지 수상하였다. FPV(First Person View)를 활용한 보다 더 다이내믹한 영상을 얻을 수 있다.

③ 재난안전/공간 정보 : 2003년부터 국립방재연구소에서 시작한 재난안전 및 공간 정보 분야의 활용 연구에서 시작하였으며 2010년대 멀티콥터가 등장하며 소형 무인 멀티콥터를 이용한 공간 정보 데이터 취득 시스템들이 개발 및 활용되고 있다. 2차원의 영상에서 3차원의 공간 정보를 획득하여 건축 설계 및 도시환경에 기여하고 있다.

④ 방역용 : 코로나19의 여파로 드론을 이용한 방역작업에 맞춘 장비들이 개발되어 도시 및 농어촌 지역의 농업, 축산 방역에도 기여하고 있다.

⑤ 농업 분야(방제용) : 방제용 무인 멀티콥터는 중국에서 활용되기 시작했는데, 2010년 초반부터 개시되어 2015년에는 이미 약 5,000여 대가 현장에서 사용되었다. 농업 방제용 무인 멀티콥터가 급속도로 확산되는 이유로는 상대적으로 저렴한 운용 비용과 손쉬운 교육 및 조종 방식 때문이다.

⑥ 무인 멀티콥터의 방제작업 요령

1) 방제 작업자의 구성과 역할

방제 살포작업은 반드시 개인이 아닌 팀으로 운용되어야 하며, 이는 유자격 조종자 2명(조종자와 신호수의 역할을 담당) 이상과 약재 담당 보조자 1명으로 구성하여 최소 3명이 한 팀을 이룬다.

 TIP • 대부분의 방제 작업 사고는 신호수의 미 편성, 부족한 상호훈련에서 일어난다. 방제 작업에 있어서 조종자와 신호수는 필수이며 충분한 상호훈련이 필요하다.
• 기체 이착륙 시에 20m 이상 떨어져 있는다(1,2종 국가자격 실기시험 안전거리 20m).

• 대부분의 방제 작업 사고는 신호수의 미 편성, 부족한 상호훈련에서 일어난다. 방제 작업에 있어서 조종자와 신호수는 필수이며 충분한 상호훈련이 필요하다.
• 기체 이착륙 시에 15m 이상 떨어져 있는다(1,2종 국가자격 실기시험 안전거리 20m).

① 조종자

– 작업 기체에 알맞은 조종자 자격증을 소지하고 있으며 조종과 비행 및 운용에 관한 최종적 판단을 담당한다.
– 조종자는 작업 기체가 전방으로 이동 시 전/후진의 속도 및 위치 인지가 어려울 수 있으므로 신호자의 지시를 확인하고 전/후진 비행을 한다.

② 신호자

– 작업 중 기체의 전/후진 속도와 논밭의 지정 위치를 통과하였는지 무전기를 통해 조종자에게 전달한다.
– 신호자, 조종자는 신호자가 잘 안 보이는 위치가 있고, 조종자가 잘 안 보이는 위치가 있어 서로 긴밀한 대화를 통하여 운영하여야 한다.

③ 보조자

– 작업 기체의 연료나 살포하는 농업용 약재의 준비와 보급을 담당한다.
– 보조자는 작업할 곳의 지리 및 환경에 익숙한 사람이 좋다.

2) 방제작업 전 준비사항

방제작업에 있어서 아무리 익숙해져 있어도, 안전한 작업을 위해 다음 항목에 관해 반드시 점검을 실시해야 한다.

① **작업지역 점검**

- 방제작업의 순서, 안전작업을 위한 지시 등의 내용을 살포 관계자와 협의 및 확인하였는가?
- 전작 작물, 기타 대상 외 작물에 약해 등의 염려가 없음을 확인하였는가?
- 교통량이 많은 도로 옆 혹은 통학로에 작업시간의 배려가 충분한가?
- 가축, 양잠, 양봉, 양어장 등에 충분한 배려를 하였는가?
- 주차장, 자동차 정비소 등 약제에 의한 도장 오염의 위험은 없는가?

② **정비 점검**

- 살포약제의 조정, 적재 등의 작업에 불안한 사항이 있는가?
- 살포약제의 제형, 제재의 물성, 혼용 등으로 발생하는 문제와 그에 관한 방지 대책을 준비하였는가?
- 살포장치의 조정에 실수 점검 : 1. 비행 제원과 분당 분사량의 관계, 2. 약제가 새어 나옴, 3. 고르지 않은 분사량

③ **조종자 점검**

- 작업 당일의 풍향, 풍속 점검
- 작업 지형의 위험장소, 장애물의 위치와 살포 제외 구역 점검
- 작업 지역의 지형, 건물 점검
- 작업 면적과 약제 배분, 작업순서 점검

④ **방제작업 준비물 점검(작업 전 차량 적재 준비물)**

- 무인비행장치
- 예비 배터리(연료)
- 헬멧
- 공구
- 물
- 배터리 측정기
- 마스크
- 살포탱크(예비 탱크) 등
- 장갑
- 소화기
- 구급상자
- 약제(살포할 약제)
- 깃발
- 무전기
- 전파모니터

⑤ 방제 살포 비행

- 우선적으로 현장의 지형과 지물 작업 반경 또는 날씨 및 바람 등의 확인이 필요하다.
- 현장의 상황 및 작업 구역 등의 파악을 위하여 작업 전 위성지도 등을 체크 후 축적지도 등을 준비하여 정확히 판단한다.
- 현장의 장애물 및 방해구조물 등을 확인 후 작업 구역을 정하고 진/출입구를 확보한다.

⑥ 방제 기체 탑재용량 및 비행

- 방역할 약재를 가득 신고(예 10ℓ 비행 용량의 기체에 10ℓ의 약재를 탑재) 비행할 경우 비행시간이 약 1/3가량 줄어들기에 비행에 주의를 요한다.
- 약재를 가득 신고 이륙 시, 이착륙 시 주의를 요한다(특히 이륙 시).

⑦ 방제 금지구역

산업용 무인 멀티콥터는 유인 헬리콥터로는 작업할 수 없는 협소한 지역도 살포 가능하지만 사전에 살포작업 지역이 충분한 피해 예방조치가 불가능한 곳, 예를 들어 일반가옥, 수로, 학교, 야생동물 보호지역, 수자원 보존지역 등은 사전에 충분한 조사를 실시하여 방제에 주의를 기울여야 한다.

⑧ 농업방제 시 이착륙지점 선정 및 주의사항

- 소형 로터의 멀티콥터라도 로터가 회전할 때 접근 시 심각한 인명 손상을 초래할 수 있기에 착륙 지점에서 작업 시 로터가 회전하고 있는 동안 주변 사람이 기체에 접근하지 않도록 반드시 주의해야 한다.
- 작업 관계자 이외 지역 사람 등이 멀티콥터나 약제에 접근하지 못하도록 주의해야 한다.
- 기체가 이착륙 시 하강풍으로 발생하는 흙먼지 등이 약제 등에 들어가면 살포장치 및 노즐 등의 고장의 원인이 되기 때문에 주의해야 한다.
- 이착륙지점은 가급적 수평인 지점을 지정하여 운용한다. 지면이 기울어진 곳에 이착륙 시 양력 불균형, 하강풍의 영향으로 기체가 뒤집어 질 수 있다.

3) 방제 살포 비행 작업

① 방제 살포 비행의 기준

- 방제 살포 시 농작물에 따라 살포량, 살포 비율의 차이로 분사 노즐 및 비행고도 등 농작물 전문가와 충분히 상의 후 방제한다.
- 바람의 방향(풍향), 바람의 세기(풍속) 등을 비행 전 참고하여 주변에 피해가 없도록 사전 점검한다.

작업 작물	작업 명칭	살포 방법	비행속도(Km/h)	비행고도(m)	비행간격(m)
수도	병행충방제	액제 소량 살포	8~18	2~3	4~12
		입제 살포			
	파종	산판			
	제초	살포 포장 끝에서 5m 이상의 포장 내의 방제			
밀류	병해충 방제	액제 소량 살포			
대두	병행충 방제	액제 소량 살포			
무	병행충 방제	액제 소량 살포			
	병행충 방제	액제 살포			
연근	병행충 방제	입제 살포			
양파	병행충 방제	액제 살포			

② 다양한 방제 살포 비행 방법

– 방제 살포는 바람을 고려하여 비행을 실시하기 때문에 측풍 살포 비행을 기본으로 하며, 사전에 조종자가 주변 및 환경 등을 충분히 고려하여 작업 효과를 확보한다.

– 비행 속도 및 비행 간격은 균일성이 반드시 확보되어야 한다.

– 방제 살포는 최대한 기류의 안정성이 확보된 시간대에 실시하며, 계획하지 않은 범위로 약재가 확산되지 않게 풍속조건을 미리 체크한다.

– 비행고도는 살포 약제의 물성, 살포 장소 및 주변 지형, 기상조건을 고려하여 조종한다.

③ 방제 살포 비행 시 주의사항

– 살포 후 빈 용기는 완전히 폐기시킨다.

– 비행 후 기체 내 방역 살포 장치, 노즐 등은 충분히 세척 후에 재사용한다.

Chapter 02

드론의 주요 구조

Step 1 ▶ 드론의 구성

1 드론의 구성

① 드론(무인 멀티콥터의)의 종류는 다양하지만 기본적인 구조로는 기체, 무선 조종기, 탑재 임무장비로 구성되어 있고, 기체의 주요 구성품으로는 기체, 동력전달계통, 제어장치, 전기계통 등이다.

② 드론의 주요 구조

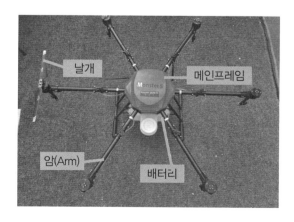

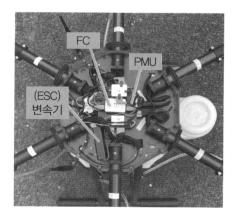

② 지상/함상 통제장비의 구성

① 주통제컴퓨터, 비행체 조종부, 탑재장비운용부

② 데이터통신 장비 구성

- 지상통신장비(GDT; round Data Terminal) : 통신장비, 주통신안테나, 보조 통신장비, 보조 통신안테나 등으로 구성된다.
- 탑재통신장비(ADT; Airborne Data Terminal) : 주통신장비, 주통신안테나, 보조 통신장비, 보조 통신안테나, 피아식별장비로 구성된다.

Step 2 ▶ 드론의 조종기와 조종 응용

① 드론 조종기

조종기는 무인 멀티콥터를 무선으로 원격조종하는 장치이다.

안테나
전원표시등
3D 뒤집기 버튼
오른쪽 조종 레버
전/후진 조종 스위치
미세 조정 스위치
(좌/우 옆으로)

고/저속도 전환 버튼
왼쪽 조종 레버(가속)
사진/비디오 버튼
미세 조정 스위치
(좌/우회전)
전원 스위치

A4 건전지 4개 필요
(미포함)

① 조종간(Stick) : 기체의 전진, 후진, 좌이동, 우이동, 고도 상승과 하강, 좌선회, 우선회를 조종하는 부분이며 조종간의 배치에 따라서 MODE 1,2,3,4를 다르게 할 수 있다.

② 안테나 : 조종기의 주파수를 비행체에 보내는 매개체이며 우리나라 드론은 대부분 2.4~2.48GHz(제어신호 송수신용)/5.725~5.875GHz(영상데이터 송수신용) 대역을 사용한다. 안테나의 방향에 따라 주파수가 전달되는 폭이 변할 수 있다.

③ 트림(Trim) : 조종면의 미세한 조종을 통해 비행체를 안정화 시키며 1,2,3,4번 트림으로 4방향에 있어서 미세한 조정을 실시한다.

④ 비행 모드 전환 스위치 : GPS 모드, 자세 모드, 수동 모드, 자동귀환 모드(R.H)를 설정한다.

＊ ISM(Industrial, Scientific and Medical band) 대역 : 산업, 과학, 의료에 사용하기 위해 지정된 주파수 대역

2 FC 및 제어 센서

제어시스템의 원리 및 구조

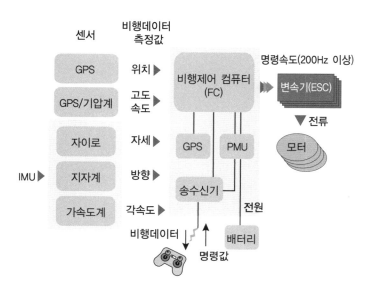

① 비행제어 컴퓨터(FC)

- FC의 비행제어로 비행 안전성, 비행 조종선 확보

- 조종사의 조종 명령 없이 자동적으로 비행 안전성 확보(제어명령 반복 실행)

② 비행 조종 모드에 따른 조종 특성

- 자세제어 모드 : 조종사의 자세 조종 명령에 따라 운영

- GPS 모드 : 조종사의 속도와 위치 조종 명령에 따라 조종(GPS, 압력센서, 고도/가속도 센서)

③ IMU(Inertial Measurement Uint)

- 자이로스코프
- 비행자세
- 가속도계
- 각속도
- 지자계
- 방위각

③ 드론 비행제어 특징

1) 비행제어 특징

① 수동으로 비행제어 시스템 없이 운용 시 비행 안전성 확보가 어렵다.

② 비행제어 시스템 활용 → 비행 안정성 확보, 안정된 자세제어(IMU 활용)

③ 로터 회전수의 제어 방식으로만 안전성 확보의 어려움이 있다.

2) 원격통제시스템

① 이착륙 통제소(LRS; Launch & Recovery Station)

이착륙의 주 통제장비로 이륙과 착륙을 통제하며, 지상통제장비(GCS)에 비하여 통제할 수 있는 전파 수신거리는 짧다.

② 지상통제시스템(GCS; Ground Control System)

이륙 후 LRS로부터 기체를 인계받아 최후 임무 수행까지 통제하여 임무를 수행한다.

③ 드론 및 멀티콥터 원격 통제장비

드론 및 무인 멀티콥터에 활용되는 통제장비는 조종관 및 태블릿, 스마트폰을 활용하여 통제한다.

3) 위성항법시스템(GPS)

① 현재 미국(GPS), 러시아(GLONASS), 중국(BEIDOU), 유럽연합(GALILEO)이 운영 중이다.

② 4개 이상의 위성으로부터 위성신호가 꼭 필요하다.

③ 3차원 위치, 경도, 고도 등 3차원의 속도, 시간, 이동방향 등의 측정이 가능하다.

4) 위성항법시스템(GPS) 오차

① 위성 궤도 오차, 전파간섭, 경로 오차(지상 건물 및 지면 반사 등) 등 다양한 오차 요소가 존재한다.

② 비행제어시스템에서 항법 오차를 인식 못 할 수 있다.

③ 각종 센서 등의 오차로 기체 수평 유지 및 고도 유지 성능이 저하된다.

5) 위성항법시스템(GPS) 오차 보정

① 주변 기지국으로부터 실시간으로 오차 보정 신호를 받아 센티미터(cm) 단위의 오차 발생이 가능하다.

② 기지국으로부터 거리가 멀수록 정확도가 낮으며, 정확한 위치정보를 확보한 기지국으로부터 오차 정보 신호가 필요하다.

6) 기체 데이터 이상 원인 분석

① 센서 및 구동계 등의 오류로 인하여 기체 기동의 오류 및 추락이 발생할 수 있으며, 기체 구조 등 불안정한 비행, 환경적 요인 등을 복합적으로 확인할 필요가 있다.

② 계측장비를 활용하여 기체 이상 및 추락 등의 원인을 보다 더 정확히 파악할 수 있다.

③ 디지털 지도부

디지털 지도는 소형 무인기가 현재 위치를 확인함과 동시에 비행경로 등 다양한 위치정보를 입력하고 확인하는 필수 요소이다.

Step 3 ▶ 무인 멀티콥터의 동력

드론을 비행할 수 있게 하는 주요 동력으로는 엔진, 모터, 배터리가 있는데, 본 내용에서는 드론의 주요 동력에 대하여 설명한다.

■ 무인 멀티콥터의 엔진

1) 엔진

기체가 비행에 필요한 추력 또는 양력을 얻기 위한 동력장치로 현재 국내에서는 주로 농업용 무인 헬리콥터에는 왕복 2행정 및 4행정 엔진이 사용되는 RMAX와 로터리 엔진이 사용되고 있다.

① 왕복엔진

- 왕복엔진 : 내연기관의 행정에 따라서 2행정 기관, 4행정 기관으로 나뉘며, 연소실 내의 연소 과정을 피스톤의 왕복운동으로 변환하여 축을 회전시켜 동력을 비행체에 제공하고 발전기를 장착하여 필요한 전기를 생산해 기체에 전원을 공급한다.

- 왕복엔진의 장점 : 연료 소모율이 적으며 4행정 엔진일 경우 엔진 내구성이 좋다.

- 왕복엔진의 단점 : 엔진의 크기가 크고 중량이 무거우며 진동이 많이 발생한다.

② **로터리 엔진**

- 로터리 엔진 : 삼각 형태의 로터리가 회전축을 중심으로 회전하면서 흡입, 압축, 폭발, 배기 과정을 통하여 동력을 얻는 내연기관이다.

- 로터리 엔진의 장점 : 엔진의 크기가 작고 중량이 적으며 진동이 비교적 적다.

- 로터리 엔진의 단점 : 엔진의 내구성이 약한 편이며 연료 소모율이 많다.

2 드론의 모터

① 모터는 고속 회전, 회전 방향의 변경, 즉각적인 회전수 조절 등이 가능한 모터로 전기 구동 추진식 무인기에 최적화된 모터가 드론에 사용하기 적합하다.

② 드론에 사용되는 모터는 브러시 모터와 브러시리스(BLDC)로 구분되고, 산업용 드론 및 농업용 등 중대형 드론에는 주로 브러시리스 모터가 사용된다.

　㉠ 브러시DC 모터

- 브러시와 정류자를 이용해 전자석의 극성을 변경(브러시와 정류자의 접점으로 인한 발열, 소음이 발생하고 브러시 마모에 따라 사용 수명에 한계가 있다)한다.

- 전압으로 회전수 제어, 전류로 토크 제어

　㉡ 브러시리스DC 모터

- 회전수 제어를 위해 필히 별도 ESC(전자 변속기)가 필요하다.

- 영구자석과 모터 권선의 전자기력을 이용하여 회전한다.

- 모터에 전달되는 전류가 클수록 강한 토크가 발생한다.

3 드론의 배터리

1) 배터리

① 배터리는 화학전지(1차 전지, 2차 전지, 연료전지)와 물리전지(태양전지, 원자력전지)로 나뉜다.

- 화학전지는 물질의 화학반응을 이용한 전지로 양극/음극에 사용되는 금속과 전해질의 조합에 따라 다양한 전지를 만들 수 있으며, 무인 멀티콥터의 에너지원으로 사용되는 전지이다.

- 물리전지는 빛, 열 등의 에너지를 이용하여 전자를 이동시키며 외부 에너지가 없어지지 않는 한 계속 발전할 수 있다.

2) 배터리의 종류 ★★★

① 1차 전지

- 한 번 사용하고 나면 재사용이 불가능한 전지로서 한 번 방전되면 다시 충전해서 사용할 수 없다.
- 알카라인, 망간, 탄소아연 전지 등이 있으며 가볍고 저렴하며 용량이 작으며 내부 저항이 작은 것이 특징이다.

② 2차 전지

- 방전된 후에도 다시 충전하여 사용할 수 있는 전지이다.
- 납축전지, 리튬폴리머(Li-Po), 니켈카드뮴(Ni-Cd), 나트륨유황(Na-S), 니켈수소(Ni-MH), 리튬이온(Li-Po)전지 등이 널리 이용된다.

③ 연료 전지

- 차세대 전지로 불리며 1차 및 2차 전지는 전기를 저장하는 장치이다.
- 연료 전지는 연료를 내부에 넣고 반응시켜 전기를 만들어 내는 발전기 같은 장치이다. 즉 연료(수소, 산소)의 화학반응으로 생기는 화학에너지를 전기에너지로 변환시킨다.

3) 무인 멀티콥터 배터리 – 리튬폴리머(Li-Po)전지

① 리튬폴리머 전지의 장/단점

현재 멀티콥터에 쓰이는 배터리로는 리튬폴리머 전지이며, 장/단점은 다음과 같다.

[장점]

- 큰 용량의 배터리를 제작할 수 있다.
- 무게가 비교적 가볍고 전해질이 젤(Gel) 타입이어서 다양한 형태와 크기로 제작이 가능하다.
- Ni-Cd, Ni-MH 등과 비교하였을 때 높은 전압을 가지고 있다.
- 방전율이 높다.
- 인체에 무해하다(유해한 중금속을 사용하지 않는다).
- 리튬이온 배터리보다 에너지 효율이 높다.
- 방전이 충분하지 않은 상태에서 다시 재충전 시에 전지의 실제 용량이 줄어드는 효과를 메모리 효과라고 하는데, 리튬폴리머 전지는 메모리 효과가 없다.

[단점]

- 과방전과 과충전에 약한데 이 이외에도 고열, 충격, 내부 파손, 완충 상태로 장기 보관 시에 배터리의 스웰링(Swelling, 배부름) 현상이 발생하여 화재, 폭발 등이 발생할 수 있다.

② 배터리의 주요 사항

> 배터리 출력 = 용량 × 방전율

- 전압
  - 리튬폴리머의 기준 전압은 1셀당 3.7V(볼트)이다.
  - 완전충전을 하면 4.2V까지 올라가며 방전 시에는 3.3V까지 낮아지지만 전압은 3.7V로 배터리의 스펙을 표시할 때는 3.7V로 표기한다.
  - 리튬폴리머 배터리는 여러 개의 셀을 모아서 사용하는 경우가 많아 셀이 추가될수록 3.7V의 배수가 된다.
  - 셀의 직렬 연결 수를 S자로 표기하는데, 예를 들어 3S는 3개의 셀을 직렬로 연결했다는 것이며, 전압계산은 다음과 같다.

> 3.7V × 6 = 22.2V

- 셀 수
  - 드론 배터리는 최소 3.7V를 최소 셀 단위로 하며, 일반적으로 여러 셀을 직렬 연결하여 사용한다.
- 배터리 용량
  - 배터리 용량은 배터리에 저장된 전기에너지를 나타내는 수치이며 한 시간에 배터리를 얼마나 충전할 수 있는가를 나타낸다.
  - 배터리 용량은 Ah(암페어) 또는 mAh로 표시한다.
  - 10,000mAh(=10Ah)는 10A로 사용할 시에 1시간을 사용할 수 있는 양을 말한다 (1000mAh=1Ah).
  - 용량이 증가하면 비행시간이 증가하고 배터리 크기 역시 커지고 무게가 증가한다.
- 방전율
  - 방전율은 보통 C라고 표기한다. 배터리 표면에 보면 15C, 20C, 25C, 30C, 35C, 40C 등의 표기를 볼 수 있는데, 이는 방전율을 표기한 것이다.
  - 방전율이란 배터리 출력과 관련이 있는데, 순간적으로 얼마나 많은 에너지를 뽑을 수 있는지를 말한다.
  - 배터리 용량이 1,000mAh의 경우 물통 A(1C 배터리)는 1,000mA(자기 용량)로 방전될 시 1시간을 유지할 수 있고, 물통 B(10C 배터리)는 그 10배인 10,000mA로 방전(사용) 한다는 의미이고, 1시간의 1/10인 6분 정도를 유지할 수 있다.
  - 같은 배터리 용량이라도 방전율이 높으면 높을수록 유지시간이 짧다.
  - 방전율이 높을수록 한꺼번에 많은 전류를 쏟아낸다.
  - 높은 방전율의 배터리는 보통 많은 전류를 소모하는 대형 모터에 많이 사용된다.

– 배터리 출력
  - 배터리 출력은 방전율과 용량을 곱한 값이 그 배터리가 공급할 수 있는 최대 출력이다.
  - 배터리 출력=용량×방전율
  - 방전율이 높으면 출력은 좋지만, 배터리의 수명이 짧을 수 있다.

4) 배터리 사용 시 주의 사항 ★★

드론에 대부분 사용되는 리튬폴리머 배터리는 소형이고 경량임과 동시에 큰 전력을 발생하는 장점이 있으나 관리 및 사용이 부실할 경우에는 성능이 쉽게 저하되거나 심각한 인명 손상을 줄 수 있는 화재나 폭발을 일으킬 수 있어 반드시 관리에 주의해야 한다.

① 배터리 사용 시
– 배터리는 정격 용량 및 장비별 지정된 정품 배터리를 사용해야 한다.
– 매 비행 시 배터리를 완충시켜서 사용한다.
– 배터리의 사용 온도는 영하 10℃~영상 40℃의 온도 범위에서 사용한다. 50℃ 이상일 경우 폭발의 위험이 있으며, 영하 10℃ 이하에서는 영구히 손상되어 사용 불가 상태가 될 수 있다.
– 배터리의 전해질이 피부 혹은 눈에 닿았을 경우에는 즉시 접촉 부위를 흐르는 물에 15분 이상 세척 후 반드시 의사의 진단을 받아야 한다.
– 배터리를 임의로 분해하는 것은 화재 및 폭발의 위험에 노출시키는 것이다.
– 비행 중 기체가 수중으로 추락하였을 경우에는 즉시 배터리를 안전하고 개방된 곳에 두고 완전히 건조될 때까지 안전거리를 유지해야 한다.
– 배터리를 전자레인지 등 고온 기기 또는 금속탁자 같은 전도성의 표면 위에 보관하면 안 된다.
– 배터리의 커넥터와 터미널은 항상 청결하고 건조한 상태를 유지해야 한다.
– 배터리가 완전히 방전할 때까지 비행하는 것은 과방전의 위험이 있다.
– 배터리가 부풀거나 망가지거나 심한 충격을 받았을 경우 사용하지 않는다.

② 배터리 충전 시
– 배터리 셀당 전압은 3.7V인데 배터리 완전 충전 시 전압은 4.2V이다. 4.2V 이상 충전할 경우 과충전이므로 과충전이 되지 않도록 조치한다. 여기서 배터리의 전압을 확인하는 장비는 리포알람(배터리 체크 기기)인데, 배터리에 연결하면 셀별 전압을 차례대로 보여준다.

▲ 리포알람

‒ 충전 시에 다른 모델의 충전기와 혼용하지 않고 정해진 모델의 충전기만 사용한다.

‒ 배터리의 표면온도가 높은 경우(예 비행 직후)에는 충전하지 않는다.

‒ 배터리를 온도가 낮은 곳에서 충전 후 높은 곳으로 이동 시 폭발할 위험이 있다.

‒ 배터리를 과충전이나 과방전하지 않는다.

③ 배터리 보관 시 30~40% 충전(60~70% 방전) 후 보관

‒ 적절한 전압을 유지한다. 너무 높은 전압에서 보관할 경우 배터리의 배부름 현상이 발생할 수 있으며, 너무 낮은 전압에서 보관하면 과방전되어 다시 사용할 수 없다. 배터리 보관에 있어 가장 적절한 전압은 3.7V~3.85V이다. 2.7V 미만은 과방전 상태가 되니 주의한다.

‒ 어린아이나 애완동물이 접근할 수 있는 곳에 보관하지 않는다.

‒ 화로나 히터 등 열원 주변에 보관하지 않는다.

‒ 안경, 시계, 머리핀 등 금속성 물체와 같이 보관하지 않는다.

‒ 60°C 이상의 장소에 적재하지 않는다.

④ 배터리 폐기 시

‒ 못 쓰게 된 배터리는 그냥 버리지 않고 소금물에 담가 완전히 방전시킨 후 수거함이나 정해진 장소에 버린다.

Chapter 03 드론의 안전수칙 및 교육법

Step 1 ▶ 조종자의 기본 소양

조종자의 기본 적성으로 정신적, 신체적 능력으로 어떠한 직무의 수행에 적합한지를 판단하여 선발해야 한다.

1 지적 능력

조종자는 기체를 3차원의 공간에서 비행하기 때문에 높은 지적 능력을 필요로 한다. 이는 지적 능력을 기반으로 나타나는 행동의 효율이다.

2 정보처리 능력

정보처리 능력을 평소에 반복함으로써 필요한 정보처리 능력을 높일 수 있다.

3 동기

비행에 관하여 건전한 동기를 갖는 것은 훈련효과를 높일 뿐 아니라 훈련 후 안전비행으로 이어질 수 있다.

4 정신적 안정

놀람, 당황, 과도한 긴장은 인간이 갖고 있는 정상적인 반응이지만, 조종자는 과잉반응을 하지 않는 안정성이 요구된다. 항상 안전성을 유지하기 위해 이러한 반응을 컨트롤할 수 있는 방법을 습득하기 위해 노력한다.

5 정신적 성숙

정신적 성숙은 인간관계를 양호하게 하고, 사회에 적응하기 위해서 중요한 요소이다. 이는 곧 사회적인 악용 방지로 이어지며, 무인비행장치의 안전한 비행으로도 이어진다.

Step 2 ▶ 비행 의사 결정

1 의사 결정

비행 상황 중 스스로의 행동을 특정하며 그 행동에 기초한 결과를 예상하고 더욱이 그 타당성을 검토/확인하여 자신을 가지고 실행하는 능력을 의사 결정이라고 한다. 의사 결정은 '실행하는 것'뿐만 아닌 '실행하지 않는 것' 또한 포함된다.

2 의사 결정의 요소 ★★★

① **자세(생활태도)**

비행에 관한 안정적인 자세를 배양한다.

② **지적 처리 능력**

올바른 지적 처리를 위해 바른 지식, 위험도의 식별/평가, 경계심, 정보처리 능력, 선택성을 갖는 주의, 문제해결 능력이 요구된다.

③ **상황판단 능력**

빠른 상황판단 능력은 조종사의 필수 요소이다. 전반적인 주변 상황과 비행상태를 판단해야 하며, 파악된 정보들을 처리할 수 있는 능력이 요구된다. 예를 들어 피해의 최소화 혹은 2차 피해 방지를 위해 반드시 착지 지점으로 기체를 갖고 오는 것이 아니라, 포장(논) 안의 안전한 장소에 착지하는 경우가 있다.

④ **자동 조종 기능**

기체 조종에 있어 자동적인 반응이 되기까지 훈련한다.

⑤ **위험 관리**

비행장치 관리(기체의 상태와 연료 등), 조종자의 상태(정신적/신체적 건강상태나 음주 혹은 피로 상태), 비행 환경(기상상태, 주위의 장해물), 비행(비행 목적, 비행 계획, 비행의 긴급도와 위험도) 등 각 요소의 정확한 상황 확인을 말한다.

Step 3 ▶ 비행 사고에 대해

1 사고 발생 시 조치사항

① 인명 구호를 위해 신속히 필요한 조치를 취한다.

② 사고 조사를 위해 기체, 현장을 보존한다(현장 및 장비 사진 동영상 촬영).

③ 사고 발생 시에 지체 없이 가입 보험사의 담당자에게 연락하여 보상/수리 절차를 진행하며, 이때 사고 현장에 대한 영상 자료들이 정확하게 제시되어야 한다.

④ 통상적으로 사람의 부상 이상의 중사고가 발생할 시에 반드시 관할 항공청에 보고하여야 한다.

2 비행 안전 인적 요인(Human Factors) ★★★

인적 요인은 대부분 항공 사고의 직접적인 원인으로 작용하거나 간접적으로 작용한다. 일반적으로 항공기 정비 오류의 80%가 인적 요인으로 인하여 발생한다 하여도 과언이 아니다. 무인기 또한 비행 후, 비행 전 기체 점검 시 인적 요인의 세부적인 연관 및 사항들을 체크하여 도입하는 것이 바람직하다. 인적 요인을 소홀히 할 경우 문제 발생으로 운영자(작업자)의 부상과 작업 지연 등 대/소형 사고의 직접적인 원인이 될 수 있다.

1) SHELL모델

네덜란드 항공사(KLM) 기장 출신 Hawkinsrk가 1993년 이전의 SHEL 모델을 수정 보안하여 만들었다. 항공 운항과 직접적인 연관성을 가지고 있으며, 조정 실무의 능률성, 안전성, 효율성 등을 확보하기 위해서 업무에 적용해 상호관계를 최적의 상태로 유지하여 수행한다.

① SHELL모델
- S : Software(소프트웨어)

  비행 매뉴얼, 비행 점검표, 비행 규정, 정비작업 카드 등
- H : Hardware(하드웨어)

  비행체, 정비 장비, 비행 시설 등
- E : Environment(환경)

  기상, 습도, 조명, 시차 등
- L : Liveware(인간)

  소통, 리더십, 각국 문화, 상호 의사소통 등

2) 인적 요인(Human Factors) 관계

인적 요인은 인간과 관련 주변 요소 간의 연관성에 초점을 둔다.

(L-S, L-H, L-E, L-L)

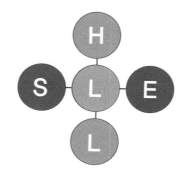

L : Liveware
S : Software
H : Hardware
E : Environment
L : Liveware

3) 인적 요인(Human Factors) 시각

비행 안전에 가장 중요한 영향을 미치는 요인

① 외부로부터 지각하는 정보를 받고 해석하는 과정에서 시각이 가장 중요한 역할을 한다.

② 인간의 감각, 지각, 기억 등 서로 전달, 연결하는 과정에 대한 연구가 계속 진행 중이다.

③ 무인기(드론)의 경우 시야 비행이 기본이 되기에 시각에 많은 부분을 의존한다.

＊ 비행 중 항공기 및 무인기가 정면으로 접근 시 충돌을 피하기 위하여 오른쪽으로 선수 방향을 기동 해준다(오른쪽).

3 광수용기(Photoreceptor)

① 눈과 같이 빛을 감지하는 기관은 빛을 흡수하는 색소분자를 가진 광수용기를 가지고 있다.

② 광수용기 세포는 빛에너지를 전기적 신호로 변환시켜 빛 정보를 뇌로 전달한다.

③ 광수용기는 간상세포(rod cell), 원추세포(cone cell)로 구성된다.

4 푸르키네(Purkyne) 현상

어두워질 무렵에 파장이 긴 붉은색은 어둡게, 파장이 짧은 보라색은 비교적 밝고 선명하게 보이는 현상이다.

＊ 추상체와 간상체가 서로 민감하게 반응하는 색이 다르기 때문에 나타나는 현상으로 낮에는 빨간색이, 밤에는 보라(파랑)색이 더 잘 보인다.

5 보험

1) 보험의 종류

① 대인/대물(배상책임보험) : 이는 모든 사용사업자가 필수로 가입해야 하는 보험으로서 사고 시 배상 대상은 대인/대물이며, 보상금액 한도는 1인/건당 1.5억 원이다.

② 자차보험(항공보험 등) : 교육기관 등 기타 사용사업자 등의 선택보험이며, 사고 시 배상 대상은 자가 장비이다. 보상금액의 한도는 수리비용 보상 한도 내에서 설계한다.

③ 자손보험(개인배상책임 등) : 교육기관은 필수, 기타 사용사업자에겐 선택인 보험이며 사고 시 배상 대상은 조종자 자신의 신체이다. 보상금액 한도는 조종자 자신의 손상에 대한 치료비 등을 보상한다.

Chapter 04 항공정보

1 항공정보

1) 항공정보의 목적

항공정보 업무의 목적은 글로벌한 항공교통관리시스템에 대해 환경적으로 지속 가능한 측면에서 안전성, 정규성, 경제성 및 효율성을 확보하기 위해서 필요한 항공자료 및 항공정보의 흐름을 보장한다.

2) 항공정보의 관리

① 국제민간항공기구(ICAO) 이사회에서는 1953년 5월 ICAO Annex 15 Aeronautical Information Services를 채택했다.

② 우리나라는 국토교통부에서 대한민국 국토와 인천비행정보구역을 포함한 해상공역에 대하여 정보 수집 및 전파에 책임을 지고 항공기의 안전과 규칙, 국내외 항공항행을 위해 필요한 정보교육 업무를 수행한다.

③ NOTAM을 제외한 항공정보간행물, AIRAC 및 AIC에 대한 발간 업무는 2003년부터 국토교통부의 책임하에 항공진흥협회에서 편집, 인쇄, 판매와 배포를 담당하고 있다.

2 항공정보 출판물

① **항공정보간행물(AIP; Aeronautical Information Publication)**

항공항행에 필수적이며 영구적인 항공정보를 수록한 간행물을 말한다.

② **항공정보간행물 보충판(AIP Supplement)**

3개월 이상 장기간의 일시적인 변경 및 많은 분량의 본문, 그림을 포함하는 단기간의 정보 사항에 대하여 발간한다.

③ **항공정보회람(AIC; Aeronautical Information Circular)**

비행 안전, 항행, 기술, 행정, 규정, 개정 등에 관한 내용으로 항공고시보(NOTAM) 또는 항공정보간행물(AIP)에 의한 전파의 대상이 되지 않는 정보를 수록한 공고문이다.

④ 항공정보관리절차(AIRAC; Aernautical Information Regulation&Control)

- 운영 방식에 대한 변경을 필요로 하는 다음에 명시된 설정, 폐지, 사전 계획에 의한 중요한 변경에 대해 발효 일자를 기준으로 사전 통보하기 위한 체제를 말한다.
- AIRAC 절차에 따라 공고된 정보는 발효 일자로부터 최소 28일 동안은 변경이 불가능하다.

⑤ 항공고시보(NOTAM) ★★★

- 비행 운항에 관련된 종사자들이 반드시 적시에 인지하여야 하는 공항시설, 업무, 절차 또는 위험 신설, 운영 상태 또는 그 변경에 관한 정보를 수록해 전기통신 수단에 의하여 배포되는 공고문이다.
- 항공고시보의 발행은 운영 또는 제한 일자로부터 최소 7일 이전에 공고되어야 한다. 항공고시보의 기간은 3개월 이상 유효해서는 안 되며, 공고되는 상황이 3개월을 초과할 것으로 예상된다면 반드시 보충판으로 발간되어야 한다.
- 대한민국에서 지정된 항공고시보 취급소는 국제 항공고시보 1개소(중앙항공정보실), 국내 항공고시보 17개소(각 비행장 항공정보실)이다.
- 직접 비행에 관련 있는 항공정보의 발효 기간이 일시적 혹은 단기간이거나 운영상 중요한 사항의 영구적인 변경 또는 장기간의 일시적인 변경 사항이 짧은 시간 내에 고시가 이루어질 때에는 신속히 항공고시보를 작성하여 발행해야 하며, 항공고시보는 다음 사항들이 발생하였을 때 발행된다.
  - 비행장 또는 활주로의 설치, 폐소 또는 운용상의 중요한 변경
  - 항공업무의 신설, 폐지 및 운용상 중요한 변경
  - 무선항행과 공지통신 업무의 운영 성능상의 중요한 변경, 설치, 철거
  - 시각보조시설의 설치, 철거 또는 중요한 변경
  - 금지구역, 제한구역, 위험구역의 설정 또는 폐지
  - 항행에 영향을 미치는 장애요소의 발생

⑥ 전자항공정보간행물(eAIP)

AIP, AIP 수정판 및 보충판, AIC의 전자문서를 말한다.

실력점검문제

01 무인항공기(드론)의 용어 정의 내용으로 알맞지 않은 것은?

① 자동항법장치 없이 원격 통제되는 모형 항공기

② 비행체, 지상통제장비, 통신장비, 탑재 임무장비, 지원 장비로 구성된 시스템 항공기

③ 자동비행장치가 탑재되어 자동비행이 가능한 항공기

④ 조종사가 지상에서 원격으로 자동/반자동 형태로 통제하는 항공기

해설
무인항공기는 기본적으로 자동비행장치가 탑재되어 자동비행이 가능한 비행체를 말한다. 통제 시스템 및 통신시스템이 포함된 시스템이다.

02 드론에 대한 설명으로 알맞지 않은 것은?

① 드론은 대형 무인항공기와 소형 무인항공기를 모두 포함하는 개념이다.

② 우리나라 항공안전법은 150kg 이하 무인항공기를 무인비행장치로 분류하고 있다.

③ 우리나라 항공안전법에 무인 멀티콥터는 동력비행장치로 분류하고 있다.

④ 일반적으로 우리나라에서는 소형 멀티콥터를 지칭하는 용어로 많이 쓰이기도 한다.

해설
무인 멀티콥터는 무인 동력비행장치로 분류하고 있다.

03 3개 이상의 로터/프로펠러가 장착되어 상대적으로 비행이 안정적이어서 조종이 쉬운 비행체 형태는?

① 다중 로터형(Multi-Rotor) 비행체

② 동축반전형 비행체

③ 틸트로터형 비행체

④ 고정익 비행체

04 다음 설명에 해당하는 무인항공 비행체는 무엇인가?

> 단시간에 고속으로 임무 지역까지 비행하여 완료해야 하는 임무에 적합하다. 회전익의 수직 이륙 성능과 고정익의 고속 비행이 가능한 장점이 있으나 단점으로는 비행체가 크고 구조적으로 복잡하여 시스템 안정성/신뢰성 확보가 어려우며, 양쪽의 이중 프로펠러/로터 형태로 이착륙 시 돌풍 등의 바람의 변화에 취약하고, 탑재 용량이 적어 상대적을 체공시간이 짧다. 또한 조종/제어가 상대적으로 어려워 운용자 양성에 많은 시간이 필요하다.

① 다중로터형(Multi-Rotor) 비행체

② 틸트로터형 비행체

③ 동축반전형 비행체

④ 고정익 비행체

05 전동식 멀티콥터의 기체 구성품과 거리가 먼 것은?

① 프로펠러　　② 자동비행장치

③ 모터와 변속기　④ 클러치

해설
클러치는 주로 엔진이 장착된 비행체에 사용한다.

Unmanned Multicopter

PART 01

PART 02

PART 03

PART 04

PART 05

06 무인 멀티콥터의 프로펠러 재질로 알맞지 않은 것은?

① 카본　　　　② 나무

③ 금속　　　　④ 강화 플라스틱

해설

무게가 중요한 멀티콥터는 금속 재질의 로터는 잘 사용하지 않는다.

07 무인 멀티콥터의 구성품이 아닌 것은?

① 모터와 변속기

② 주 로터 블레이드

③ 속도제어장치

④ 로터(프로펠러)

해설

멀티콥터는 주 로터 블레이드와 보조 로터 블레이드 개념이 아니라 모두가 동일한 개념이다.

08 Blade Pitch는 무엇인가?

① 블레이드의 회전면

② 블레이드의 피치각

③ 로터를 1회전할 때 전진한 거리

④ 블레이드의 직경

해설

3080은 30인치 직경의 날개로 80인치의 기하학적인 거리를 간다.

09 메인 블레이드의 밸런스 측정 방법으로 올바르지 않은 것은?

① 메인 블레이드 각각의 무게가 일치하는지 측정한다.

② 양손에 들어보아 가벼운 쪽에 밸런싱 테이프를 감아 준다.

③ 메인 블레이드 각각의 중심(C.G)이 일치하는지 측정한다.

④ 양쪽 블레이드의 드래그 홀에 축을 끼워

앞전이 일치하는지 측정한다.

해설

손으로만 들어봐서는 테이프를 감을 정도의 무게 차이를 알 수 없다.

10 멀티콥터의 로터(프로펠러) 피치가 1회전 시 측정할 수 있는 것은 무엇인가?

① 속도　　　　② 압력

③ 거리　　　　④ 온도

11 무인 멀티콥터의 명칭과 설명으로 틀린 것은 어느 것인가?

① 비행 시 배터리는 완전 충전해서 사용한다.

② 모터는 BLDC 모터를 사용한다.

③ 지자계 센서와 자이로 센서는 흔들리지 않게 고정한다.

④ 로터는 양력을 높이기 위해 금속으로 만든다.

12 비행제어 시스템의 내부 구성품으로 볼 수 없는 것은?

① ESC　　　　② PMU

③ IMU　　　　④ GPS

13 무인 멀티콥터의 기수를 제어하는 부품은 무엇인가?

① 레이저　　　　② 지자계 센서

③ 온도　　　　④ GPS

14 다음 중 무인 멀티콥터의 고도를 제어하는 센서는 무엇인가?

① 지자계 센서　　　　② 가속도 센서

③ 기압계 센서　　　　④ 자이로 센서

정답　06 ③　07 ②　08 ③　09 ②　10 ③　11 ④　12 ①　13 ②　14 ③

15 멀티콥터의 내부 구성품 중 모터의 회전수를 조절하는 기능을 하는 것은?

① 자이로 센서 ② IMU
③ GPS ④ ESC

16 로터에 이상이 있을 시 가장 먼저 발생하는 현상은 무엇인가?

① 경고등이 들어온다.
② 진동 발생
③ 기체가 추락한다.
④ 경고음이 들어온다.

17 모터 발열의 원인이 되지 않는 것은?

① 착륙 직후
② 높은 고도에서 장시간 비행한 경우
③ 탑재 중량이 무거운 경우
④ 조종사가 조종기의 트림선을 맞추지 못한 경우

18 시동 시 기체가 심하게 진동할 때 생각할 수 있는 문제로 가장 가능성이 높은 것은 어느 것인가?

① 배터리가 과충전되었다.
② 블레이드에 파손이 있다.
③ 수신기와 송신기가 올바르게 접속되어 있지 않다.
④ GPS 신호를 수신하지 않고 있다.

19 멀티콥터의 조종 방법으로 가장 위험한 조작법은 무엇인가?

① 요잉을 반복하는 조작
② 수직으로 상승하는 조작
③ 급강하하는 조작
④ 후퇴하는 조작

20 프로펠러에 대한 설명으로 알맞지 않은 것은?

① 프로펠러의 규격은 D×P로 나타내며 D는 피치, P는 직경을 의미
② 단면이 에어포일 형태인 회전날개의 원리로 추력을 발생
③ 프로펠러의 무게중심과 회전중심을 일치시키는 밸런싱을 통한 진동의 최소화가 필요
④ 회전 방향에 따라 정 피치 또는 역 피치 프로펠러를 구분해서 사용 및 장착 필요

> **해설**
> D(diameter)는 직경이고, P(pitch)는 피치 값이다.

21 프로펠러 피치에 대한 설명으로 옳은 것은?

① 프로펠러의 두께를 의미한다.
② 프로펠러 직경이 클수록 피치가 작아진다.
③ 고속 비행체일수록 저 피치 프로펠러가 유리하다.
④ 프로펠러가 한 바퀴 회전했을 때 앞으로 나아가는 기하학적 거리

22 무인 회전익 비행장치 비상 절차로서 적절하지 않은 것은?

① 항상 비행 상태 경고등을 모니터하면서 조종해야 한다.
② 기체 이상이 발생하면 안전한 장소를 찾아 비스듬히 하강 착륙시킨다.
③ GPS 경고등이 점등되면 즉시 자세 모드로 전환하여 비행을 실시한다.
④ 제어시스템 고장 경고가 점등될 경우에는 즉시 착륙시켜 주변 피해가 발생하지 않도록 한다.

> **해설**
> 무인비행장치는 이상이 발생하면 이상이 있는 상태에서 안전지대로 이동시키기보다는 크게 파손될 상황이 아니면 바로 직선 방향으로 하강 착륙시키는 것이 항전장비들의 2차 고장에 따른 이상 비행으로 인한 추가적인 주변 피해를 최소화하는 방안이다.

23 무인 멀티콥터 이륙 절차로서 적절하지 않은 것은?

① 제자리 비행 상태에서 전/후/좌/우 작동 점검을 실시한다.

② 이륙은 수직으로 천천히 상승시킨다.

③ 시동 후 고도를 급상승시켜 불필요한 배터리 낭비를 줄인다.

④ 비행 전 각 조종부의 작동 점검을 실시한다.

해설

시동 후 자이로/GPS 등 센서 설정과 엔진 등 구동부의 충분한 작동 준비상태가 될 때까지 아이들 작동을 한 후에 이륙을 실시한다.

24 위성항법 시스템의 무인 멀티콥터 활용 시의 설명으로 옳은 것은?

① 최근 멀티콥터에 탑재되는 위성항법시스템은 고성능이므로 1만 개의 위성신호 수신만으로도 충분하다.

② GPS 신호는 곡선성이 높고, 반사에 의한 신호는 오차가 거의 발생하지 않게 수신된다.

③ GPS 신호는 높은 건물이 많은 장소, 실내, 구름 층 등의 지역에서도 잘 수신된다.

④ 멀티콥터의 대부분은 GPS 시스템을 탑재하고 스스로 위치를 산출하여 자동적으로 공중의 같은 위치에서 정지 비행을 할 수 있다.

해설

GPS 신호는 1~2Ghz 대역의 주파수로서 직진성이 강하여 건물 등 가시선이 미치지 않는 곳에서는 수신이 불량하고, 신호 오차가 발생한다. 기본적으로 GPS는 최소 3개 이상의 위성신호로 평면상의 위치를 계산할 수 있고, 4개 이상의 위성신호로 3차원의 고도 위치까지 산출할 수 있다. 정밀도를 높이기 위해서 멀티콥터는 통상 6개 이상의 위성신호를 이용한다.

25 지자기 방위 센서 Calibration 시 주의사항으로 틀린 것은?

① 10초간 기체를 움직이지 않은 상태에서 배터리를 연결하여 초기화 시킨다

② 전자식 자동차 열쇠, 휴대폰 등은 크게 영향을 받지 않는다.

③ 근거리에서 자동차나 철재 펜스 등이 있는 주차장은 적합하지 않으며 철재물로부터 약 15m 이상 이격 장소에서 하는 것이 좋다.

④ Calibration을 실시하는 동안에는 주변에 전자기석의 간섭이 없는 장소에서 실시한다.

해설

전자식 자동차 열쇠, 휴대폰 등은 주머니에서 제거하고 주변에 위치시키지 않는다.

26 비행장치의 위치를 확인하는 시스템은 무엇인가?

① 지자기 방위센서

② 가속도 센서

③ 위성측위 시스템(GPS)

④ 자이로 센서

27 무인 멀티콥터의 위치를 제어하는 부품은 무엇인가?

① GPS   ② 온도감지계

③ 자이로   ④ 레이저 센서

28 멀티콥터 제어장치가 아닌 것은 어느 것인가?

① GPS   ② 로터

③ 제어 컨트롤러   ④ FC

29 무인 멀티콥터가 비행 가능한 지역은 어느 것 인가?

① 인파가 많고 차량이 많은 것

② 전파수신이 많은 지역

③ 장애물이 없고 한적한 곳

④ 전기줄 및 장애물이 많은 곳

30 멀티콥터(고정피치)의 조종 방법 중 가장 위험을 동반하는 것은?

① 후진하는 조작

② 요잉을 반복하는 조작

③ 수직으로 상승하는 조작

④ 급강하는 조작

31 무인 멀티콥터에 장착된 자이로 센서에 대한 설명으로 알맞은 것은?

① 각속도를 측정한다.

② 회전을 감지하지는 못한다.

③ 중력가속도를 측정한다.

④ 기체의 기울기 측정은 하지 못한다.

[해설]

자이로 센서는 회전 속도인 각속도를 측정하여 어느 정도 회전하고 있는지를 알 수 있다.

32 멀티콥터 조종기의 조종 방법 중 Mode-2에 대한 설명으로 옳지 않은 것은?

① 전진/후진은 오른쪽 스틱에 의해 조종된다.

② 왼쪽의 스틱은 Throttle로 설정된다.

③ 기체의 좌/우 회전은 오른쪽 스틱에 의해서 조종된다.

④ 왼쪽의 스틱이 상승/하강을 제어한다.

[해설]

기체의 좌/우 회전은 왼쪽 스틱에 의해서 조종된다.

33 가속도 센서 설명으로 옳은 것은?

① 기울기와 가속을 측정하는 센서

② 기압을 측정하는 센서

③ 온도를 측정하는 센서

④ 각속도를 측정하는 센서

34 자세 제어장치의 역할로 거리가 먼 것은?

① 기체의 회전을 탐지하여 안정시킨다.

② GPS 신호를 수신하여 기체를 호버링시킨다.

③ GPS 위성에 위치 정보를 송신한다.

④ 기체의 기울기를 탐지하여 안정시킨다.

35 기체의 기울기를 감지하고 비행을 안정화하는 장치는 무엇인가?

① 자세제어장치

② 강착장치

③ 추력장치

④ 전압안전화장치

36 조종기 및 지상통제장치에 대한 설명으로 옳지 않은 것은?

① 안전을 위해 조종기 및 지상통제장치와 통신이 두절되었을 경우 자동귀환 설정이 필요하다.

② 기체 전원을 먼저 인가하고 조종기 및 지상통제장치 전원을 이후에 인가하는 것이 적절하다.

③ 지상통제장치를 통해 비행체로부터 데이터를 받으며 비행상태 파악이 가능하다.

④ 전원을 차단할 때는 조종기 및 지상통제장치 전원을 이후에 인가하는 것이 적절하다.

Unmanned Multicopter

PART 01

PART 02

PART 03

PART 04

PART 05

37 전자변속기(ESC)에 대한 설명으로 옳지 않은 것은?

① 가급적 허용 전류가 작은 전자변속기 장착이 안전하다.

② 브러시리스 모터의 회전수를 제어하기 위해 사용한다.

③ 전자변속기 허용 전압에 맞는 배터리 연결이 필요하다.

④ 발열이 생길 경우 냉각이 필요하다.

38 비행제어 컴퓨터(FC)에 대한 설명으로 옳지 않은 것은?

① 탑재 센서와 무관하게 비행제어 컴퓨터를 통해 자동비행 수행이 가능하다.

② 비행제어 컴퓨터를 통해 통신 두절 시 자동귀한 비행이 가능하다.

③ 자세 모드/GPS 모드 비행을 하기 위해 비행제어 컴퓨터가 필요하다.

④ 경로점 비행, 자동이착륙, 자동귀환 등을 수행하기 위해 비행제어 컴퓨터가 필요하다.

39 배터리를 오래 효율적으로 사용하는 방법으로 적절한 것은?

① 매 비행 시마다 배터리를 만충시켜 사용한다.

② 충전이 다 됐어도 배터리를 계속 충전기에 걸어 놓아 자연 방전을 방지한다.

③ 10일 이상 장기간 보관할 경우 100% 만충시켜서 보관한다.

④ 충전기는 정격 용량이 맞으면 여러 종류의 모델 장비를 혼용해서 사용한다.

> 해설
> • 충전이 다 된 경우 충전기에서 분리해서 보관한다.
> • 10일 이상 장기간 보관할 경우 60%~70%까지 방전시켜 보관한다(30~40%, 충전 후 보관).
> • 충전기는 가급적 전용 충전기를 사용한다.

40 관성측정장치(IMU)에 대한 설명으로 옳지 않은 것은?

① 일반적으로 가속도계, 자이로스코프, 지자기센서를 포함한다.

② 무인비행장치의 자세각, 자세각속도, 가속도를 측정 및 추정한다.

③ 무인비행장치의 자세를 안정화 하기 위해 활용한다.

④ 진동에 매우 강인하여 진동에 큰 영향을 받지 않는다.

41 리튬폴리머 배터리 보관 시 주의사항으로 옳지 않은 것은?

① 배터리를 낙하, 충격, 쑤심 또는 인위적으로 합선시키지 않는다.

② 더운 날씨에 차량에 배터리를 보관하지 않는다. 적합한 보관 장소의 온도는 22℃~28℃이다.

③ 손상된 배터리나 전력 수준이 50% 이상인 상태에서 배송하지 않는다.

④ 화로나 전열기 등 열원 주변처럼 따뜻한 장소에 보관한다.

> 해설
> 열원 주변에 보관하면 위험하다.

42 리튬폴리머(Li-Po) 배터리 취급/보관 방법으로 부적절한 설명은 무엇인가?

① 빗속이나 습기가 많은 장소에 보관하지 말아야 한다.

② 배터리가 부풀거나, 누유 또는 손상된 상태일 경우에는 수리하여 사용한다.

③ 배터리는 -10℃~40℃의 온도 범위에서 사용한다.

④ 정격 용량 및 장비별 지정된 정품 배터리를 사용해야 한다.

43 다음 중 멀티콥터용 모터와 관련된 설명으로 옳지 않은 것은?

① DC 모터는 영구적으로 사용할 수 없다는 단점이 있다.

② 2300KV는 모터의 회전수로서 1V로 분당 2,300번 회전한다는 의미이다.

③ BLDC 모터는 ESC(속도제어장치)가 필요 없다.

④ Bruchless 모터는 비교적 큰 멀티콥터에 적당하다.

44 멀티콥터에 사용되는 브러시리스 모터의 설명을 옳지 않은 것은?

① DC전압을 조절하면서 회전수를 조절할 수 있어 변속기가 불필요하다.

② 수명이 반 영구적이다.

③ 전자석에 순차적으로 자성을 발생시키는 변속기(ECS)가 필수적이다.

④ 모터의 수명에 영향을 미치는 브러시를 없애므로 수명을 반영구적으로 만든 모터이다.

45 다음 중 전자변속기(ESC)의 설명이 옳지 않은 것은?

① 모터를 한 방향으로 회전하도록 틀어지는데 삼상의 전원선을 교차시킴으로써 모터의 회전 방향이 반대가 되도록 한다.

② Brushed 모터의 방향과 속도를 제어할 수 있도록 해주는 장치이다.

③ BLDC 모터의 방향과 속도를 제어할 수 있도록 해주는 장치이다.

④ 비행제어 시스템의 명령값에 따라 적정 전압과 전류를 조절하여 실제 비행체를 제어할 수 있도록 해 준다.

46 다음 중 멀티콥터 배터리 관리 및 운용 방법으로 가장 거리가 먼 것은?

① 전압 경고가 점등될 경우 가급적 빨리 복귀 및 착륙시키는 것이 좋다.

② 정격 용량 및 장비별 지정된 정품 배터리를 사용해야 한다.

③ 전원이 켜진 상태에서 배터리 탈착이 가능하다.

④ 매 비행 시마다 완충하여 사용하는 것이 좋다.

47 1마력이란?

① 10kg.m/s   ② 25kg.m/s

③ 50kg.m/s   ④ 75kg.m/s

48 리튬폴리머 배터리에 대한 설명 중 옳지 않은 것은?

① 20C, 25C 등은 방전율을 의미한다.

② 6S, 12S 등은 배터리 팩의 셀 수를 표시하는 것이다.

③ 한 셀만 3.2V이고 나머지는 4.0V 이상일 경우에는 정상이므로 비행에 지장이 없다.

④ 충전 시 셀당 4.2V가 초과되지 않도록 한다.

49 무인 멀티콥터의 조종기를 장기간 사용하지 않을 경우 일반적인 관리 요령이 아닌 것은?

① 보관온도에 상관없이 보관한다.

② 서늘한 곳에 보관한다.

③ 배터리를 분리해서 보관한다.

④ 케이스에 보관한다.

해설

조종기는 장기간 사용하지 않을 경우 배터리를 분리해서 보관하여 배터리 등의 손상으로 인한 조종기 회로 등의 영향을 방지한다.

50 큰 규모의 무인 멀티콥터 엔진으로 가장 적절한 것은?

① 제트엔진

② 로터리 엔진

③ 전기모터(브러시리스 직류)

④ 전기모터(브러시 직류)

51 브러시 직류 모터와 브러시리스 직류 모터의 특징으로 옳은 것은?

① 브러시 직류 모터는 반영구적이다.

② 브러시리스 모터는 전자변속기(ESC)가 필요 없다.

③ 브러시 모터는 안전이 중요한 만큼 대형 멀티콥터에 적합하다.

④ 브러시 모터는 영구적으로 사용할 수 없다는 단점이 있다.

52 리튬폴리머 배터리의 Cell당 전압은 3.7V이다. 6S/1P인 경우 전압은 얼마인가?

① 22.0V ② 22.2V

③ 22.4V ④ 22.6V

해설

3.7V×6=22.2V

53 브러시리스 DC 모터의 특징으로 올바른 것은?

① 정기적으로 브러시를 교체해야 한다.

② 브러시나 정류자와 같은 부품을 가진다.

③ 기계적 접촉부가 적어 유지 보수가 용이하다.

④ 모터에 흐르는 전류를 제어하는 컨트롤러가 불필요하다.

54 비행 중 저배터리 경고음이 울릴 경우 조치로 가장 올바른 것은?

① 빠르고 신속하게 안전한 장소를 찾아서 착륙한다.

② 비행이 시작한 위치로 돌아오게 하고 돌아올 때까지 기다린다.

③ 남아 있는 배터리 잔량이 있으므로 그냥 비행을 한다.

④ 즉시 그 자리에 착륙한다.

55 브러시리스 모터에 사용되는 전자변속기(ESC)에 대한 설명으로 옳은 것은?

① 모터를 냉각하기 위해 사용

② 모터의 온도를 제어하기 위해 사용

③ 모터의 회전수를 제어하기 위해 사용

④ 모터의 무게를 제어하기 위해 사용

56 다음 중 브러시 모터에 대한 설명으로 옳지 않은 것은?

① 브러시와 정류자를 이용해 전자석의 극성 변경

② 반영구적인 모터 수명

③ 브러시에 의한 발열과 마모 발생 가능

④ 모터 권선의 전자기력을 이용해 회전력 발생

해설

브러시리스 모터의 특징 : 브러시가 없기 때문에 수명 제한이 없다. 다만 베어링은 주기적으로 점검하여 교체해 주어야 한다.

57 리튬폴리머(LI-Po) 배터리에 대한 설명으로 옳지 않은 것은?

① 장기간 보관 시 완전 충전 상태가 아닌 50~70% 충전상태로 보관
② 강한 충격에 노출되거나 외형이 손상되었을 경우 안전을 위해 완전 방전 후 폐기
③ 충전 시 셀 밸런싱을 통한 셀 간 전압관리 필요
④ 배터리 수명을 늘리기 위해 급속충전과 급속방전 필요

급속충전은 배터리 수명을 단축시킨다.

58 무인 멀티콥터에서 사용되는 배터리에 대한 설명으로 옳지 않은 것은?

① 1차 전지, 2차 전지, 연료전지가 사용된다.
② 리튬폴리머 배터리는 에너지 밀도가 가장 낮은 안전한 배터리다.
③ 모터 회전을 위해 리튬폴리머 배터리가 주로 사용된다.
④ 배터리 파손으로 화재가 발생할 수 있다.

1차 전지는 1회 소모성 배터리, 2차 전지는 충전용 재사용 배터리, 연료전지는 연료와 산화제를 촉매 층으로 통과시켜 촉매에 의해 전기화학적으로 반응시켜 전기를 발생시키는 전지이다.

59 리튬폴리머 배터리 관리 방법에 대한 설명으로 옳지 않은 것은?

① 소금물을 통해 배터리를 방전할 경우 환기가 잘 되는 곳에서 방전한다.
② 부풀어 오른(스웰링) 배터리는 사용을 금지한다.
③ 장기간 배터리를 보관하기 위해서는 완전히 충전 후 보관한다.
④ 배터리를 폐기할 때는 완전히 방전 후 폐기한다.

장기간 보관 시 60~70% 방전 후 보관한다.

60 회전익 무인비행장치의 탑재량에 영향을 미치는 것으로 가장 거리가 먼 것은?

① 기온과 바람
② 주변 장애물과 비행 장소
③ 습도와 강우량
④ 해발고도와 공기밀도

① 기온에 따라 양력이 차이 나고, 바람이 많으면 급조작으로 인한 과부하를 초래할 수 있다.
③ 습도와 강우량은 탑재량에 영향이 미미하다.
④ 해발고도와 공기밀도는 양력에 영향을 미친다.

61 무인비행장치 비행 모드 중에서 자동복귀(RH)에 대한 설명으로 맞는 것은?

① 자동으로 자세를 잡아주면서 수평을 유지시켜 주는 비행 모드
② 비행 중 통신두절 상태가 발생했을 때 이륙 위치나 이륙 전 설정한 위치로 자동 복귀한다.
③ 설정된 경로에 따라 자동으로 비행하는 비행 모드
④ 자세제어에 GPS를 이용한 위치제어가 포함되어 위치와 자세를 잡아준다.

① 자세제어 모드   ③ 자동 경로비행 모드
④ GPS 모드

62 무인비행장치들이 가지고 있는 일반적인 비행 모드가 아닌 것은?

① 완전 수동 모드(Manual Mode)
② 자세제어 모드(Attitede Mode)
③ 고도제어 모드(Altitude Mode)
④ GPS 모드(GPS Mode)

해설

고도제어 모드는 구성되지 않는다. 최근에는 수동 모드 또한 운용자 과실을 방지하기 위해 기본 모드에서 제외하는 경우도 많다. 고도제어 모드는 레이더나 초음파 센서등을 설치하고 지형에 따른 고도를 추적하도록 설치하여 활용하기도 한다. 또한 자세 모드를 기본 수동 모드라고 칭하기도 한다.

63 무인비행장치 비행 모드 중에서 자동복귀 모드에 해당하는 설명으로 틀린 것은?

① 이륙 전 임의의 장소를 설정할 수 있다.
② 이륙장소로 자동으로 되돌아 올 수 있다.
③ 수신되는 GPS 위성 수에 상관없이 설정할 수 있다.
④ Auto-land(자동착륙)와 Auto-hover(자동 제자리 비행)를 설정할 수 있다.

해설

GPS 위성 숫자가 최소 4개 이상이면 설정 가능하지만, 일반적으로 6개 이상인 상태에서 설정되도록 프로그램이 되어 있다.

64 비행 중 GPS 에러 경고등이 점등되었을 때의 원인과 조치로 옳은 것은?

① 건물 근처에서는 발생하지 않는다.
② 자세제어 모드로 전환하여 자세제어 상태에서 수동으로 조종하여 복귀시킨다.
③ 마그네틱 센서의 문제로 발생한다.
④ GPS 신호는 전파 세기가 강하여 재밍의 위험이 낮다.

해설

① 건물 근처에서는 GPS 신호 전파가 쉽게 차단되어 에러가 발생한다.
③ GPS 수신기의 이상이나 신호 전파의 차단상태에서 발생한다.
④ GPS 신호는 전파 세기가 미약해서 재밍에 취약하다.

65 다음 중 무인 멀티콥터 비행 후 점검사항으로 틀린 것은?

① 송신기와 수신기를 끈다.
② 비행체 각 부분을 세부적으로 점검한다.
③ 모터와 변속기의 발열 상태를 점검한다.
④ 프롭의 파손 여부를 점검한다.

해설

비행 후에는 비행체를 세부적으로 점검하기보다는 비행 간 문제가 발생될 수 있는 주요 부분과 항목 위주로 간단히 점검한다.

66 조종사의 역할과 책임으로 옳은 것은 무엇인가?

① 공역통제에 대한 사항은 사전에 확인하고 관제기관과의 연락은 불필요하다.
② 멀티콥터는 조종이 쉬우므로 원리적인 이해는 불필요하다.
③ 조종사는 비행에 대한 최종적인 판단을 직접한다.
④ 조종사는 부여된 임무를 수행하므로 사고 발생 시 책임은 없다.

해설

조종사(자)는 비행에 관련된 모든 최종 권한을 가지며, 병행하여 책임도 진다.

67 다음 중 멀티콥터의 비행 모터 중 한두 개가 정지하여 비행이 불가할 시 가장 올바른 대처법은 무엇인가?

① 신속히 안전지역에 수직 하강하여 착륙시킨다.
② 상태를 기다려 본다.
③ 조종 기술을 이용하여 최대한 호버링한다.
④ 최초 이륙지점으로 이동시켜 착륙한다.

68 비행 전 점검사항으로 옳지 않은 것은?

① 모터 및 기체의 전선 등 점검

② 조종기 배터리 부식 등 점검

③ 호버링을 한다.

④ 기체 배터리 및 전선 상태 점검

69 다음 중 비행 후 점검사항으로 옳지 않은 것은?

① 기체 점검

② 조종기

③ 이륙 후 시험비행

④ 배터리

70 정상적으로 비행 중 기체에 진동을 느꼈을 때의 비행 후 조지사항으로 옳지 않은 것은?

① 로터에 균열이 있는지 정확히 확인한다.

② 조종기와 FC 간의 전파에 문제가 있는지 확인한다.

③ 기체의 이음새나 부품의 틈이 헐거워졌는지 확인 후 볼트, 너트 등을 조인다.

④ 짐벌이나 방제용기의 장착상태를 정확히 확인한다.

해설

제작이 잘 된 기체로서 진동이 없었던 기체가 진동이 생겼다면, 다양한 기계적인 부분을 예상해 볼 수 있으나 조종기와 비행체 사이의 전파 문제일 가능성은 희박하다.

71 회전익 무인비행장치의 기체 및 조종기의 배터리 점검사항 중 옳지 않은 것은?

① 조종기에 있는 배터리 연결단자의 헐거워지거나 접촉 불량 여부를 점검한다.

② 기체의 배선과 배터리와의 고정 볼트의 고정상태를 점검한다.

③ 배터리가 부풀어 오른 것을 사용해도 괜찮다.

④ 기체 배터리와 배선의 연결 부위의 부식을 점검한다.

해설

부풀어 오른 배터리는 사용해서는 안 된다.

72 비행 중 조종기의 배터리 경고음이 울렸을 때 취해야 할 행동은?

① 즉시 기체를 착륙시키고 엔진 시동을 정지 시킨다.

② 경고음이 꺼질 때까지 기다려 본다.

③ 재빨리 송신기의 배터리를 예비 배터리로 교환한다.

④ 기체를 원거리로 이동시켜 제자리 비행으로 대기한다.

해설

조종기 배터리 경고음이 울리면 가급적 빨리 복귀시켜 엔진을 정지 후 조종기 배터리를 교체한다.

73 회전익 무인비행장치의 비행 준비사항으로 적절하지 않은 것은?

① 기체 크기와 상관없는 이착륙장

② 기체 배터리 상태

③ 조종기 배터리 상태

④ 조종사의 건강상태

해설

비행 전에 비행체, 조종기를 점검하고, 조종자의 건강이나 심리적인 상태도 확인해야 한다. 이착륙장은 비행체로부터 주변의 인원을 안전하게 이착륙 시킬 수 있는 장소를 선택한다.

74 회전익 무인비행장치의 조종자가 비행 중 주의해야 하는 사항이 아닌 것은?

① 휴식장소

② 착륙장의 부유물

③ 비행지역의 장애물

④ 조종사 주변의 차량 접근

해설

비상착륙 장소를 항상 염두에 두고 비행을 실시해야 한다.

---

68 ③   69 ③   70 ②   71 ③   72 ①   73 ①   74 ① **정답**

75 다음 중 무인비행장치의 비상램프 점등 시 조치로서 틀린 것은?

① GPS 에러 경고 – 비행자세 모드로 전환하여 즉시 비상착륙을 실시한다.

② 통신 두절 경고 – 사전 설정된 RH 내용을 확인하고 그에 따라 대비한다.

③ 배터리 저전압 경고 – 비행을 중지하고 착륙하여 배터리를 교체한다.

④ IMU센서 경고 – 자세 모드로 전환하여 비상착륙을 실시한다.

[해설]

GPS 에러가 생겼다고 즉각적인 비상착륙을 실시할 필요는 없다. 자세 모드로 정상비행이 가능하므로 자세 모드로 전환하여 정상적인 비행을 실시하고, GPS 모드로 비행을 해야 할 임무인 경우, 비행을 중지하고 착륙하여 정비를 실시한다.

76 비행 중 기체 점검 사항으로 옳지 않은 것은 무엇인가?

① 동력계통 부위의 볼트 조임상태 등을 점검하고 조치한다.

② 메인 블레이드, 테일 블레이드의 결합상태, 파손 등을 점검한다.

③ 남은 연료가 있을 경우 호버링 비행하여 모두 소모시킨다.

④ 송수신기의 배터리 잔량을 확인하여 부족 시 충전한다.

[해설]

장기 보관 경우에는 연료를 비워둘 필요가 있으나, 그럴 경우라도 비행으로 소모시킬 필요는 없다.

77 비행 전 조종기 점검 사항으로 옳지 않은 것은?

① 각 버튼과 스틱들이 off 위치에 있는지 확인한다.

② 조종 스틱이 부드럽게 전 방향으로 움직이는지 확인한다.

③ 조종기를 켠 후 자체 점검 이상 유무와 전원상태를 확인한다.

④ 조종기 트림은 자동으로 중립 위치에 설정되므로 확인할 필요는 없다.

[해설]

조종기의 트림 위치가 잘못되어 있으면 이륙 후 비정상적인 방향으로 비행체가 흐르거나 급기동할 수 있다.

78 배터리 소모율이 가장 많은 경우는 언제인가?

① 이륙 시

② 비행 중

③ 착륙 시

④ 조종기 TRIM에 관한 조작 시

79 로터 점검 시 내용으로 틀린 것은 무엇인가?

① 로터의 고정상태를 확인한다.

② 로터의 회전 방향을 확인한다.

③ 로터의 균열이나 손상 여부를 확인한다.

④ 로터의 냄새를 맡아본다.

80 비행 전 점검사항에 해당되지 않은 것은?

① 조종기 외부 깨짐을 확인

② 보조 조종기의 점검

③ 배터리 충전상태 확인

④ 기체 각 부품의 상태 및 파손 확인

81 다음 중 비행제어 모드에 해당되지 않는 것은 무엇인가?

① 자동복귀 모드

② 자세제어 모드

③ GPS 자동비행 모드

④ 통신제어 모드

정답 75 ① 76 ③ 77 ④ 78 ① 79 ④ 80 ② 81 ④

PART 01 PART 02 PART 03 PART 04 PART 05

82 멀티콥터의 비행 모드로 옳지 않은 것은?

① GPS 모드

② 에트 모드(ATTI)

③ 수동 모드(M)

④ 고도제한 모드

83 'GPS'의 설명으로 맞는 것은 무엇인가?

① 지구상의 위치 측정을 위한 시스템

② GPS 수신기가 GPS 위성에 자신의 위치 정보를 송신하는 시스템

③ 최소 2개의 GPS 신호로 지구상의 위치를 측정할 수 있다.

④ 위성으로부터 신호를 받기 때문에 날씨의 영향을 받지 않는다.

84 초경량 비행장치 비행 중 조작불능 상태 시 가장 먼저 할 일은 무엇인가?

① 소리를 질러 주변 사람들에게 경고한다.

② 안전하게 착륙하도록 조종하고 불가능 시 불시착 시킨다.

③ 원인을 파악한 후 착륙시킨다.

④ 안전한 지역으로 이동하여 착륙시킨다.

85 멀티콥터 조종기 테스트 방법으로 맞는 것은?

① 기체 가까이에서 한다.

② 기체에서 30m 정도 떨어진 곳에서 한다.

③ 기체에서 100m 정도 떨어진 곳에서 한다.

④ 기체의 먼 곳에서 한다.

86 푸르키네 현상에 따르면 다음의 보기 중에서 어두운 밤에 가장 잘 보이는 색은 무엇인가?

① 노랑　　　　② 파랑

③ 초록　　　　④ 빨강

87 가속도 센서 설명으로 적절한 것은?

① 기압을 측정하는 센서

② 온도를 측정하는 센서

③ 기울기와 가속을 측정하는 센서

④ 각속도를 측정하는 센서

88 농업용 무인 멀티콥터 비행 전 점검할 내용으로 틀린 것은?

① 기체이력부에서 이전 비행기록과 이상 발생 여부는 확인할 필요가 없다.

② 연료 또는 배터리 만충 여부를 확인한다.

③ 비행체 외부의 손상 여부를 육안 및 촉수 점검한다.

④ 전원 인가상태에서 각 조종 부위의 작동 점검을 실시한다.

89 무인항공 방제 작업 시 약제 관련 주의사항이 아닌 것은?

① 혼합 가능한 약제 외에 혼용을 금지한다.

② 살포지역 선정 시 경계구역 내의 물체들에 주의한다.

③ 빈 용기는 쓰레기장에 폐기한다.

④ 살포 장치의 살포 기준에 따라 실시한다.

82 4　83 1　84 1　85 2　86 2　87 3　88 1　89 3　**정답**

빈 용기는 지정된 안전한 장소에 수집 폐기한다.

90 항공방제 작업 종료 후 점검 및 조치사항으로 적절하지 않은 것은 무엇인가?

① 빈 용기는 안전한 장소에 폐기한다.

② 약제 잔량은 안전한 장소에 책임자를 정해 보관한다.

③ 기체 살포장치는 다시 재사용을 위해 세척하지 않고 보관한다.

④ 얼굴, 손, 발 등을 세제로 잘 씻고 반드시 가글한다.

91 항공안전법상에 무인비행장치 사용사업을 위해 가입해야 하는 필수 보험은?

① 기체보험(동산종합보험)

② 자손 종합 보험

③ 대인/대물 배상 책임보험

④ 살포보험(약제살포 배상책임보험)

항공법규상 필수 초경량 비행장치의 필수 보험은 대인/대물 배상책임보험이다.

92 회전익 무인비행장치 이착륙 지점으로 적합한 지역에 해당하지 않은 곳은 어디인가?

① 모래먼지가 나지 않는 평탄한 농로

② 경사가 있으나 가급적 수평인 지점

③ 풍압으로 작물이나 시설물이 손상되지 않는 지역

④ 사람들이 접근하기 쉬운 지역

93 지도조종자가 교육생의 조종을 논평하는 이유로 맞는 것은 무엇인가?

① 교육생의 의견에 반론하기 위해서

② 자신의 비행 경험을 이야기하며 공유하기 위하여

③ 교육생의 조종 실수를 지적하기 위하여

④ 서로 대화하며 문제점을 찾기 위하여

PART 01

PART 02

PART 03

PART 04

PART 05

정답 90 ③   91 ③   92 ④   93 ④

학습목표

무인기(회전익, 고정익 항공기)의 기본적인 비행원리 및 공력의 영향, 회전익 항공기의 비행 특성 등 전반적인 양력 발생의 원리 및 비행원리를 이해하고, 보다 창의적이고 안전한 비행에 접근할 수 있다.

비행원리

Chapter 01 항공기

Step 1 ▶ 항공기 개요

① 인간은 공간과 시간을 확보하기 위해 운반체(Vehicle)를 사용해 왔다.

② 지상에서는 신발을 활용하여 활동함으로써 이동 시간을 줄이고 보다 넓은 공간을 확보하였다.

③ 점차 동물의 힘을 이용하는 마차에서 자체 동력으로 움직이는 자동차, 기차 등으로 발전하면서 바다에서는 뗏목, 배 등을 이용하기에 이르렀다.

④ 20세기 초 라이트 형제(Orville and Wilbur Wright)에 의해 인류 최초의 동력 비행 성공을 시작으로 인류의 활동 영역은 지상, 바다의 2차원에서 지상, 바다, 하늘의 3차원으로 확장되었다.

Step 2 ▶ 항공기의 분류

항공기의 가장 기본적인 분류 기준으로는 "공기보다 가벼운 혹은 무거운 항공기"로 나뉜다.

① 공기보다 가벼운 항공기 : 본체의 부력(Buoyancy Force)을 이용하여 공중에 뜨는 비행체

② 공기보다 무거운 항공기 : 날개에서 발생되는 양력(Lift Force)을 이용하여 공중에 뜨는 비행체, 즉 항공기의 무게가 항공기의 부피에 해당하는 공기의 무게보다 무겁지만 항공기의 날개와 공기 사이의 상대 속도로부터 양력을 얻어 공중에 뜰 수 있는 것이다.

Step 3 ▶ 항공기의 역사

1 유래

아마도 인간의 항공에 대한 첫 시발점은 새가 날아가는 모습을 보면서 "나도 새처럼 날아가면 얼마나 좋을까" 하는 욕망을 담은 신화에서 찾아볼 수 있을 것이다. 아테네인 데달로스는 유명한 건축가이자 발명가이다. 그는 아들 이카로스를 데리고 지중해 가운데 있는 크레타 섬에서 살게 되는데 미노스 왕의 미움을 사

게 되어 이카로스와 함께 미궁에 갇히고 만다. 데달로스는 천부적인 재능을 발휘하여 미궁에서 탈출을 시도하고, 갈매기의 깃털과 밀랍으로 날개를 만든다. 날아가기 전 데달로스는 이카로스에게 "아들아, 너무 낮게 날면 날개가 무거워져 떨어지고, 너무 높이 날면 태양 때문에 밀랍이 녹을 것이니 나만 따라오너라"라고 말하였다. 데달로스는 탈출에 성공하였으나 아들 이카로스는 자신이 난다는 사실에 자만하여 아버지의 당부를 잊은 채 하늘 높이 날아오르는 도중 태양열에 밀랍이 녹아 바다에 추락한다.

▲ 이카루스와 데달로스

❷ 과학적 비행의 시작

인류의 과학적 비행의 시작은 레오나르도 다빈치(Leonardo da Vinci, 1452~1519)에 의해 시작되었다. 그는 새를 해부한 결과를 발표한 논문에서 "새는 수학적 법칙에 따라 작동하는 기계이며 새의 모든 운동을 인간 능력으로 구체화 시킬 수 있다"라고 하였다.

① 1783년 몽골피에 형제(Joseph and Etienne Montgolfier)는 최고의 열기구를 발명하였다.

② 1903년 12월 17일 라이트 형제는 엔진 동력이 장착된 비행기를 만들었다.

③ 1914년~1918년(제1차 세계대전) : 전쟁을 통한 무기체계의 발전으로 왕복엔진을 이용한 프로펠러기의 완성

④ 1939년~1945년(제2차 세계대전) : 제트엔진 및 제트기 출현(일본의 가미카제 전투기 등장)

⑤ 1945년~현재

– 가스 터빈 엔진을 장착하여 획기적인 발전

– 군용, 관측, 연락, 운송 등 다양한 분야에서 활약하기 시작하였다.

▲ 최초의 열기구

▲ 라이트 형제 최초의 열기구

⑥ 2021년 : 나사(NASA)에서 화성탐사드론 인져뉴어티 비행이 성공하였다(지구 외 다른 행성에서 최초 동력비행).

Chapter 02

비행 원리

Step 1 ▶ 날개

1 정의

① 날개란 항공기가 공기 속을 통과할 때 공기 흐름에 의해 반작용을 일으킬 수 있도록 제작된 제품을 말한다.
② 날개는 항공기를 부양시키는 양력을 발생시키며 수평, 수직 안정판과 같이 안정성을 제공하고 항공기의 조종과 추진력을 발생시킨다.

2 에어포일(날개골, Airfoil) ★★★

에어포일은 날개를 수직으로 잘랐을 때의 날개 단면을 말한다. 유선형의 형상을 갖고 있는 날개골은 공기 중을 운동하면서 날개에 큰 양력과 작은 항력을 발생시키는 역할을 한다. 이는 항공기의 날개뿐만 아니라 헬리콥터 회전 날개의 단면, 프로펠러의 단면 등 다양하게 활용되고 있다.

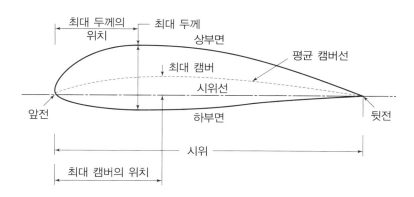

▲ 에어포일의 명칭

① 윗면(상부면, Upper Surface) : 에어포일의 위 표면

② 아랫면(하부면, Lower Surface) : 에어포일의 아래 표면

③ 앞전(Leading Edge) : 에어포일의 앞 부분

④ 뒷전(Trailing Edge) : 에어포일의 뾰족한 뒤끝 부분

⑤ 시위선(Chord) : 에어포일의 앞전과 뒷전을 연결한 선

⑥ 시위 길이(Chord Length) : 앞전과 뒷전을 연결한 길이

⑦ 두께(Thickness) : 윗면에서 아랫면까지의 거리

⑧ 최대 두께(Maximum Thickness) : 두께의 최댓값

⑨ 최대 두께 위치 : 앞전에서부터 최대 두께가 있는 지점까지의 거리

⑩ 평균캠버선(Mean Camber line) : 아랫면과 윗면의 중점들을 연결한 선, 즉 두께의 중간점이 된다.

⑪ 캠버(Camber) : 시위선과 평균 캠버선의 거리

⑫ 최대 캠버(Maximum Camber) : 캠버의 최댓값

⑬ 최대 캠버 위치 : 안전에서부터 최대 캠버 위치까지의 거리

3 받음각과 취부각

1) 받음각(영각, Angle of Attack) ★★★

① 받음각은 비행 방향과 반대인 공기 흐름의 속도 방향과 에어포일의 시위선이 이루는 사잇각을 말한다.

② 받음각이 0이면 공기 흐름의 방향과 시위선은 일치하며 받음각에 의해 에어포일 아랫면에 부딪힌 공기가 아래로 향하면서 그 반작용으로 에어포일을 위로 들어 올리는 양력을 발생시킨다.

③ 받음각은 날개에 의해서 발생되는 양력과 항력의 크기를 결정하는 중요한 요소이며, 받음각이 커지면 양력이 커지고 그만큼 항력은 감소하는 상관관계를 형성한다.

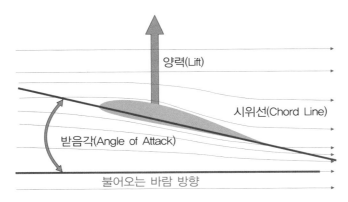

2) 취부각(붙임각)

① 날개의 익현선과 로터 회전면이 이루는 각을 말한다.

② 공기역학적인 반응이 아닌 기계적인 각으로 Blade Pitch라 불린다.

③ 유도기류와 항공기 속도가 없는 상태에서는 받음각과 취부각은 동일하다.

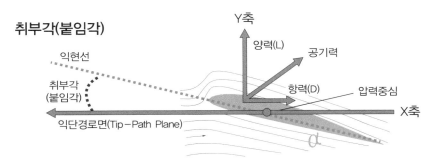

④ 날개의 형태와 분류 ★★★

1) 날개의 형태

① 대칭형

- 상부와 하부 표면이 대칭으로 되어 있어 평균 캠버선과 익현선이 일치한다.

- 압력 중심 이동이 일정하게 유지되는 편으로 회전익 항공기에 적합하다.

- 받음각(영각)에 비해 양력 발생이 적으며, 실속 발생이 가능한 경우가 많다.

- 가격이 비교적 낮은 편이며 제작이 용이하다.

② 비대칭형

- 상부와 하부 표면이 비대칭이며 상부 표면이 하부 표면보다 더 구부러져 있다.

- 대칭형에 비해 공기 이동거리 차이가 많아 압력 차이가 증가하고 양력 발생 효율이 향상된다.

- 주로 고정익 항공기와 대형 헬리콥터에 사용된다.

- 가격이 높으며 제작이 어렵다.

▲ 비대칭 에어포일　　　　　　　　　▲ 대칭 에어포일

2) 날개의 두께

① 얇은 날개

영각이 작으면 항력도 낮다. 반대로 영각이 커지면 기류박리(Air flow Separation)이고 항력이 증가한다.

② 두꺼운 날개

– 영각이 작으면 날개의 두께 때문에 항력은 비교적 크게 영향을 받지 않는다. 영각이 커졌을 때도 기류박리가 쉽게 발생하지 않아 항력이 다소 커져도 큰 양력을 얻게 된다.

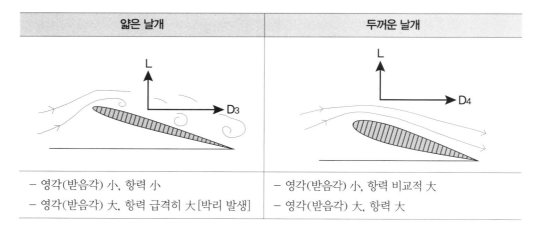

얇은 날개	두꺼운 날개
– 영각(받음각) 小, 항력 小 – 영각(받음각) 大, 항력 급격히 大 [박리 발생]	– 영각(받음각) 小, 항력 비교적 大 – 영각(받음각) 大, 항력 大

– 날개의 두께가 같은 경우에는 동일한 영각(받음각)에서 비슷한 양력을 발생시킨다.
– 같은 두께의 날개는 전연반경에 의해 공력이 달라진다.
– 날개의 영각이 '0'일 경우 전연반경이 다르더라도 유체의 흐름은 유사하며 영각이 증가할 경우에 전연반경이 큰 날개에서는 전연에서 기류가 상부/하부로 나누어져 후연으로 흐르지만, 전연반경이 작은 경우 기류박리 현상이 쉽게 발생되고 항력은 급격히 증가된다.

3) 날개의 길이

① 날개 익현선의 길이에 따라 '공력'의 차이가 발생한다.
② 익현선이 짧은 경우 날개 위에 있는 정체된 기류와 날개를 지나는 기류와의 경계가 짧아져 기류박리가 쉽게 발생된다.
③ 익현선이 긴 날개일 경우 날개 표면의 영향에 의하여 날개 윗면을 흐르는 공기에 난류가 형성되어 큰 영각(받음각)까지 박리현상이 일어나기 어려우며 박리점은 후방으로 이동된다.
④ 짧은 익현선은 날개 위에 정체된 기류와 날개를 지나는 기류와의 경계가 짧아 박리가 쉽게 발생한다.

| 짧은 익현선(A) | 긴 익현선(B) |

박리(Separation) 난류(Turbulence)

익현선 a 익현선 b

익현선 : a〈b
박리발생 : A〈b
레이놀즈 수 : A〈b

4) 캠버의 영향 ★★

① 캠버 : 익현선과 평균 캠버선 사이를 말한다.

② 비대칭형 에어포일 : 영각=0, 양력(L)〉0 [양력 발생]

  * 동일 영각에서 캠버가 큰 날개일수록 큰 양력이 발생된다.

[대칭형]

> 영각(받음각) = 0, 양력(L) = 0

5) 날개의 힘과 종류 ★★★

회전익 항공기(멀티콥터 등)에 작용하는 힘은 양력, 중력, 추력, 항력이 있다.

① 양력(Lift) : 상대풍(날개를 향한 기류의 방향)에 수직으로 작용하는 항공역학적 힘이다.

② 중력(Gravity) : 지구의 만류인력과 자전에 의한 원심력을 합한 힘. 지표 근처의 물체를 연직 아래 방향으로 당기는 힘이다.

③ 추력(Thrust) : 엔진에 의해 항공기가 앞으로 나아가는 힘이다.

④ 항력(Drag) : 상대풍에 수평으로 작용하는 힘. 추력에 반대 방향으로 작용하는 힘으로 공중에서 비행체의 전진을 더디게 하는 힘이다. 공기의 밀도, 기온, 습도에 영향을 받는다.

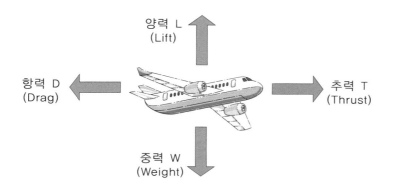

양력 L (Lift)

항력 D (Drag) 추력 T (Thrust)

중력 W (Weight)

★★★
- **유도항력** : 양력이 발생할 때 동반되는 하강 기류 속도와 날개의 위, 아래면을 통하는 공기 흐름을 저해하는 와류(Vortex)에 의해 발생되는 항력으로 양력 발생과 관계있는 모든 항력을 가리키며 점성과는 상관없이 기체의 속도가 증가될 때 유도항력은 감소한다.
- **형상항력** : 블레이드가 공기 중을 지날 때 표면마찰(점성마찰)로 인하여 발생되는 마찰성 저항
- **유해항력** : 로터를 제외한 비행체의 외부 부품에 발생되는 항력
  - 주로 항공기의 형체, 표면 마찰, 크기, 설계 등에 영향을 받는다.
  - 유해항력이 발생할 수 있는 노출을 최소화하여 형상을 유선형으로 설계한다.
  - 마찰성 저항으로 양력 발생과는 무관하나 속도 제곱에 비례한다.

6) 날개의 공력

① 공력의 개념

- 공력(Aerodynamic Force)이란 공기와 공기 중을 지나는 물체와의 상호 작용에 의해서 발생하는 기계적인 힘으로 양력과 항력을 가리킨다. 즉 정지해 있는 물체는 공력이 없지만 공기 중을 움직이는 물체는 공력이 발생한다.
- 항공기가 비행 중에 날개를 포함한 항공기 전체에 작용하는 공력은 압력에 의한 힘과 전단력에 의한 힘이 발생하는데, 항공기의 전진 방향과 수직인 성분은 양력, 평행한 성분은 항력이다.

② 레이놀즈 수

레이놀즈 수(Reynold's Number)는 오스본 레이놀즈 교수에 의해 발견된 수로 유체 흐름에서 난류와 층류의 경계가 되는 값이다. 유체의 흐름에 미치는 점성의 영향을 표현한 것이며 유체의 점성력에 대한 관성력의 비이다. 레이놀즈 수가 작은 흐름은 층류 흐름이며, 레이놀즈 수가 점점 커지면 난류로 바뀌게 된다.

- **점성** : 유체의 흐름에 대한 저항을 말하며, 운동하는 액체 혹은 기체 내부에 나타나는 마찰력으로 내부 마찰이라고도 하며 액체의 끈끈한 성질을 뜻한다.
- **관성** : 물체가 외부로부터 힘을 받지 않을 때의 처음의 운동 상태를 계속 유지하려는 힘을 뜻한다.
  - 레이놀즈 수가 낮은 층류 : 점성력이 크다.
  - 레이놀즈 수가 높은 난류 : 관성력이 크다.

③ 층류와 난류

- **층류** : 날개의 전연 부분에서 시작되는 매우 얇고 부드럽게 점성이 지배적인 평탄한 일정한 유선의 형태이다.
- **난류** : 관성력이 지배적인 흐름으로 층류가 뒤로 이동되면서 경계측이 두꺼워지며, 기류 흐름의 변동이 증가되어 공기 입자의 혼합이 일어나는 기류층이다.

④ 기류박리

- 항공기 표면에 흐르는 기류가 날개의 표면과 공기 입자 사이의 마찰력으로 인해 표면으로부터 떨어져 나가는 현상이다.
- 경계층 밖의 기류는 정체점을 넘어가게 되어 경계층이 표면에 박리되어 양력은 파괴되며, 항력은 급격하게 증가한다.

⑤ 피치

프로펠러가 1회전할 때 기체가 전진하는 기하학적 거리이며 절댓값이 아니다.

⑥ 실속

실속이란 날개의 받음각이 증가할수록 양력의 계수도 함께 증가하는데, 이때 임계점을 지나면서 양력계수가 감소하며 항력계수가 급격히 증가하는 현상을 말한다.

- 실속받음각 : 실속이 일어나는 받음각(보통 $12°{\sim}20°$)
- 영양력받음각 : 양력계수가 0이 될 때 양력계수
- 최대양력계수 : 실속이 발생할 때의 양력계수

5 기체의 조종면

1) 항공기의 기체축 ★★

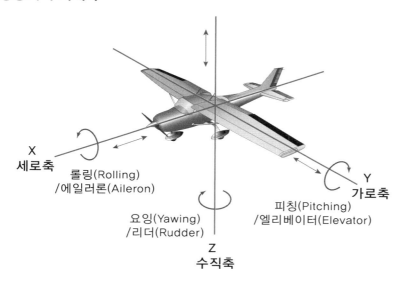

① 세로축 : 기체의 기수와 꼬리를 연결한 축

② 가로축 : 한쪽 날개의 끝에서 다른 쪽 날개의 끝을 연결한 축

③ 수직축 : 세로축과 가로축이 형성한 평면을 기준으로 수직인 축

2) 기체축의 운동

① 롤링(Rolling, 좌우 경사회전 비행) : 세로축을 기준으로 하는 운동

② 피칭(Pitching, 상승/하강 비행) : 가로축을 기준으로 하는 운동

③ 요잉(Yawing, 항공기 기수의 좌우 회전 비행) : 수직축을 기준으로 하는 운동

3) 운동을 발생시키는 비행 조종면

① 에어론(Aileron) : 롤링 부분을 조종하는 비행 조종면

② 엘리베이터(Elevator) : 피칭을 조종하는 비행 조종면

③ 러더(Rudder) : 요잉을 조종하는 비행 조종면

4) 기체의 안정성 ★★

기체의 안정성으로 세로 안정성, 가로 안정성, 방향 안전성이 있다.

① 모멘트(Moment)

- 항공기의 운동은 무게중심을 기준으로 이루어진다.

- 무게중심에 대하여 회전하는 것을 모멘트라 하며 모멘트는 힘과 그 힘이 작용한 거리를 곱한 크기라고 할 수 있다. 즉, 수평선상에 놓여있는 한 물체가 기준점으로부터 일정거리 선상에서 받는 힘을 말한다.

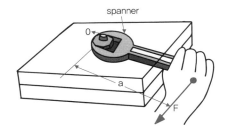

② 세로 안정성(Pitching)

- 가로축에 대한 항공기의 운동을 안정시키는 것을 말한다.

- 세로로 불안정한 항공기는 기수가 들림 또는 숙여짐에 따라서 매우 깊은 각으로 점점 급강하 또는 급상승하려는 경향이 발생한다.

③ 가로 안정성(Rolling)

- 세로축에 대한 항공기의 운동을 안정시키는 것을 말한다.

- 어느 한쪽 날개가 반대쪽보다 낮아졌을 때 가로 또는 옆 높이 효과를 안정시킨다.

④ 방향 안정성(Yawing)

－ 수직축에 대한 항공기의 운동을 안정시키는 것을 말한다.

－ 항공기의 수직 안정판 또는 무게 중심 후방의 동체 측면은 방향 안정의 주 요소이다.

5) 조종 모드 ★★

비행 조종 모드는 보통 4가지로 나뉜다. 모드 1과 모드 2는 주로 서방국가에서 사용하는 형태이고, 모드 3과 모드 4는 주로 동구권 국가에서 사용하는 형태였으나 멀티콥터의 상용화로 요즘은 모드 2가 대부분 쓰인다.

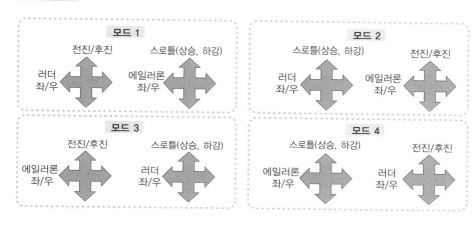

Step 2 ▶ 뉴턴의 운동법칙과 베르누이 정리

1 뉴턴의 운동법칙 ★★★

1) 관성의 법칙

외부에서 힘이 작용하지 않으면 운동하는 물체는 계속 운동하려고 하고, 정지한 물체는 계속 정지해 있으려고 하는 법칙이다.

2) 가속도의 법칙

힘이 가해졌을 때 물체가 얻는 가속도는 가해지는 힘에 비례하고 물체의 질량에 반비례하는 것이다.

$$F(\text{힘}) = ma(\text{질량} \times \text{가속도})$$

3) 작용과 반작용의 법칙

물체 A가 다른 물체 B에 힘을 가하면, 물체 B는 물체 A에 크기는 같고 방향은 반대인 힘을 동시에 가한다. 즉, 모든 작용에 대하여 크기는 같고 방향은 반대인 반작용이 존재한다.

예 – 군대에서 포를 쏘면 포진 시에 후퇴작용, 무반동 총의 후폭풍이 발생

– 스쿼시 중 강하게 공을 치면 강하게 튀어나오고, 약하게 치면 약하게 튀어나오는 반작용

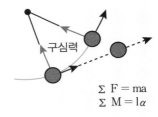

▲ 뉴턴의 2법칙(힘–가속도)

2 베르누이 정리 ★★★

1) 정리

① 유체역학의 기본 법칙 중 하나이며, 점성과 압축성이 없는 이상적인 유체가 규칙적으로 흐르는 경우에 대해 속도와 압력 높이의 관계를 정리하였다.

② 정압과 동압을 합한 값은 그 흐름의 속도가 변화하더라도 언제나 일정하다.

2) 정압과 동압

① 유체의 정압(Static Pressure) : 유체 속에 잠겨 있는 어느 한 지점에는 상/하/좌/우 방향에 상관없이 일정하게 작용하는 압력이다.

② 유체의 동압(Dynamic Pressure) : 유체가 흐를 때 유체에 속도가 생기며 운동에너지를 가지게 된다. 즉, 유체의 운동에너지를 압력으로 변환했을 때의 압력을 말한다.

③ 정압(P)＋동압(q)＋전압(Pt)으로 일정하다.

$$q = \frac{1}{2}pV^2 > p = \frac{1}{2}pV^2 = pt$$

유체의 속력이 증가하면 동압은 증가하고 정압은 감소된다.

④ 베르누이 정리에서 A지역에서의 동압은 낮고 정압은 높다. 반대로 B지역에서 동압은 높고 정압은 낮다.

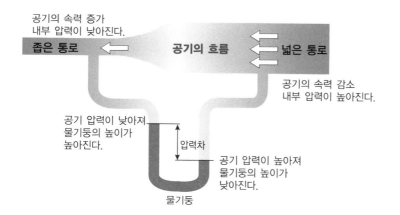

⑤ 양력 발생 원리를 베르누이정리로 완전한 설명은 불가하다. 공력의 작용 측면에서 양력 발생 원리를 설명한다.

3) 양력 발생의 원리 ★★★

① 베르누이 정리 : '동압+정압=전압'으로 일정하다.

날개의 전연 부분 정체점으로부터 높은 압력의 파장으로 인하여 분리된 공기는 후면에서 다시 만나게 된다.

② 날개 상부 : 곡선율과 취부각(붙임각)으로 공기의 이동거리가 길며 속도 증가, 동압 증가, 정압이 감소한다.

③ 날개 하부 : 공기의 이동거리가 짧으며 속도 감소, 동압 감소, 정압이 증가한다.

④ 압력(정압)이 높은 곳에서 낮은 곳으로 이동하며 양력이 발생된다.

※ 위의 원리는 비대칭형 에어포일에 적용되며, 대칭형 에어포일의 양력 발생은 뉴턴의 작용반작용 법칙에 가까우며, 또한 매그너스효과(예 회전하는 공이 휘는 것)도 양력 발생의 이론 중 하나이다.

Chapter 03 회전익 항공기의 비행 특성

Step 1 **회전익 항공기의 비행 방향**

1 전진, 후진, 좌/우측 비행

회전익 항공기는 비행하는 방향에 따라 작용하는 힘의 관계가 달라진다.

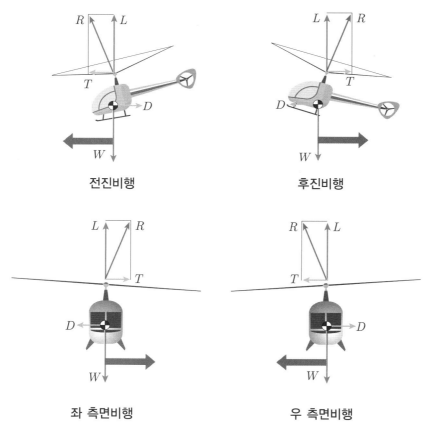

전진비행

후진비행

좌 측면비행

우 측면비행

추력(T)=항력(D), 양력(L)=중력(W)

▲ 헬리콥터에 작용하는 힘과 비행 방향

☑ 제자리 비행(Hovering), 수직 상승 및 하강비행 방향

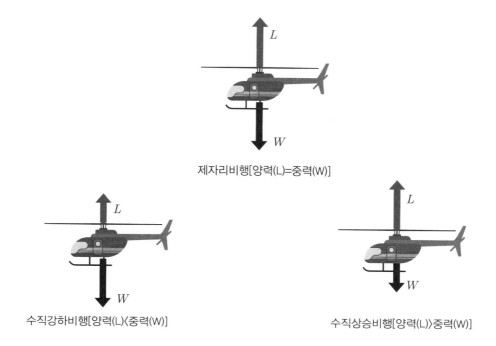

제자리비행[양력(L)=중력(W)]

수직강하비행[양력(L)〈중력(W)]

수직상승비행[양력(L)〉중력(W)]

▲ 제자리비행과 수직 상승 및 하강비행 방향

Step 2 ▶ 회전익 비행장치의 특성

① 정지 비행(Hovering) 가능

공중의 한 지점에서 전후좌우 편류 없이 일정한 고도와 방향을 유지하며 기체가 제자리 비행을 하는 것을 호버링 비행이라고 한다. 회전익 비행장치의 가장 큰 특징이자 장점이 정지 호버링이 가능하다는 것이다.

② 수직 상승 및 하강 비행 가능(이륙, 착륙)

회전익 비행장치는 동체 길이가 어느 정도 허용되는 공간에 이착륙이 가능하지만, 고정익은 이착륙 시 활주로가 필요하다.

③ 측방 및 후진 비행 가능

고정익기는 불가능한 측방 및 후진비행을, 회전익기는 에일러런과 엘리베이터 조종키 작동으로 가능하다.

④ 최대속도 제한 ★★

① 회전익 항공기의 최대속도 제한은 회전익 항공기의 특성에 의한 속도를 의미한다.

② 회전익 항공기의 전진/후진 블레이드의 속도 차이에 의한 양력 발생 차이로 인하여 양력의 불균형이 되어 최대속도를 제한한다.

③ 이와 반대로 고정익 항공기는 최저속도가 제한된다.

⑤ 동적 불안정 ★

① 평형 상태의 물체에 외부의 힘이 가해졌을 경우 시간이 지남에 따라 진동이 감소하지 않고 진폭이 점점 커지는 상태를 말한다.

② 회전익 항공기는 제자리 비행 시에 이러한 특성을 가지고 있어 조종사의 수정 조작을 지속적으로 해주지 않으면 진동 폭이 지속적으로 증가한다.

③ 반대로 고정익 항공기는 제자리 비행이 불가능하여 동적 불안정이 없다.

⑥ 양력 불균형 ★★

① 양력 불균형이란 전진 비행하는 헬리콥터의 전진 및 퇴진 블레이드 상에서의 양력이 불균형한 현상을 말한다.

② 양력 불균형 형성 원인 : 전진하는 블레이드와 퇴진하는 블레이드의 속도 차이에 의해 양력 발생 차이가 발생한다. 이는 전진 블레이드일 경우 상대속도가 증가하여 양력이 증가하며, 퇴진 블레이드는 상대속도가 감소하여 양력이 감소한다.

③ 전진 블레이드와 퇴진 블레이드(회전 방향이 반시계 방향일 때)

    – 전진 블레이드 : 비행 방향으로 회전하는 블레이드로 전진 비행 시 우측 부분이다.

    – 퇴진 블레이드 : 비행 방향에 반대되는 방향으로 회전하는 블레이드로 좌측 부분이다.

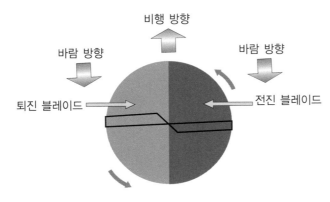

▲ 전진 및 퇴진 블레이드의 구분

④ 양력 불균형 해소법 ★★

    – 전진 블레이드에는 하방운동으로 양력 발생을 억제시킨다.

    – 퇴진 블레이드에는 상방운동으로 양력 발생을 향상시킨다.

7 플래핑 힌지(Flapping Hinge)

① 플래핑 힌지란 양력 불균형으로 인해 로터가 위아래로 움직이는 운동이며, 피치각이 같은 경우에는 전진깃보다 후진깃에서 발생하는 양력이 커 양력의 차이가 발생한다.

② 플래핑 힌지는 양력의 불균형을 해소하기 위한 것이다.

8 멀티콥터(드론)의 비행원리

① 전/후진 이동

    – 앞의 모터보다 뒤쪽의 모터 회전수를 빠르게 해 회전면이 앞으로 기울어지도록 하면 전진하고 후진은 반대이다.

    – 회전속도가 빠른 뒤쪽이 올라가고 속도가 낮은 앞쪽이 내려가 기체가 앞으로 기울어지며 앞으로 나아가고, 반대로 하면 뒤로 이동한다.

② 좌/우 이동

    – 앞의 전/후진 원리와 같이 좌측으로 이동할 때 좌측 두 개의 모터 회전수를 느리게 하고 우측 두 개의 모터 회전수를 빠르게 하여 회전면이 좌측 또는 우측으로 경사지게 하면서 이동한다.

    – 회전속도가 빠른 좌측이 올라가고 속도가 낮은 우측이 내려가 기체가 옆으로 기울어진 상태에서 기체는 평행하게 좌/우측으로 이동한다.

③ 좌/우 선회

좌측 선회는 오른쪽으로 회전하는 모터의 회전속도가 왼쪽으로 회전하는 모터보다 빠르다면 기체 전체가 좌측으로 회전하게 된다(우측 선회는 반대의 원리).

9 멀티콥터 조종장치의 용어 ★★★

① Throttle(스로틀) : 왼쪽 스틱의 상/하 조작으로 이/착륙 조작

② Yaw(러더) : 왼쪽 스틱의 좌/우 조작으로 좌/우 방향 전환

③ Pitch(엘리베이터) : 오른쪽 스틱의 상/하 조작으로 전/후진 조작

④ Roll(에일러런) : 오른쪽 스틱의 좌/우 조작으로 좌/우 이동

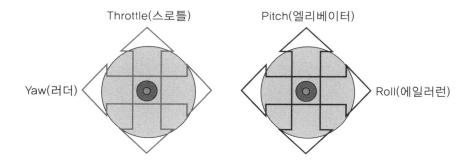

⑩ 멀티콥터의 형태적 구조 ★★

X자 형태를 기본으로 4개(Quad-Copter), 6개(Hexa-Copter), 8개(Octo-Copter), 12개(Dodeca)로 나뉜다.

Quad-Copter
쿼드콥터

Hexa-Copter
헥사콥터

Octo-Copter
옥타콥터

Chapter 04 회전익 항공기의 양력 특성

1 토크(Torque)

토크란 로터가 회전하는 방향과 반대 방향으로 동체가 회전하는 힘을 뜻한다.

2 코리올리 효과(Coriolis Effect) ★★

① 코리올리 효과란 로터의 속도를 변화시킨 후 회전축의 중심에서 거리의 변화를 보상하기 위한 것이다.

② 로터가 전진 방향에서 위쪽으로 휘게 되면 중력의 중심은 최전중심과 가까워져 로터를 더욱 가속시키는 경향이 있다. 이는 피겨 스케이트 선수가 스핀을 가속하기 위해 팔을 안쪽으로 두는 이유와 같다.

③ 후진 방향에서는 반대 작용이 발생하는데 중력의 중심이 바깥쪽으로 움직이고 로터는 천천히 회전하려고 한다. 주의해야 할 점은 코리올리 효과를 바로 잡지 않으면 로터 계통의 기하학적 불균형을 초래하여 심각한 진동을 발생시키며 시위 방향의 굽힘 작용 때문에 로터 뿌리에 응력을 주게 된다.

3 전이 성향 ★★

① 전이 성향은 운동하는 방향이 바뀌거나 다른 방향으로 옮겨가는 현상을 말한다.

② 로터가 반시계 방향으로 회전하고, 동체는 토크 작용에 의해 시계 방향으로 회전하려고 할 때 테일로터를 작동하여 토크를 상쇄 시키는데, 이에 발생한 토크 작용과 토크 작용을 상쇄하는 테일로터의 추진력이 복합되어 동체는 우측으로 편류하려고 하는 현상이다. 이를 극복하기 위해서는 유인 헬리콥터는 Cyclic Pitch를 좌측으로 압을 주어 수직 부양하고, 무인 헬리콥터는 좌 Aileron으로 수직 부양시킨다.

4 지면 효과 ★★

① 지면 효과는 기체가 지면과 가까이에서 비행할 때 로터 끝에서 발생되는 와류가 지면의 영향을 받아

강도가 작아져 유도항력이 감소하고 양력이 증가하는 현상을 말한다. 지면 효과의 최대 높이는 약 1~1.5m 정도이며, 바람이 불 경우에는 유도기류가 후방 또는 측면에서 흐르게 되어 지면 효과는 감소하게 된다.

② 지면 효과는 지면이 평평하고 딱딱한 재질인 아스팔트, 콘크리트 패드 등의 경우 효과가 크며, 숲이나 풀이 많이 있는 지역, 수면 위 등 표면이 거친 지형에서는 효과가 감소된다.

③ 지면 효과를 받을 때는 유도기류 속도가 감소되어 유도항력이 감소되고 영각은 증가하며, 받지 않을 때는 유도기류의 속도가 증가되어 유도항력이 증가하고 영각이 감소한다.

5 제자리 비행(Hovering) 기류현상

① 유도기류 : 로터 회전면을 따라 위에서 아래로 흐르는 공기의 흐름(하강풍). 피치각이 커질수록 유도기류는 증가한다.

② 익단 원형와류 : 공기가 회전하는 로터의 끝단 주변에서 빙빙 돌아가는 소용돌이 현상을 말한다. 양력의 발생 효율을 감소시킨다.

- 회전하는 로터 아래로 흐르는 하강풍을 유도기류라 하며, 회전하는 로터의 끝부분에서 소용돌이 형태의 와류도 형성된다. 로터 끝부분의 소용돌이 형태의 와류는 양력 효율을 감소시킨다.

실력점검문제

01 다음 중 비행장치에 작용하는 4가지 힘은?

① 양력, 중력, 추력, 항력
② 양력, 중력, 동력, 추력
③ 양력, 중력, 동력, 마찰
④ 양력, 마찰, 추력, 항력

해설

비행장치에 작용하는 4가지 힘은 양력, 중력, 추력, 항력이다.

02 다음 중 항공기를 공기 중에 부양시키는 항공역학적인 힘은?

① 중력　　　　② 항력
③ 양력　　　　④ 추력

해설

양력은 항공기를 공기 중으로 부양시키고, 중력은 항공기를 지구 중심으로 끌어 당긴다.

03 다음 중 베르누이 정리에 대한 설명으로 올바른 것은?

① 정압은 동압과 같다.
② 전압이 일정하다.
③ 동압은 일정하다.
④ 정압은 일정하다.

해설

베르누이 정리는 '전압은 정압과 동압의 합과 같다'는 원리이다.

04 다음 중 베르누이 정리에 대한 설명으로 올바르지 않은 것은?

① 베르누이 정리는 공기의 밀도와 관계 있다.
② 유체의 속도가 증가하면 정압이 감소한다.
③ 위치에너지의 변화에 의한 압력이 동압이다.
④ 정상 흐름에서 정압과 동압의 합은 일정하다.

해설

위치에너지의 변화에 따른 압력은 정압이다.

05 다음 헬리콥터에 작용하는 4가지 요소를 설명한 것 중 올바르지 않은 것은?

① 양력(Lift)이란 날개를 따라서 흐르는 공기의 속도와 압력의 관계에 의해 기체를 공중에 떠오르게 하는 힘을 말한다.
② 항력(Drag)이란 에어포일이 상대풍과 반대 방향으로 작용하는 항공역학적인 힘으로 항공기 전방 이동 방향의 반대 방향으로 작용하는 힘을 말한다.
③ 추력(Thrust)이란 프로펠러 또는 터보제트 엔진 등에 의해 생성되는 항공역학적인 힘을 말한다.
④ 중력(Weight)이란 항공기의 무게를 말하며 항공기가 부양할 수 있는 힘을 제공한다.

해설

중력은 지구 중심에서 물체를 끌어 당기는 힘을 말한다.

정답 01 1　02 3　03 2　04 2　05 4

06 다음 중 항공기에 작용하는 힘에 대한 설명으로 올바르지 않은 것은?

① 항력보다 추력이 크면 가속비행 중이다.

② 항력보다 추력이 작으면 감속비행 중이다.

③ 양력보다 헬리콥터 무게가 크면 상승 중이다.

④ 수평비행 시에는 양력과 항공기 무게가 같다.

해설

항공기가 상승하려는 힘은 양력보다 자체 무게가 크면 하강하게 된다.

07 다음 중 받음각(Angle of Attack)에 대한 설명으로 올바른 것은?

① 익현선과 동체 기준선이 이루는 각

② 익현선과 미익의 익현선이 이루는 각

③ 익현선과 추력선이 이루는 각

④ 익현선과 상대풍의 진행 방향이 이루는 각

해설

익현선은 시위선을 의미하며 날개의 앞전과 뒷전을 연결하는 직선이다.

08 다음 중 최대양력계수가 큰 항공기에 나타나는 현상은?

① 활공 속도가 크고 착륙 속도가 작아진다.

② 상승 속도가 크고 착륙 속도가 커진다.

③ 상승 속도가 크고 착륙 속도가 작아진다.

④ 상승 속도는 작고 착륙 속도는 커진다.

해설

최대항력계수는 약력이 최대일 때의 영각에서 발생하며, 비행상태와 무관하게 최대선회율과 최대 'G'를 얻을 수 있다.

09 다음 중 비행의 최고속도에 영향을 미치는 요소가 아닌 것은?

① 날개의 면적 ② 추력

③ 밀도 ④ 레이놀즈 수

해설

점성력에 대한 관성력의 상대적인 크기를 비교한 숫자를 레이놀즈 수라고 한다.

10 다음 중 항공기의 가로축(Lateral Axis)에 대한 설명으로 올바른 것은?

① 각 날개 끝을 지나는 선이다.

② 공기 흐름에 직각으로 압력의 중심을 지나는 선이다.

③ 동체의 무게중심선을 가로지르는 날개 끝 사이의 선과 평행한 선이다.

④ 동체의 무게중심점을 가로지르는 기수와 꼬리를 지나는 선이다.

해설

가로축은 항공기 무게중심을 통과해 한쪽 날개 끝에서 다른 쪽 날개 끝을 연결한 선이다.

11 다음 중 에어포일(Airfoil)의 양력과 속도의 관계에 대한 설명으로 올바른 것은?

① 속도의 자승에 비례한다.

② 속도에 반비례한다.

③ 속도의 자승에 반비례한다.

④ 속도에 비례한다.

12 다음 중 비행 방향과 수평인 축에 대한 안정은?

① 세로 안정 ② 가로 안정

③ 동안정 ④ 방향 안정

해설

가로 안정성은 롤 운동으로 돌풍 등의 교란에 의해 항공기 경사각이 증가하였을 때 항공기 경사각을 감소시키는 복원력이다.

13 다음 중 가로축에 대한 항공기의 운동은?

① 방향타에 의해 조종되는 수직축 주위 또는 수직축에 관한 운동이다.

② 승강타에 의해 조종되는 세로축 주위 또는 세로축에 관한 운동이다.

③ 보조익에 의해 조종되는 가로축 주위 또는 가로축에 관한 운동이다.

④ 보조익에 의해 조종되는 세로축 주위 또는 세로축에 관한 운동이다.

14 다음 중 에어포일의 양력이 증가하면서 항력에 미치는 영향으로 올바른 것은?

① 감소한다.

② 영향을 받지 않는다.

③ 같이 증가한다.

④ 양력이 변화하고 있을 때 증가하지만 원래의 값으로 되돌아온다.

해설

에어포일은 원칙적으로 가능한 양력을 높이면서도 항력은 줄이도록 설계한다.

15 다음 중 항공기가 활공 비행할 때의 속도는?

① 활공각과 속도를 동시에 증가시킨다.

② 활공각과 속도를 감소시킨다.

③ 활공각은 증가시키고 속도에는 아무런 영향이 없다.

④ 속도는 증가하고 활공각에는 아무런 영향이 없다.

해설

활공비행속도는 양력, 항력, 침하 속도 등의 영향을 받는다.

16 다음 중 비행 중인 비행기의 항력이 추력보다 클 때 나타나는 현상은?

① 감속 전진운동을 한다.

② 등속도 비행을 한다.

③ 그 자리에 정지한다.

④ 가속 전진한다.

해설

항력이 추력보다 크면 항공기가 전진운동을 하는 것을 방해한다.

17 다음 중 받음각이 일정할 때 고도 변화에 따른 양력은?

① 증가한다.

② 변화하지 않는다.

③ 감소한다.

④ 변화한다.

해설

날개의 받음각이 일정하게 유지하면서 고도를 상승할 때 양력은 감소한다.

18 다음 중 항공기의 수평비행 시 성능을 좌우하는 요소에 포함되지 않는 것은?

① 이륙속도   ② 순항속도

③ 최대속도   ④ 최소속도

해설

수평비행은 항공기가 이륙한 후 높이의 변화없이 일정한 고도를 유지하면서 비행하는 것을 말한다.

19 다음 중 항공기의 수평 최고속도 상태에 대한 설명으로 올바르지 않은 것은?

① 필요마력이 커지면 속도가 증가한다.

② 익면하중이 적을수록 속도는 커진다.

③ 항력계수가 적을수록 속도는 커진다.

④ 과급기가 없는 경우는 고도가 증가함에 따라 감속한다.

해설

필요마력은 항공기가 속도를 유지하며 상승, 성능, 순항, 하강 등을 할 때에 필요한 마력이다. 필요마력이 커진다는 것은 항공기의 속도가 감속된다는 것을 의미한다.

정답 13 ④   14 ①   15 ④   16 ①   17 ③   18 ①   19 ①

20 다음 중 일정한 압력 상태에서 공기의 온도가 내려가면 나타나는 현상은?

① 공기의 밀도가 감소한다.

② 공기의 밀도가 증가한다.

③ 공기의 질량을 감소시킨다.

④ 공기의 질량을 증가시킨다.

해설

압력은 공기의 밀도와 연관되어 있는데 공기의 온도가 내려가면 밀도가 증가된다.

21 프로펠러(Propeller)의 의미로 가장 적절한 것은 무엇인가?

① 항공기나 선박에 추력(추진력, 전방으로 이동하는 힘)을 부여하는 장치

② 항공기나 선박에 항력(공기 중에 저항받는 힘)을 부여하는 장치

③ 항공기나 선박에 양력(공중으로 부양시키는 힘)을 부여하는 장치

④ 항공기나 선박에 중력(중량, 무게)를 부여하는 장치

해설

항공기나 선박에서 엔진의 회전력을 추진력으로 전환하는 장치로서 드론의 날개를 프로펠러 또는 프롭이라고 표현하는 것은 신중히 고려하여야 하며, 드론 등 회전익에서는 로터라고 표현하는 것이 올바른 표현이라고 할 수 있다.

22 로터 또는 블레이드의 정확한 의미로 적절한 것은 무엇인가?

① 항공기나 드론에 중력(중량, 무게)을 부여하는 장치

② 항공기나 드론에 추력(추진력, 전방으로 이동하는 힘)을 부여하는 장치

③ 항공기나 드론에 양력(공중으로 부양시키는 힘)을 부여하는 장치

④ 항공기나 드론에 항력(공기 중에 저항받는 힘)을 부여하는 장치

해설

헬리콥터나 드론과 같이 수직으로 상승하는 데 필요한 양력을 발생시키는 회전날개, 따라서 로터는 항공기와 선박에 고정되어 추진력을 부여하는 장치인 프로펠러처럼 회전축이 고정되어 있지 않고 기울일 수 있게 되어 있다. 블레이드는 한 개를 의미하고 로터는 2개 이상 통합된 것을 말한다.

23 비행 방향의 반대 방향인 공기 흐름의 속도 방향과 에어포일(airfoil)의 시위선이 만드는 사잇각을 말하며 양력, 항력 및 피치 모멘트에 가장 큰 영향을 주는 것은?

① 상반각   ② 후퇴각

③ 붙임각   ④ 받음각

24 영각(받음각)에 대한 설명으로 틀린 것은 무엇인가?

① 취부각(붙임각)의 변화 없이도 변화될 수 있다.

② 양력과 항력의 크기를 결정하는 중요한 요소

③ 에어포일이 익현선과 합력 상대풍 사이의 각

④ 영각(받음각)이 커지면 양력이 작아지고 영각이 작아지면 양력이 커진다.

해설

영각(받음각)이란 에어포일의 익현선과 합력 상대풍의 사이각, 영각의 공기역학적인 각이므로 취부각(붙임각)의 변화 없이도 변화될 수 있다. 또한 영각은 에어포일에 의해서 발생되는 양력과 항력의 크기를 결정하는 중요한 요소로 영각이 커지면 양력이 커지고, 그만큼 항력은 감소하는 상관관계가 형성된다.

25 베르누이 정리에 의한 압력과 속도와의 관계로 알맞은 것은 무엇인가?

① 압력 증가, 속도 증가

② 압력 증가, 속도 일정

③ 압력 증가, 속도 감소

④ 압력 감소, 속도 일정

20 ②   21 ①   22 ③   23 ④   24 ④   25 ②   **정답**

26 취부각(붙임각)의 설명이 아닌 것은 어떤 것인가?

① 블레이드 피치각

② 유도기류와 항공기 속도가 없는 상태에서는 영각(받음각)과 동일하다.

③ 에어포일의 익현선과 로터 회전면이 이루는 각

④ 취부각(붙임각)에 따라서 양력은 증가만 한다.

> **해설**
>
> 취부각(붙임각)이란 에어포일의 익현선과 로터 회전면이 이루는 각을 말하며, 취부각(붙임각)은 공기역학적인 반응에 의해 형성되는 각이 아니라 기계적인 각을 말한다.

27 비행체 구조의 크기나 모양에 의해 발생되는 저항은 무엇인가?

① 유도항력　　　② 유해항력

③ 형상항력　　　④ 마찰항력

28 이륙거리를 짧게 하는 방법으로 적당하지 않은 것은 무엇인가?

① 고양력장치를 사용한다.

② 비행기 무게를 작게 한다.

③ 추력을 크게 한다.

④ 배풍으로 이륙한다.

> **해설**
>
> 배풍(뒷바람)을 받고 이륙하면 이륙거리가 길어지게 된다.

29 양력을 발생시키는 원리를 설명할 수 있는 법칙은 무엇인가?

① 베르누이 정리

② 파스칼 원리

③ 에너지 보존법칙

④ 작용과 반작용법칙

30 다음 중 비행장치에 작용하는 양력과 중력의 방향 설명이 틀린 것은 무엇인가?

① 양력과 중력의 크기가 동일하면 호버링이 된다.

② 양력이 커지면 착륙이 된다.

③ 중력이 커지면 착륙이 된다.

④ 양력이 커지면 이륙이 된다.

31 양력에 대한 설명으로 옳은 것은?

① 양력은 항상 중력의 반대 방향으로 작용한다.

② 속도의 변화가 없으면 양력의 변화가 없다.

③ 속도의 제곱에 비례하고 받음각의 영향을 받는다.

④ 유체의 흐름 방향에 대한 수평으로 작용하는 힘이다.

32 항공기를 비행 중에 상승시키고자 한다면 어떤 힘을 변화 시켜야 하는가?

① 항력　　　② 양력

③ 추력　　　④ 중력

> **해설**
>
> 양력이 커지면 커진 만큼 상대적으로 항력도 커진다.

33 무인 멀티콥터의 비행 특성이 아닌 것은 무엇인가?

① 초음속 비행　　　② 수직 이착륙

③ 정지 비행　　　④ 횡진 비행

34 다음 중 무인 회전익 비행장치가 고정익형 무인비행기와 비행 특성이 가장 다른 점은 무엇인가?

① 좌선회 비행　　　② 정지 비행

③ 우선회 비행　　　④ 전진 비행

정답 26 ④　27 ②　28 ④　29 ①　30 ②　31 ③　32 ②　33 ①　34 ②

35 무인 회전익 비행장치의 특징이 아닌 것은?

① 전진 비행

② 추진 비행

③ 회전 비행

④ 배면 비행

36 지면 효과에 대한 설명으로 가장 옳은 것은?

① 지면 효과에 의하여 회전날개 후류의 속도는 급격하게 증가되고 압력은 감소된다.

② 지면 효과는 양력의 급격한 감소현상과 같은 헬리콥터의 비행성에 항상 불리한 영향을 미친다.

③ 동일 엔진일 경우에 지면 효과가 나타나는 낮은 고도에서 더 많은 무게를 지탱할 수 있다.

④ 지면 효과는 양력 감소현상을 초래하기는 하지만 항공기의 진동을 감소시키는 등의 긍정적인 면도 있다.

37 다음 중 지면 효과를 받을 때의 현상과 거리가 먼 것은 무엇인가?

① 유도기류 속도가 감소한다.

② 영각(받음각)이 증가한다.

③ 유도항력이 감소한다.

④ 수직양력이 감소한다.

38 지면 효과에 대한 설명으로 잘못된 것은 무엇인가?

① 지면 효과가 발생하면 양력을 상실해 추락한다.

② 지면 효과가 발생하면 더 적은 동력으로 양력을 발생시킬 수 있다.

③ 기체의 비행으로 인하여 밑으로 부는 공기가 지면에 부딪혀 공기가 압축되는 현상이다.

④ 지면 효과가 발생하면 착륙하기 어려워지는 경우가 있다.

39 토크 작용은 어떤 운동법칙에 해당되는가?

① 가속도의 법칙

② 관성의 법칙

③ 작용과 반작용의 법칙

④ 연속의 법칙

40 비행 방향의 반대 방향인 공기 흐름의 속도 방향과 Airfoil의 시위선이 만드는 사잇각을 말하며, 양력, 항력 및 피치 모멘트에 가장 큰 영향을 주는 것은 어느 것인가?

① 상반각

② 붙임각

③ 받음각

④ 후퇴각

41 대기속도에 관한 설명으로 가장 옳은 것은?

① 지상에서 본 기체의 상대속도

② 지상에서 본 기류의 상대속도

③ 기체와 대기의 상대속도

④ GPS를 통해 측정한 속도

Unmanned Multicopter

PART 01

PART 02

PART 03

PART 04

PART 05

42 비대칭형 Blade의 특징으로 틀린 것은 무엇인가?

① 압력중심 위치 이동이 일정하다.

② 대칭형에 비해 가격이 높고 제작이 어렵다.

③ 대칭형에 비해 양력 발생 효율이 향상되었다.

④ 날개의 상/하부 표면이 비대칭이다.

해설

압력중심 위치 이동이 많다(비틀림 발생).

43 기류박리에 대한 설명으로 틀린 것은?

① 기류박리는 양력과 항력을 급격히 증가시킨다.

② 날개의 표면과 공기 입자 간의 마찰력으로 공기 속도가 감소하여 정체구역이 형성된다.

③ 경계층 밖의 기류는 정체점을 넘어서게 되고 경계층이 표면에 박리된다.

④ 날개 표면에 흐르는 기류가 날개의 표면과 공기 입자 간의 마찰력으로 인해 표면으로부터 떨어져 나가는 현상을 말한다.

44 유도기류의 설명으로 올바른 것은?

① 유도기류 속도는 취부각이 증가하면 감소한다.

② 취부각의 증가로 영각(받음각)이 증가하면 공기는 위로 가속하게 된다.

③ 취부각(붙임각)이 '0'일 때 Airfoil을 지나는 기류는 상/하로 흐른다.

④ 공기가 로터 블레이드의 움직임에 의해 변화된 하강 기류를 말한다.

해설

유도기류란 공기가 로터 블레이드의 움직임에 의해 변화된 하강 기류를 말한다. 취부각(붙임각)이 '0'일 때 Airfoil을 지나는 기류는 그대로 평행하게 흐른다. 그러나 취부각 증가로 영각(박음각)이 증가되면 공기는 아래로 가속하게 된다. 유도기류 속도는 취부각이 증가할수록 증가하게 된다.

45 상대풍의 설명이 아닌 것은?

① Airfoil에 상대적인 공기의 흐름이다.

② Airfoil이 위로 이동하면 상대풍도 위로 향하게 된다.

③ Airfoil의 움직임에 의해 상대풍의 방향은 변하게 된다.

④ Airfoil의 방향에 따라 상대풍의 방향도 달라지게 된다.

해설

Airfoil이 위로 이동하면 상대풍은 아래로 향하게 된다.

46 비행장치에 작용하는 힘으로 옳지 않은 것은?

① 양력   ② 항력

③ 중력   ④ 압축력

해설

비행장치에 작용하는 힘 : 양력,추력, 항력, 중력

47 다음 중 비행장치에 작용하는 힘의 방향(양력, 항력, 중력, 추력)과 속도와의 관계 설명 중 옳지 않은 것은?

① 추력은 받음각과 상관 없다.

② 중력은 속도에 비례한다.

③ 앙력은 받음각이 증가하면 증가한다.

④ 항력은 속도의 제곱에 비례한다.

해설

중력은 속도에 반비례한다. 무게가 증가하면 속도는 상대적으로 줄어든다.

48 다음 중 양력의 성질에 대한 설명으로 옳은 것은?

① 항력은 속도의 제곱에 비례한다.

② 양력의 양은 조종사가 모두 조절할 수 있다.

③ 양력은 양력계수, 공기밀도, 속도의 제곱, 날개의 면적에 반비례한다.

④ 양력이란 합력 상대풍에 수평으로 작용하는 항공역학적인 힘이다.

정답 42 1   43 1   44 3   45 2   46 4   47 2   48 1

49 다음 중 항공기와 무인비행장치에 작용하는 힘에 대한 설명으로 옳지 않은 것은?

① 중력은 속도에 비례한다.

② 추력은 비행기의 받음각에 따라 변하지 않는다.

③ 항력은 비행기의 받음각에 따라 변한다.

④ 양력의 크기는 속도의 제곱에 비례한다.

해설

중력이 무거우면 속도가 감소된다.

50 다음 중 항공기 형체나 표면 마찰, 크기, 설계 등 외부 부품에 의해 발생하는 항력은?

① 유해항력　　　② 마찰항력

③ 형상항력　　　④ 유도항력

해설

- 유도항력 : 헬리콥터가 양력을 발생함으로써 나타나는 유도기류에 의한 항력
- 유해항력 : 전체 항력에서 메인로터에 작용하는 항력을 뺀 나머지 항력
- 형상항력 : 유해항력의 일종으로 회전익 항공기에서만 발생하며 블레이드가 회전할 때 공기와 마찰하면서 발생하는 마찰성 항력

51 블레이드가 공기를 지날 때 표면마찰(점성마찰)로 인해 발생하는 마찰성 저항으로 마찰항력이라고도 하는 항력은?

① 유도항력　　　② 유해항력

③ 형상항력　　　④ 총항력

52 회전익에서 양력 발생 시 동반되는 하향기류 속도와 날개의 윗면과 아랫면을 통과하는 공기 흐름을 저해하는 와류에 의해 발생되는 항력으로 옳은 것은?

① 유도항력　　　② 형상항력

③ 유해항력　　　④ 마찰항력

53 항력과 속도와의 관계 설명으로 옳지 않은 것은?

① 항력은 속도 제곱에 반비례한다.

② 유해항력은 거의 모든 항력을 포함하고 있어 저속 시 작고, 고속 시에는 커진다.

③ 형상항력은 블레이드가 회전할 때 발생하는 마찰성 저항이므로 속도가 증가하면서 점차 증가한다.

④ 유도항력은 하강풍인 유도기류에 의해 발생하므로 저속과 제자리 비행 시 가장 크며, 속도가 증가할수록 감소된다.

해설

항력은 속도 제곱에 비례한다. 즉, 속도가 많아지면 항력도 커진다.

54 회전익 비행장치가 호버링 상태로부터 전진 비행으로 바뀌는 과도적인 상태로 옳은 것은?

① 전이 양력　　　② 자동 회전

③ 지면효과　　　④ 전이 성향

55 무인 회전익의 전진 비행 시 힘의 형식에 맞는 것은?

① 추력〉항력　　　② 무게〈양력

③ 양력〈추력　　　④ 항력〈양력

56 초경량 비행장치 중 프로펠러가 4개인 멀티콥터의 명칭은?

① 옥토콥터　　　② 헥사콥터

③ 쿼드콥터　　　④ 트라이콥터

해설

트라이콥터 : 3개, 쿼드콥터 : 4개, 헥사콥터 : 6개, 옥토콥터 : 8개, 데카콥터 : 10개

57 양력에 대한 설명으로 옳은 것은?

① 양력은 항상 중력의 반대 방향으로 작용한다.

② 속도의 제곱에 비례하고 받음각의 영향을 받는다.

③ 속도의 변화가 없으면 양력의 변화가 없다.

④ 유체의 흐름 방향에 대한 수평으로 작용하는 힘이다.

58 다음 중 항공기의 구성에 대한 설명으로 옳은 것은?

① 날개, 착륙장치, 동체, 꼬리날개로 구성되어 있다.

② 동체, 날개, 동력장치, 장비장치로 구성되어 있다.

③ 날개, 동체, 꼬리날개, 착륙장치, 각종 장비장치로 구성되어 있다

④ 날개, 동체, 꼬리날개, 착륙장치, 엔진으로 구성되어 있다.

59 날개에 작용하는 양력에 대한 설명으로 맞는 것은?

① 양력은 날개의 시위선 방향의 수직 아래 방향으로 작용한다.

② 양력은 날개의 받음각 방향의 수직 아래 방향으로 작용한다.

③ 양력은 날개의 상대풍이 흐르는 방향의 수직 아래 방향으로 작용한다.

④ 양력은 날개의 상대풍이 흐르는 방향의 수직 위 방향으로 작용한다.

60 다음 중 호버링 시 중력과 힘의 크기가 같은 것은 어느것인가?

① 항력   ② 양력

③ 추력   ④ 공력

해설

호버링이란 공중의 어느 한 지점에 전, 후, 좌, 우, 상, 하 움직임 없이 머무르는 기술로 중력과 크기가 같아야 하는 것은 양력이다.

61 멀티콥터와 같이 회전익의 로터(블레이드)가 회전하면서 공기 마찰에 의해 발생하는 항력으로 옳은 것은?

① 유도항력   ② 유해항력

③ 형상항력   ④ 총항력

해설

형상항력은 마찰성 저항으로 로터(블레이드)가 회전할 □ 공기 마찰에 의해 발생하는 항력을 말한다.

62 항공기나 드론에 작용하는 힘의 종류 중 양력이 커지면 증가하는 힘으로 옳은 것은?

① 동력   ② 항력

③ 중력   ④ 추력

해설

양력이 커지면 커진만큼 상대적으로 항력도 커진다.

63 고유의 안정성이란 무엇을 의미하는가?

① 이착륙 성능이 좋다.

② 실속이 되기 어렵다.

③ 스핀이 되지 않는다.

④ 조종이 보다 용이하다.

64 지면 효과를 받을 때의 설명으로 옳지 않은 것은?

① 받음각이 증가한다.

② 항력의 크기가 증가한다.

③ 양력의 크기가 증가한다.

④ 같은 출력으로 많은 무게를 지탱할 수 있다.

PART 01

PART 02

PART 03

PART 04

PART 05

65 지면 효과에 대한 설명으로 옳은 것은?

① 공기 흐름 패턴과 함께 지표면의 간섭의 결과이다.

② 날개에 대한 증가된 유해항력으로 공기 흐름 패턴에서 변형된 결과이다.

③ 날개에 대한 공기 흐름 패턴의 방해 결과이다.

④ 지표면과 날개 사이를 흐르는 공기 흐름이 빨라져 유해항력이 증가함으로써 발생하는 현상이다.

해설

지면 효과란 지면에 근접하여 운용 시 로터 하강풍이 지면과의 충돌로 양력 발생 효율이 증대되는 현상을 말한다.

66 지면 효과에 대한 설명으로 맞는 것은?

① 지면 효과에 의해 회전날개 후류의 속도는 급격하게 증가되고 압력은 감소한다.

② 동일 엔진일 경우 지면 효과가 나타나는 낮은 고도에서 더 많은 무게를 지탱할 수 있다.

③ 지면 효과는 양력 감소현상을 초래하기는 하지만 항공기의 진동을 감소시키는 등 긍정적인 면도 있다.

④ 지면 효과는 양력의 급격한 감소현상과 같은 헬리콥터의 비행성에 항상 불리한 영향을 미친다.

67 멀티콥터나 무인 회전익 비행장치의 착륙 조작 시 지면에 근접할 때 힘이 증가되고 착륙 조작이 어려워지는 것은 어떤 현상 때문인가?

① 지면 효과를 받기 때문

② 전이 성향 때문

③ 양력 불균형 때문

④ 횡단류 효과 때문

68 지면 효과에 대한 설명으로 옳지 않은 것은?

① 지면 효과가 발생하면 양력을 상실하여 추락한다.

② 기체의 비행으로 인해 밑으로 부는 공기가 지면에 부딪혀 공기가 압축되는 현상이다.

③ 지면 효과가 발생하면 더 적은 동력으로 양력을 발생시킬 수 있다.

④ 지면 효과가 발생하면 착륙하기 어려워지는 경우가 있다.

69 다음 중 지면 효과를 받을 때의 현상과 거리가 먼 것은?

① 유도기류 속도가 감소한다.

② 유도항력이 감소한다.

③ 영각(받음각)이 증가한다.

④ 수직양력이 감소한다.

해설

영각(받음각)이 증가하므로 수직양력은 증가한다.

70 호버링 시 영향을 미칠 요소로 옳지 않은 것은?

① 자연풍의 영향

② 블레이드가 만들어 내는 자체 바람의 영향

③ 기온의 영향

④ 요잉 성능의 영향

71 운동하는 방향이 바뀌거나 다른 방향으로 옮겨지는 현상으로 토크 작용과 토크 작용을 상쇄하는 꼬리날개의 추진력이 복합되어 기체가 우측으로 편류하려고 하는 현상으로 옳은 것은?

① 전이 성향   ② 전이 비행

③ 횡단류 효과   ④ 지면 효과

72 다음 중 멀티콥터나 회전익 항공기가 지면 가까이서 제자리 비행을 할 때 나타나는 현상으로 옳지 않은 것은?

① 유도기류

② 익단 원형 와류

③ 지면 효과

④ 회전운동의 세차

> **해설**
>
> 회전운동의 세차란 회전하는 물체에 힘을 가했을 때 힘을 가한 곳으로부터 90도 지난 지점에서 현상이 나타나는 것을 말한다.

73 공중의 한 지점에 일정한 고도와 방향을 유지하면서 공중에 머무는 비행술로 옳은 것은?

① 제자리 비행   ② 전진 비행

③ 후진 비행   ④ 선회 비행

74 지면 효과를 받을 때의 설명으로 옳지 않은 것은?

① 영각이 증가한다.

② 멀티콥터의 무게를 유지하는 데 효과적이다.

③ 하강 기류가 지면과 충돌하고 그 속도가 느려 양력이 증가한다.

④ 항력이 증가하고 추력은 감소된다.

> **해설**
>
> 항력이나 추력과는 관계없다.

75 앞으로 나아가려는 기체에 대해 그것을 밀어 내려는 힘으로 옳은 것은?

① 추력   ② 양력

③ 항력   ④ 중력

76 멀티콥터의 로터가 6개인 멀티콥터는 무엇인가?

① Quad copter   ② Tri copter

③ Hexa opter   ④ Octo copter

> **해설**
>
> • Quad copter : 4개   • Tri copter : 3개
>
> • Octo copter : 8개

77 다음 중 옥토콥터의 로터 개수로 옳은 것은?

① 3개   ② 4개

③ 6개   ④ 8개

> **해설**
>
> • 트라이콥터 : 3개   • 쿼드콥터 : 4개
>
> • 헥사콥터 : 6개   • 옥토콥터 : 8개

78 멀티콥터 암의 한쪽 끝에 모터와 로터를 장착하여 운용할 때 반대쪽으로 작용하는 힘의 법칙은?

① 관성의 법칙

② 가속도의 법칙

③ 작용과 반작용의 법칙

④ 연속의 법칙

79 멀티콥터의 이동 방향으로 옳지 않은 것은?

① 전진   ② 후진

③ 회전   ④ 배면

80 무인동력비행장치의 전/후진 비행을 위하여 어떤 조종장치를 조작하는가?

① 스로틀   ② 피치

③ 롤   ④ 요우

> **해설**
>
> • 스로틀 : 이/착륙   • 롤 : 좌/우 이동
>
> • 요우 : 좌/우 선회

정답 72 ④   73 ①   74 ④   75 ③   76 ③   77 ④   78 ③   79 ④   80 ②

81 무인동력비행장치의 수직 이/착륙 비행을 위하여 어떤 조종장치를 조작해야 하는가?

① 스로틀　　　　　② 피치
③ 롤　　　　　　　④ 요우

82 멀티콥터의 수직착륙 조종 방법으로 옳은 것은?

① 스로틀 상승　　　② 스로틀 하강
③ 피치 전진　　　　④ 피치 후진

83 멀티콥터의 헤딩을 원 선회 중심을 향한 상태에서 선회하기 위해 필요한 키의 조합으로 가장 옳은 것은? (무조작에서 기체고도는 일정하다고 가정한다.)

① 스로틀, 롤　　　② 롤, 요우
③ 요우, 피치　　　④ 피치, 스로틀

84 멀티콥터의 이동 비행 시 속도가 증가될 때 통상 나타나는 현상은?

① 고도가 올라간다.
② 고도가 내려간다.
③ 기수가 좌로 돌아간다.
④ 기수가 우로 돌아간다.

85 X자형 멀티콥터가 우로 이동 시 로터는 회전하는 방향으로 옳은 것은?

① 왼쪽은 시계 방향으로, 오른쪽은 하단에서 반시계 방향으로 회전한다.
② 왼쪽은 반시계 방향으로, 오른쪽은 하단에서 반시계 방향으로 회전한다.
③ 왼쪽 2개가 빨리 회전하고, 오른쪽 2개는 천천히 회전한다.
④ 왼쪽 2개가 천천히 회전하고, 오른쪽 2개는 빨리 회전한다.

86 쿼트 X형 멀티콥터가 전진 비행 시 모터(로터 포함)의 회전속도 변화로 옳은 것은?

① 앞의 두 개가 빨리 회전한다.
② 뒤의 두 개가 빨리 회전한다.
③ 좌측의 두 개가 빨리 회전한다.
④ 우측의 두 개가 빨리 회전한다.

87 헥사콥터의 로터 하나가 비행 중에 회전수가 감소될 경우 발생할 수 있는 현상으로 가장 옳은 것은?

① 전진을 시작한다.
② 상승을 시작한다.
③ 진동이 발생한다.
④ 요잉현상을 발생하면서 추락한다.

해설

요잉 : 기수의 좌/우 운동

88 멀티콥터 조종 시 옆에서 바람이 불고 있을 경우, 기체 위치를 일정하게 유지하기 위해 필요한 조작으로 옳은 것은?

① 스로틀을 올린다.
② 피치를 조작한다.
③ 롤을 조작한다.
④ 랜딩기어를 내린다.

89 멀티콥터(고정피치)의 조종 방법 중 가장 위험을 동반하는 것은 무엇인가?

① 수직으로 상승하는 조작
② 요잉을 반복하는 조작
③ 후진하는 조작
④ 급강하하는 조작

해설

급강하하는 조작이 가장 위험을 동반한다.

90 무인 멀티콥터가 이륙할 때 필요 없는 장치로 옳은 것은?

① 모터　　　　② 변속기
③ 배터리　　　④ GPS

해설

GPS는 비행 간 위치를 조절해 주는 장치이다.

91 멀티콥터의 비행원리 설명으로 옳지 않은 것은?

① 공중으로 뜨는 힘은 기본적으로 헬리콥터와 같아 로터가 발생시키는 양력에 의한다.
② 멀티콥터는 인접한 로터를 역방향으로 회전시켜 토크를 상쇄시킨다.
③ 멀티콥터는 테일 로터는 필요하지 않고 모든 로터가 수평상태에서 회전해 양력을 얻는다.
④ 멀티콥터도 상호 역방향 회전으로 토크를 상쇄시킨 결과 헬리콥터와 같이 이륙 시 전이 성향이 나타난다.

해설

인접한 로터를 역방향으로 회전시킴으로써 전이 성향은 나타나지 않는다.

92 항공기에 작용하는 세 개의 축이 교차되는 곳으로 옳은 곳은?

① 무게중심
② 압력중심
③ 가로축의 중간 지점
④ 세로축의 중간 지점

해설

공중에서 움직이는 비행체(항공기)는 힘의 균형을 이루는 균형점, 즉 무게의 중심점이 있으며, 모든 비행체(항공기)는 무게 중심점(CG)을 통과하는 축이 형성된다.

93 세로 안정성과 관계있는 운동으로 옳은 것은?

① Yawing　　　② Rolling
③ Pitching　　　④ Rolling & Yawing

해설

세로운동은 롤링이나 이를 안정시켜 주는 세로 안정성은 피칭이다.

94 안정성에 관하여 연결한 것으로 옳지 않은 것은?

① 가로 안정성 – Rolling
② 세로 안정성 – Pitching
③ 방향 안정성 – Yawing
④ 방향 안정성 – Rolling & Yawing

PART 01

PART 02

PART 03

PART 04

PART 05

U n m a n n e d   M u l t i c o p t e r

학습목표

항공기상은 항공기 운영에 아주 밀접한 관계를 가지고 있다.
모든 항공기 운영에 있어서 첫 번째가 안전인데, 그 바탕이
되는 것이 항공기상이다.

PART
03

항공기상

Chapter 01

지구과학

1 태양계

1) 태양계

① 태양과 태양의 영향권 내에 있는 주변 천체로 구성된 계

② 태양계에는 8개의 행성이 태양을 중심으로 공전하고 있으며, 태양으로부터 수성, 금성, 지구, 화성, 목성, 토성, 천왕성, 해왕성의 순서대로 정렬되어 있다.

③ 지구는 이중 한 개의 행성에 불과하며 얇은 대기층으로 둘러싸여 있고 한 개의 위성인 달을 가지고 있다.

2) 태양

① 태양계 중심에 위치한 별

② 지구 지표면에서 일어나는 모든 상호작용들은 태양에너지에 근원을 두고 있다.

③ 대기의 순환 및 물의 순환 등 지구 대부분의 자연현상들은 궁극적으로 태양에너지로 움직이는 것이라 할 수 있다.

④ 태양의 크기는 지구의 109배 정도의 반경과 33만 배의 질량을 가진 항성으로 지구로부터 약 1억 5,000km 떨어져 있다.

⑤ 지구 상의 열에너지는 대부분 복사, 전도, 대류현상으로 지구에 전달된다.

3) 태양열 열에너지 전달 방법

① 복사(Radiation)

   – 다른 물질의 도움 없이 열 자체가 직접 이동하는 것이다.

   – 우주공간을 통해 태양에서 지구까지 태양열이 전달된다.

   – 난로에 가까이 갈수록 뜨거워지는 것도 복사열 때문이다.

② 전도(Conduction)

- 접촉이 필요하다.
- 물체의 직접 접촉에 의하여 열에너지가 배출되는 과정을 말한다.
- 매개체가 있어야 열을 전달할 수 있다. 철, 구리 등 금속물질은 좋은 전도체이고 나무 종이 등은 절연체(Insulator)로 열이 잘 전달되지 않는다.
- 철로 된 물체는 열전도가 매우 잘 된다.

③ 대류(Convection)

- 유체의 흐름을 통해 열을 전달한다.
- 액체나 기체의 열전달 방식이다.
- 분자가 열을 직접 전달한다. 예를 들어 주전자에 물을 끓이면 냄비 밑부분이 먼저 뜨거워지고 결국 위쪽까지 뜨거워지는 현상이다.

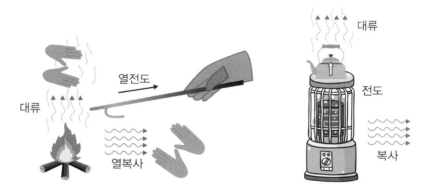

② 지구

1) 지구의 모양

① 지구는 완전 원형체가 아니라 가로축과 세로축의 거리가 다른 타원체의 모양으로 이루어져 있다.
② 적도의 직경은 12,756,279km(반지름 6,378,135km), 세로축의 직경은 12,713.5km이며, 가로세로비가 약 0.996이다.
③ 지구의 한 가운데를 중심으로 가로축을 절단했을 때 위쪽을 북반구, 아래쪽을 남반구라 하고 중앙을 적도라 한다. 세로축을 중심으로 북쪽 끝부분을 북극, 남쪽 끝부분을 남극이라고 한다.

2) 지구의 구성 물질

① 지구를 분석해 보면 29.2%는 육지로 구성되어 있고 나머지 70.8%는 물로 구성되어 있다.
② 지구의 표면은 5개의 대양과 6개의 대륙으로 구분된다.

3) 해수면

물은 유체로 어떠한 용기에 담더라도 수평을 이룬다. 따라서 해수면의 높이를 "0"으로 선정하였으며 해수면의 높이는 어느 지역에서나 똑같을 수가 없다. 이러한 점을 고려해 각국에서는 해수면의 기준을 선정하여 활용하는데, 우리나라는 인천만의 평균해수면을 기준으로 하고 있다(26.6871m).

4) 자전과 공전

① 지구를 포함한 모든 행성은 자전과 공전을 한다. 이는 행성의 탄생 초기에 거대한 먼지 구름의 회전 때문인데, 먼지의 밀도가 중심 부분으로 집중되면서 인력에 의해 자연스럽게 끌려오는 운동이 시초이다.

② 먼지구름의 밀도는 일정하지 않고 밀도가 큰 덩어리를 이루면서 중심부와 인력 경쟁을 하게 되는 과정에서 회전이 일어난다. 이 원리로 보아 지구는 태양계에 소속된 행성으로 태양의 인력에 의한 자전과 공전이란 회전운동을 한다.

③ 자전이란 지구의 중심과 북극, 남극을 잇는 지축을 중심으로 회전하는 운동이다. 지구의 자전 속도는 적도를 기준으로 초당 약 465.11(m/s)이다.

④ 공전은 행성의 일원으로 태양의 주위를 일정한 궤도를 따르며 회전하는 운동을 말한다. 지구는 자전 운동을 하며 궤도의 한 위치에서 원래의 위치로 정확하게 돌아오는데, 이는 약 365일이 소요되며 지구의 공전 속도는 초당 29.783(km/s)로 회전하여 자전속도보다 비교가 되지 않을 정도로 빠르다. 이같은 지구의 자전과 공전이 계속되면서 자전에 의해 낮과 밤이 연속적으로 이루어지고 공전에 의해 사계절이 발생하는 것이다.

⑤ 지구의 운동은 지구의 환경과 기상 및 기후 변화에 큰 영향을 미치며 항공기 또는 드론을 운용하는 항공인 모두가 이에 따른 기초 지식이 필요한 이유이다.

⑥ 지구의 모형에서 보는 바와 같이 지축이 오른쪽으로 약 23.5° 기울었는데 이를 자전축 기울기라고 한다. 자전축 기울기는 태양으로부터 받아들일 수 있는 태양 복사열의 변화를 초래하는 요인이 되기도 한다.

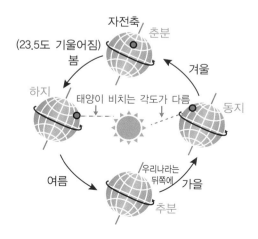

❸ 대기

1) 대기

① 천체를 둘러싸고 있는 기체로 구성된 층을 말한다.

② 천체의 중력에 의해 변하며, 지구는 질소와 산소가 비중이 높다.

③ 지구 대기를 구성하고 있는 성분으로는 질소가 약 78%, 산소가 약 21%, 그리고 1% 미만의 여러 물질로 구성되어 있다(아르곤 0.93%, 네온 0.0018%, 수소 0.00005% 등).

④ 공기의 밀도는 단위 면적에 퍼져있는 공기 분자의 수이며, 고도 5.5km에서부터 공기의 밀도는 절반으로 감소된다.

⑤ 항공기 및 드론 운행과 조종사의 생존에 절대적으로 요구되는 성분은 산소이다. 이는 항공기의 연료와 적절한 산소의 결합이 기체 운항에 필요한 출력을 발생시킬 수 있기 때문이고, 고도에서 조종사 및 승객의 호흡에 절대적인 영향을 미치기 때문이다. 따라서 저고도에서 운용하는 드론은 큰 영향을 받지 않지만 산소의 양에 따라서 장비의 효율을 높일 수 있다.

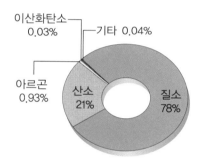

▲ 대기의 구성 성분

2) 대기권의 구분 ★★★

① 대기는 지구를 둘러싸고 있는 기체를 말하며, 지표면에서 수십 km부터 수백 km까지 분포되어 있고 기체의 성분은 다르다. 이에 따라 특성이 다르며 이를 바탕으로 권역별로 구분한다. 이는 대류권, 성층권, 중간권, 열권으로 분류하며, 권별 사이의 층을 대류권계면, 성층권계면, 중간권계면으로 구분한다.

② 대부분의 항공기는 대류권에서 운항하고 있으며 고성능의 항공기는 성층권 하단 높이에서 운항할 수 있다. 저고도에서 운용되는 멀티콥터의 기상과 관련 있는 층은 대류권, 대류권계면이 있는데 대류권은 지구 표면으로부터 형성된 공기 층으로 높이는 대략적으로 10~15km이고 평균 높이는 12km이다. 대류권의 높이는 지구의 위치에 따라 다르게 측정되는데 적도의 대류권 높이는 약 15km인 반면에 극지방의 대류권 높이는 약 8km이다.

③ 동일한 지역도 계절에 따라 여름철은 겨울철보다 높게 형성된다. 이는 기온에 따른 공기의 밀도 분포가 다르기 때문인데 적도를 포함한 중위도 지역에서는 매우 높은 기온 현상으로 인해 강한 대류 현상이 발생하여 대류권계면이 상승되고, 극지방에서는 태양복사 에너지보다 지표면의 복사 에너지가 훨씬 많기 때문에 대류 현상이 상대적으로 작아지며 대류권계면이 낮아지는 원인이 된다.

④ 대류권계면은 대류권과 성층권 사이의 경계층을 뜻하며 기온 변화가 거의 없다. 높이는 평균 17km이고 적도 지방에서는 16~18km, 위도가 높아질수록 낮아져 극지방에서는 약 6~8km 정도 이다.

⑤ 대류권계면은 2개의 권계면을 형성하는데 적도에서 중위도까지를 칭하는 열대권계면, 중위도에서 극까지를 칭하는 극권계면으로 나뉜다. 두 권계면은 서로 연결되어 있기보다는 상호 분리되어 있어 분리된 구역에서는 강한 난기류가 발생한다. 대류권계면은 제트기류, 청천난기류 또는 뇌우 등의 기상현상이 발생한다.

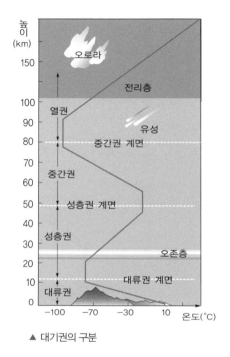

▲ 대기권의 구분

📓 방위 ★★★

공중에서 방향을 결정하는 것을 방향 결정이라고 한다. 방향 결정의 중요한 수단은 나침반이며 항공기에서 사용되는 나침반은 작동하는데 어떠한 전원도 필요하지 않은 방향지시계이다. 나침반은 수평상태에 있을 때 가장 정확한 지시를 하며 항공기가 선회, 상승, 하강 중일 때는 수평상태를 유지할 수 없기 때문에 자이로 특성을 활용한 자이로 방향지시계가 활용되고 있다.

① **자북**

－ 지구의 자기장에 의한 방위를 말한다.

－ 나침반의 방위는 자북을 기준으로 지시된다. 항공기에 사용되는 나침반은 자북을 지시하고 이를 따라 비행하였을 때 항공기는 자기 북극에 도달한다.

② 진북

- 항공기의 항법을 위해 제작되는 시계비행 항공도는 지리적 북극을 기준으로 제작된다.

- 항공도에 표시된 북극 방위를 따라서 비행하였을 때 항공기는 지리적 북극에 도달하게 된다.

③ 편차

- 자북과 진북의 차이를 편차라고 말한다.

- 자북과 진북 간에 상당한 지리적 차이가 있기 때문에 시계비행에서는 반드시 수정해 주어야 한다.

④ 편각

북반구를 기준으로 지구상의 현재 위치에서 진북 방향과 자북 방향 사이의 각도를 말한다.

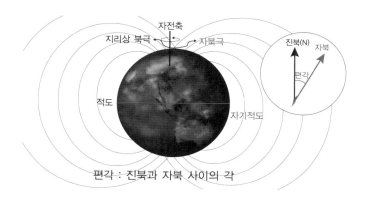

편각 : 진북과 자북 사이의 각

5 물

1) 물과 대기

물의 형태는 세 가지로 변화한다. 물의 상태인 액체, 고체 상태인 얼음, 기체 상태인 수증기이다. 물 분자의 상태를 변화시키기 위해서는 열이 필요하고, 상태가 변화하기 위해서는 많은 열 교환을 필요로 한다. 물이 가진 특성 중 기상에 영향을 줄 수 있는 요소는 높은 비열, 열전도, 표면장력, 물의 상태 변화(고체, 액체, 기체), 결빙 시 부피의 증가 등이 있다.

① 높은 비열

- 물이 물질의 온도를 높이기 위해서는 아주 높은 에너지량이 요구된다. 즉 물이 가열되기 전에 많은 양의 열에너지를 흡수할 수 있으며, 냉각되는 상황에서는 열에너지를 서서히 방출한다는 의미로 이를 비열이라고 한다.

- 이는 지표면과 해양이 접하는 해안가에서 주간에는 지표면이 더 빠르게 가열되고 해양은 상대적으로 느리게 가열이 진행되는 것이 원인이며, 해안가에 안개가 형성되는 원인 중의 하나가 물의 비열에 의한 것이기도 하다.

② **열전도**

거대한 호수나 바다에서 물은 표층수, 하층수, 심층수로 나눠지며 혼합되기 쉽고 동일한 구역에서 표층수와 하층수가 거의 유사한 온도를 유지할 수 있는 이유는 물의 열전도 특성 때문이다.

③ **표면장력**

- 물을 떨어트렸을 때 물이 얇게 퍼지기보다는 동그란 모양으로 응집되는 것을 볼 수 있는데, 이를 표면장력이라고 한다.
- 표면장력으로 인하여 굵은 빗줄기는 수차례의 상승과 하강을 반복하면서 작은 물방울들을 흡수하여 성장할 수 있다.
- 파도가 형성되는 것 또한 표면장력의 한 현상이다.

2) 물의 순환

물은 액체, 고체, 기체 상태로 지표면과 대기에 존재하면서 기상 현상에 막대한 영향을 끼친다. 물은 증발, 응결, 유수, 침투, 승화, 용해, 지하수 흐름 등을 통해서 순환된다.

① **증발**

- 액체 → 기체
- 물의 모든 증발은 약 80%가 해양에서 이루어지고 나머지 20%는 내륙에서 이루어진다.
- 기온이 높을수록 더 많은 수분을 함유할 수 있고, 수분은 공기보다 가벼워 항공기의 성능을 저하시킨다.

② **응결**

- 기체 → 액체
- 지표면 공기가 태양 복사열에 의해 가열된 온난 공기가 상승되며 공기를 냉각 시킨다. 상승하는 공기는 수증기를 떠있게 할 수 있는 능력을 상실하며 이 과정에서 과도해진 수증기는 구름방울을 형성하기 위해 응결된다.
- 응결 현상은 불안정 대기 속에서 대류과정을 통해 활발해질 수 있다.

③ **대류**

- 대기의 수직 방향운동을 뜻한다.
- 지표면의 공기와 상층 공기의 상호 교류하는 아주 중요한 역할을 한다.
- 지표면이 태양 복사열에 의해 가열될 때 지표면 위의 공기 또한 빠르게 가열된다. 가열된 공기는 주변 공기보다 밀도가 작아지고 상승한다. 상승한 수증기는 냉각되고 응결되며 육안으로 보이는 증기 또는 미세한 구름방울로 형성된다.

④ **이류**

 – 대기의 수평 방향 운동을 뜻한다.

 – 지구의 대순환 과정에서 적도 지방은 고온다습한 기온으로 위로 상승하는 대류현상이 발생한다.

 – 만약 적절한 이류가 발생하지 않으면 지구상의 기상은 극단의 기상 현상이 발생하게 될 수도 있으나 상공에서는 적도 지방의 공기가 극지방으로 이동하는 상층 이류가, 하부에서는 극지방의 공기가 적도 지방으로 이동하는 적절한 하부 이류가 발생하여 적정 기온을 유지할 수 있게 되는 것이다.

Chapter 02 **일기도**

1 일기도

1) 일기도

① 여러 지역(지상, 해상)에 걸쳐 일정한 시각의 기상상태를 한꺼번에 볼 수 있게 지도 위에 표시한 것으로 지표상에 풍향, 풍력, 일기, 기온, 기압, 동일 기압 장소, 고기압, 저기압, 전선이 있는 장소 등을 숫자와 기호, 등기선으로 기호화, 수량화하여 기입한다.

② 일기도에 표기된 고기압, 저기압은 등압선 형식으로 표기한 기압의 중심이며, 고기압은 주변보다 기압이 상대적으로 높은 지역을 말하며, 저기압은 주변보다 기압이 상대적으로 낮은 지역을 말한다.

③ 기압골은 기압을 등압선으로 그렸을 때 골짜기에 해당하는 부분으로, 주로 저기압의 가늘고 긴 축을 가르킨다. 기압마루는 고기압이 길게 연장된 부분이다.

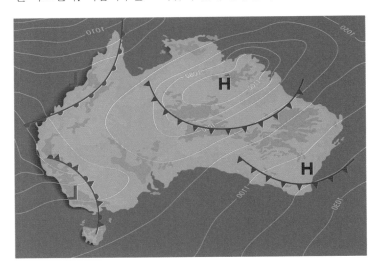

▲ 일기도

④ 일기도의 기호를 붙인 전선 부근은 일반적으로 날씨가 나쁘다.

기호	◎	—	⌐	∟	⌐	⌐	⌐	⌐	⌐
풍속 m/s	고요함	1	2	5	7	10	12	25	27

▲ 풍향 풍속

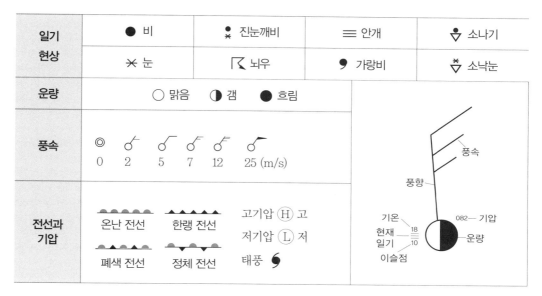

▲ 일기 기호

2) 고기압 ⭐

① 주변과 비교했을 때 기압이 높은 곳에서 낮은 곳으로 시계 방향으로 불어간다.

② 기압이 높아 단열압축에 의해 온도가 상승하고 구름이 소멸되어 날씨가 맑다.

③ 고기압 내의 바람은 북반구에서는 고기압의 중심 주위를 시계 방향으로 회전하고, 남반구에서는 반시계 방향으로 회전한다.

3) 저기압 ⭐

① 저기압은 주변 지역보다 공기압력인 대기압이 낮은 상태를 말한다.

② 기압이 낮아 단열팽창이 일어나고 온도가 하강하여 구름이 생성되고 날씨가 흐리다.

③ 저기압의 바람은 북반구에서는 저기압 중심을 향해 반시계 방향으로, 남반구에서는 시계 방향으로 분다.

④ 저기압 내에서는 주위보다 기압이 낮아 바람이 불어 들어온다.

※ 단열팽창 : 냉장고가 대표적으로, 냉장고는 냉매를 압축한 후 단열팽창시켜 차가운 온도를 얻는다.

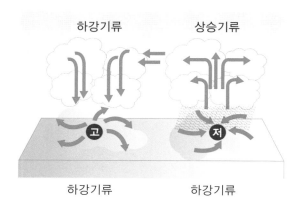

4) 등압선

① 일기도에 해수면 기압 또는 동일한 기압 대를 형성하는 지역을 연결하여 그어진 선을 말한다.

② 등압선은 동일한 기압 지역을 연결한 것이며 대부분 곡선 모양으로 그려진다. 모든 기압이 다 그려지기보다는 등압선 사이에 존재하는 중간 값의 기압은 점으로 그려지며 해당 기압이 표시된다. 등압선이 조밀하게 형성된 지역은 기압 경도가 매우 큰 지역으로 강풍이 존재한다는 것을 알 수 있다.

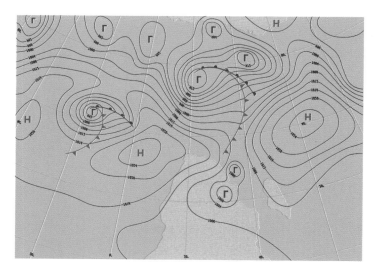

▲ 등압선

5) 고도

① 기압고도 : 표준 기지면 위의 표고이며 표준대기 조건에서 측정된 고도를 말한다.

② 아네로이드 기압계를 이용해 기압을 고도로 환산해 나타낸 것으로 항공기에 사용되는 고도계를 말한다.

③ 절대고도 : 지표면으로부터 항공기까지의 높이를 말한다.

④ 지시고도 : 고도계 창의 수정치 값을 입력하여 얻은 고도계의 지시치를 말한다.

⑤ 밀도고도 : 기압고도에서 비표준 기온을 적용하여 얻은 고도이다. 표준대기 조건에서만 밀도고도는 기압고도와 동일하다.

6) 기상주의보 및 경보의 기준 ★★

기상재해는 기상현상의 크기와 여러 지역의 사회적 환경 및 계절에 따라 다양하게 나타난다. 기상청에서는 기상주의보 및 기상경보의 대상이 되는 지역마다 과거에 재해가 일어났을 때의 기상 상황과 재해와의 관계를 조사하여 그 기준을 작성하고 있다. 기준은 기상현상의 강도에 따라 아래와 같은 기준을 만들어 주의보, 경보로 나누어 일반에게 알리고 있다.

① 호우

 – 주의보 : 3시간 강우량이 60mm 이상 예상, 12시간 강우량이 110mm 이상 예상될 때

 – 경보 : 3시간 강우량이 90mm 이상 예상, 12시간 강우량이 180mm 이상 예상될 때

② 풍랑

 – 주의보 : 해상에서 풍속 14m/s 이상이거나 파고 3m 이상 예상될 때

 – 경보 : 해상에서 풍속 21m/s 이상이거나 파고 5m 이상 예상될 때

③ 강풍

 – 주의보 : 육상에서 풍속 14m/s 이상, 순간풍속 20m/s 이상 예상될 때

 – 경보 육상에서 풍속 21m/s 이상, 순간풍속 26m/s 이상 예상될 때

④ 대설

 – 주의보 : 24시간 내 적설량이 5cm 이상 예상될 때

 – 경보 : 24시간 내 적설량이 20cm 이상 예상될 때(산지는 30cm 이상)

⑤ 건조

 – 주의보 : 실효습도 35% 이하가 2일 이상 계속 예상될 때

 – 경보 : 실효습도 25% 이하가 2일 이상 계속 예상될 때

⑥ **태풍**

- 주의보 : 태풍으로 인하여 강풍, 풍랑, 호우 현상 등이 주의보 기준으로 예상될 때
- 경보
  - 강풍, 풍랑경보 기준에 예상될 때
  - 강수량이 200mm 이상 예상될 때
  - 폭풍해일경보 기준에 예상될 때

⑦ **한파**

- 주의보 : 10월~4월 중 아래 기준
  - 아침 최저기온이 전날보다 10도 이상 하강할 것으로 예상될 때
  - 아침 최저기온이 영하 12도 이하가 2일 이상 지속될 것으로 예상될 때
- 경보 : 10월~4월 중 아래 기준
  - 아침 최저기온이 전날보다 15도 이상 하강할 것으로 예상될 때
  - 아침 최저기온이 영하 15도 이하가 2일 이상 지속될 것으로 예상될 때
  - 갑자기 찾아온 저온현상으로 중대한 피해가 예상될 때

⑧ **폭염**

- 주의보 : 일일최고기온 영상 33도 이상, 2일 이상 지속될 것으로 예상될 때
- 경보 : 일일최고기온 영상 35도 이상, 2일 이상 지속될 것으로 예상될 때

⑨ **황사**

- 주의보 : 미세먼지경보로 대체
- 경보 : 황사로 인해서 평균 1시간 미세먼지농도 800 이상이 2시간 이상 지속될 것으로 예상될 때

Chapter **03** # 대기압

1 기압(대기압)(출제 비중 높음) ★★★

① 1,000km 높이로 쌓인 공기의 무게가 누르는 압력을 말한다.

② 기압은 항공에 있어 중요한 부분을 차지하는데 기체로 이루어진 기압을 측정하는 방법으로는 공기, 수압, 수은을 이용한 상대비교 방법이 있다.

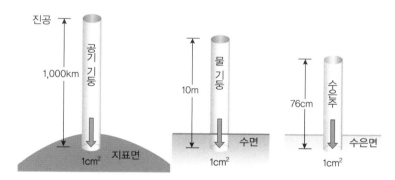

[누르는 압력]

③ 1기압 : 위의 그림과 같이 1,000km의 공기 기둥, 10m의 물기둥, 76cm의 수은주는 1기압의 높이를 말한다.

2 대기압

① 물체 위의 공기에 작용하는 단위 면적당 공기의 무게이다.

② 대기 중에 존재하는 기압은 어느 지역이나 공역에서 동일하지 않다.

③ 기압을 측정하는 계기를 기압계라고 하며, 수은기압계는 용기 안에 수은을 채워 넣어 주변의 기압을 측정하고 아네로이느 기압계는 연성 금속인 아네로이드의 수축 및 팽창의 특성을 활용하여 주변 기압을 측정한다.

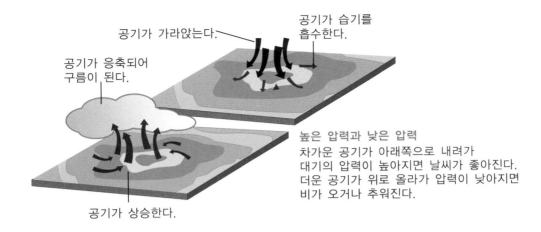

공기가 가라앉는다.

공기가 습기를
흡수한다.

공기가 응축되어
구름이 된다.

높은 압력과 낮은 압력
차가운 공기가 아래쪽으로 내려가
대기의 압력이 높아지면 날씨가 좋아진다.
더운 공기가 위로 올라가 압력이 낮아지면
비가 오거나 추워진다.

공기가 상승한다.

▲ 대기압의 변화

❸ 국제민간항공기구(ICAO)의 표준대기 ★★

① 대기 중을 비행하는 항공기의 성능은 대기의 온도, 압력, 밀도와 같은 물리적인 상태량에 따라 좌우된다.

② 물리적 상태량은 장소와 고도에 따라 시시각각 변하는데 항공기의 성능을 비교하기 위해서는 표준으로 정해진 대기, 즉 표준대기가 필요하다.

③ 국제민간항공기구(ICAO)는 항공기 운항의 기초가 되는 대기의 표준을 정했으며, 표준대기는 평균 중위도(40°N)의 해수면을 기준으로 지정된 값을 말한다.

Chapter 04 전선과 기단

1 기단

1) 기단

수평방향으로 넓은 지역에 걸쳐 있는 우리나라 몇 배의 크기를 가진 수증기 양이나 기온과 같은 물리적 성질이 유사한 공기덩어리, 즉 유사한 기온과 습도의 특성을 지닌 거대한 공기 군으로 최대 수천 평방킬로미터까지 분포되어 있는 공기덩어리를 말한다. 발원지에 따라 적도기단, 열대기단, 한대기단, 북극기단 등이 있다.

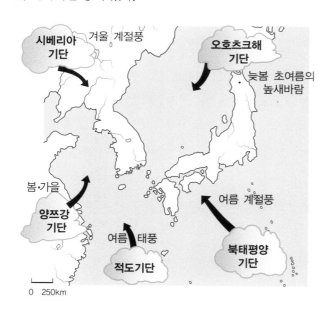

2) 기단의 특성 ★★

① 기단 형성을 위해서는 동일한 성질의 넓은 지표면 혹은 해수면, 태양 복사열이 필요하다.

② 대륙에서 발생할 때는 건조하고 해상에서 발생할 때는 습하다.

③ 이동할 때는 지표면, 지리적 성질에 따라 변질된다.

④ 난류, 대류가 왕성해져 적란운, 적운 등의 대류형 구름 및 뇌우를 발생한다.

⑤ 대기 중의 먼지는 상공으로 운반되어 시정은 좋아진다.

⑥ 냉각될 때는 기온의 수직 감률이 감소하여 층운과 안개가 발생하며 시정은 나빠진다.

⑦ 발생지는 고기압권역 내이며, 대기 순환에서 볼 때 아열대 고기압, 극고기압, 겨울철 대륙 고기압 지역이다.

3) 우리나라의 주요 기단 ★★★

① 시베리아 기단(대륙성 한랭기단)

- 겨울철에 발생하여 한파를 일으킨다. 지표면의 기온이 매우 낮고 건조하며, 지표면 위는 매우 차고 공기가 건조하나 대기는 매우 안정적이다.

② 오호츠크해 기단(해양성 한랭기단)

- 러시아 사할린섬과 캄차카반도 사이에 있는 오호츠크해에서 발생하는 차고 습한 기단이다.
- 해양성 한랭기단

③ 북태평양 기단(해양성 열대기단)

- 적도 지방으로부터의 뜨거운 공기와 많은 양의 습기를 포함한 기단이다.
- 남태평양에서 발생하는 기단으로 여름철의 주요 기상현상을 초래한다.
- 하층에 고온 다습한 공기는 활발한 대류 현상을 초래하여 대기는 불안정하고 많은 구름과 비가 내린다. 급격한 기온 상승으로 유발된 상승기류와 습한 공기는 단시간에 적운형 구름을 형성하고 뇌우를 발생하기도 한다.

④ 양쯔강 기단(대륙성 열대기단)

온난 건조하고 주로 봄과 가을에 이동성 고기압과 함께 동진한다.

⑤ 적도 기단(해양성 기단)

- 적도 해상에서 발달한 기단을 말하며 매우 습하고 덥다.
- 주로 7~8월에 태풍과 함께 한반도에 발생한다.

❷ 전선

1) 전선

① 차거나 따뜻한 서로 다른 기상 특성을 지닌 기단과 접촉하면서 두 기단 사이에 하나의 완충 지대가 형성되는데, 이를 전선이라고 한다.

② 기단의 특성에 따라 한랭전선, 온난전선, 정체전선, 폐색전선 등으로 구분할 수 있다. 찬 기단이 강하여 규모를 확장할 때 상대적으로 약한 온난기단은 밀려나면서 한랭전선이 형성된다. 이와 반대로 온난기단의 규모가 강하여 한랭기단을 밀어낼 때 상대적으로 약한 한랭기단은 밀려나면서 온난전선을 형성한다.

③ 전선 부근의 강한 바람, 구름 등 날씨가 나빠지는 원인은 다음과 같다.

 - 두 기단의 안정된 상태는 처음 가까이 있을 때보다 위치에너지가 감소되어 위치에너지의 감소 부분이 운동에너지로 바뀌어 강한 바람이 분다. 즉, 공기가 파고들거나 공기가 위로 올라갈 때 공기의 이동이 생겨 바람이 된다.

 - 찬 기단이 밑으로 가게 되면 따뜻한 기단은 계속 찬 기단 위로 올라간다.

 - 단열 냉각이 일어나 수증기가 응결되고 구름이 발생하여 비가 내린다.

 - 응결에 의한 잠열이 방출되어 주위의 기온을 높이기 때문에 공기는 계속 상승되어 온난기단 내의 바람은 점점 강해진다.

2) 전선의 종류 ★★

① 한랭전선

 - 북쪽의 찬 공기의 힘이 우세하여 찬 공기가 남쪽의 따뜻한 공기를 밀어내고 찬 공기가 따뜻한 공기 아래로 들어가려고 할 때 생기는 전선을 말한다.

 - 적운형 구름이 발생하고 좁은 범위에 많은 비가 한꺼번에 쏟아지거나 뇌우를 동반하며 북쪽에서 돌풍이 불 때가 있으며 기온 또한 급격하게 떨어진다.

 - 봄철에 천둥과 돌풍을 동반한 강한 비와 우박이 내렸다가 화창하고 기온이 강하하는 현상을 보인다.

② 온난전선

 - 남쪽의 따뜻한 공기가 우세해 북쪽의 찬 공기를 밀어 진행하려고 할 때, 따뜻한 공기가 찬 공기 위를 타고 오르면서 생기는 전선을 말한다.

 - 층운형 구름이 발생하고 넓은 지역에 걸쳐 적은 양의 따뜻한 비가 오랫동안 내리며, 찬 공기가 밀리는 방향으로 기상이 변화한다.

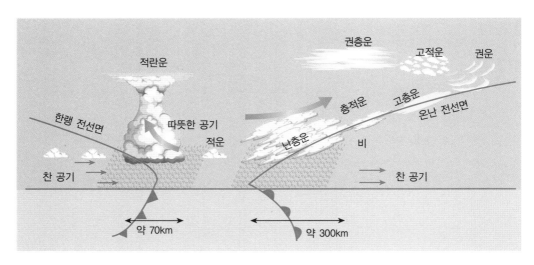

▲ 한랭전선과 온난전선

③ 정체전선

- 한랭전선은 찬공기가, 온난전선은 따뜻한 공기가 강한 것을 말한다.
- 찬 공기와 따뜻한 공기의 세력이 비슷할 때는 전선이 이동하지 않고 오랫동안 같은 장소에 정체하는 것을 정체전선, 장마철 장마전선이라고 한다.

④ 폐색전선

한랭전선과 온난전선이 동반될 때 한랭전선이 온난전선보다 빠르기 때문에 온난전선을 한랭전선이 추월하게 되는데, 이때 폐색전선이 만들어지며, 한랭전선과 온난전선이 합쳐진 것이다.

3) 전선의 식별

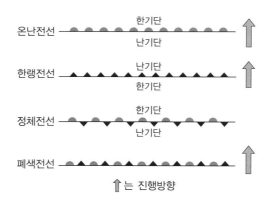

4) 전선의 기호

Chapter 05

기온과 습도

1 기온

1) 기온

공기의 온도를 말한다.

2) 온도와 열 ★★

① 온도란 물체의 차고 뜨거움을 수치로 나타낸 물리량이다.

② 열은 높은 온도의 물체에서 낮은 온도의 물체로 전이되는 특성이 있는데 온도의 전이는 전도, 대류, 이류, 복사 현상에 의해서 전달된다. 물체의 온도와 열에 있어서 자주 사용되는 용어는 다음과 같다.

- 열량 : 물체가 주고 받는 열의 양(에너지의 양)
- 비열 : 어떤 물질 1g을 1℃ 더 올리는 데 필요한 열량(에너지)
- 현열 : 온도계에 의하여 측정되는 온도를 말한다. 측정하는 방법에 따라 섭씨, 화씨, 켈빈 등이 있다.
- 잠열 : 융해와 증발 등 상전위 과정에서 흡수되는 열이다. 상위 상태에서 하위 상태로 변화될 때에도 동일한 에너지가 방출된다. 고체에서 액체, 다시 기체로 변화하는 과정에서는 열을 흡수하고, 반대로 기체에서 액체 고체로 변화할 때는 열을 방출한다.
- 빙점 : 액체를 냉각시켜 고체로의 상태 변화가 일어날 때의 온도를 말한다.

3) 기온의 단위

① 섭씨 : 표준대기압에서 얼음의 빙점을 0℃로 하고 비등점은 100℃이다.
② 화씨 : 표준대기압에서 얼음의 빙점을 32°F로 하고 비등점은 212°F이다.
③ 켈빈 : 얼음의 빙점을 273K로 하고 비등점은 374K이다. 절대영도는 0K이다.

단위	비등점	빙점	절대온도
섭씨	100	0	−273
화씨	212	32	−460
켈빈	373	273	0

4) 기온 측정

① 지표면의 기온은 지상으로부터 약 1.5m 높이에 설치된 직사광선을 피하고 통풍이 잘 되는 백엽상에서 측정된다.

② 주로 항공에서 활용하고 있는 상층 기온은 기상 관측 기구를 날려 직접 측정하거나 기상 관측 기구에 레디오미터를 설치하여 원격 조정으로 상층부의 기온을 측정한다.

5) 기온 변화

① 일일 변화

– 일일 변화란 밤낮의 기온차를 말하며 주원인은 지구의 자전 현상 때문이다.

– 지구는 매 24시간 정확히 한 바퀴씩 회전하는데, 태양을 마주하는 면은 주간이고 반대 면은 야간이 된다. 즉 주간에는 태양열을 많이 받아 기온이 상승하지만 야간이 되면 태양열을 받지 못하므로 기온이 하강하는데, 이는 기온 변화의 주 요인이 된다.

② 지형에 따른 변화

– 동일한 지역이라도 지형의 형태에 따라 기온 변화가 일어난다. 물은 육지에 비해 기온 변화가 크지 않다. 이는 물질의 비열 차이 때문인데 물의 비열이 1.00일 때 공기는 0.24, 모래나 흙의 비열은 0.19 정도이다. 따라서 물과 육지의 비열은 약 4~5배 정도의 차이가 있다. 이는 깊고 넓은 수면은 육지와 비교하였을 때 기온 변화가 심하지 않은 이유이다.

– 불모지는 기온 변화가 매우 큰 지형이다. 기온 변화를 조절해 줄 수 있는 최소한의 수분 부족이 큰 기온차가 발생하는 주요 원인이며, 불모지의 지표면은 열을 보존할 수 있는 능력이 낮아 태양 복사열이 많은 낮에는 기온이 높지만 해가 지면 지표면이 빠르게 냉각되어 기온은 떨어진다.

– 초목지형은 충분한 물과 수분이 존재한다. 큰 활엽수 혹은 침엽수는 반사율이 낮아 태양 복사열을 흡수할 수 있는 능력이 높으며 대기의 수분은 반복적인 대류와 이류 등의 작용으로 열 교환이 활발하게 이루어져 기온의 변화는 많지 않다.

③ 계절에 따른 변화

– 1년을 주기로 지구가 태양 주기를 회전하는 것을 공전이라 하며, 이때 지구가 태양으로부터 받아들이는 태양 복사열의 변화는 기온이 변화하는 하나의 주원인이 된다.

－ 태양과 지구의 상대적인 위치에 따라 태양 복사열의 강도가 다르기 때문인데 지구 표면이 태양에 더 많이 노출될 수 있는 각도에 있을 때 더 많은 태양 복사를 받아들이고 이는 사계절을 형성하는 요소가 된다.

6) 기온 감률

① 기온 감률이란 고도가 증가함에 따라 기온이 감소하는 비율을 말한다. 예를 들어 산 정산으로 올라가면 갈수록 기온이 낮아지는데 이것은 기온 감률의 현상이다.

② 이는 고도 차이에 따른 변화로 고도가 상승함에 따라 일정 비율로 기온이 내려간다. 표준 대기 조건에서 기온 감률은 1,000ft당 평균 2℃이다(이는 평균치를 말하며 정확한 기온 감률을 계산하기는 어렵다. 따라서 고도가 증가함에 따라 기온이 증가하는 현상 또한 발생할 수 있다).

③ 환경기온감률 : 대기의 변화가 거의 없는 특정 시간과 장소에서 고도에 증가에 따른 실제 기온의 감소 비율을 말한다. 국제민간항공기구(ICAO)에서 규정한 환경기온감률은 해수면에서 11km이며, 상공까지 6.5℃/km(2℃/1,000ft)이다.

2 습도

① 습도
－ 습도는 대기 중에 함유된 수증기의 양을 나타내는 척도이다.
－ 습도의 기본 개념으로는 부피 m³의 공기가 함유하고 있는 수증기의 양을 절대습도라고 한다.

② 수증기의 상태 변화
－ 수증기는 기온 변화에 따라서 고체, 액체, 기체로 변화한다. 이는 외부 기온의 변화함에 따라 일련의 가정을 거쳐서 변한다.
－ 액체에서 기체로 변할 때는 액체가 증발되고, 반대로 기체에서 액체로 변하기 위해서는 응결되어야 한다.
－ 액체에서 고체로 변하기 위해서는 액체의 응결이 필요하고 고체가 액체로 변하기 위해서는 용해되어야 한다.

③ 상대습도
현재의 기온에서 최대 가용한 수증기에 대비해 실제 공기 중에 존재하는 수증기량을 백분율로 표시한 것을 상대습도라고 하며, 기온과 습도는 상대습도를 변화시킬 수 있는 주 요인이 된다.

④ 노점기온
－ 불포화 상태의 공기가 냉각되어서 공기 중의 수증기에 의해 포화 상태가 되는 기온을 말한다.
－ 상대습도가 100%에 도달하는 기온으로 과도한 수증기가 물방울처럼 응결되는 온도를 말한다.

⑤ **응결핵**

대기를 구성하는 물질은 가스의 혼합물, 소금, 먼지, 연소 부산물 같은 미세한 입자들인데 이러한 미세 입자를 응결핵이라 한다.

⑥ **과냉각수**

- 액체의 물방울이 섭씨 0℃ 이하의 기온에서 응결되거나 액체 상태로 지속되어 남아 있는 물방울을 과냉각수라고 한다.
- 과냉각수가 노출된 표면에 부딪칠 때의 충격으로 인해 결빙될 수 있으며, 이는 항공기나 드론의 착빙 현상을 초래하는 원인이 된다.
- 과냉각수는 0℃~-15℃ 사이의 기온에서 구름 속에 풍부하게 존재한다.

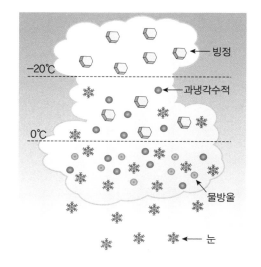

▲ 빙정/과냉각수/물방울

⑦ **이슬**

- 공기 중의 수증기가 야간에 복사냉각 등으로 기온이 내려가거나, 찬 물체에 부딪칠 때 형성되는 작은 물방울이다.
- 주로 실물 잎사귀 등에 형성되며 결빙된 이슬은 맑고 단단하다.
- 차가운 물통을 따뜻한 곳으로 이동하면 물통 표면에 맺히는 작은 물방울이다.

⑧ **서리**

- 서리도 이슬과 유사한 현상에 의해 형성되는데, 다른 점은 주변 공기의 노점이 결빙 기온보다 낮아야 하며 결빙된 서리는 하얗고 표면이 거칠다.
- 항공기나 드론의 표면에 형성된 서리는 비행의 위험 요인으로 작용되기 때문에 비행 전에 반드시 제거해야 한다.
- 항공기나 드론의 기체 표면을 거칠게 만들어 날개 위로 흐르는 공기의 흐름을 조기에 분산시켜 효율을 감소시킨다.

Chapter 06 안개, 시정, 황사, 연무

1 안개

1) 안개

① 안개는 대기 중의 작은 물방울이나 수증기가 응결하여 지표 가까이에 작은 물방울이 뜬 현상을 말한다. 이로 인해 가시거리가 감소하여 시야 확보가 잘 안된다. 가끔 약하게 빗방울이 흩날리고 대기 중에 떠있는 현상을 말한다.

② 공기 중에 미세한 물방울이 부유하여 시정거리를 감소시키는 것을 말하며, 시정이 1km 이상일 때는 안개라고 하지 않는다.

③ 안개가 생성되기 위한 조건은 공기가 포화되기 위해 공기 속으로 수증기가 공급되거나, 습한 공기가 냉각되어서 포화되어 응결이 일어나거나 또는 지표 부근의 공기와 상층의 공기가 혼합할 때 안개가 생성될 수 있다. 하층구름의 하나인 층운과 같지만 안개는 지면에 접해 있다는 점이 다르다.

④ 안개가 연속적으로 발생할 수 있는 일반적인 조건은 다음과 같다.

  - 바람이 약해야 한다(1~3m/s 이하의 약풍).

  - 지평면 부분의 공기가 안정되어야 한다(야간의 역전층 상태).

2) 박무

말 그대로 엷을 박(薄), 안개 무(霧). 안개라고 부르지 않을 정도로 약한 가시거리를 가지는 안개를 박무라고 한다.

3) 안개의 종류 ★★★

① 복사안개

  - 야간에 냉각된 지형에 의해 냉각된 지면 위의 공기가 노점까지 냉각되어 형성되는 안개를 말한다.

- 바람이 없거나 미풍일 때, 맑은 하늘, 상대습도가 높을 때, 기온과 노점분포가 작을 때, 평평한 저지대에서 쉽게 형성된다.

② 증기안개

- 아주 차가운 공기가 상대적으로 따뜻한 수면으로 이동할 때 물 표면에서 충분한 양의 수분이 증발하면서 수면 바로 위의 공기층을 포화시켜 발생되는 안개를 말한다(증발안개의 일종).

③ 이류안개

- 습윤하고 온난한 공기가 한랭한 육지나 수면으로 이동해 하층부터 냉각되어 공기 속의 수증기가 응결되어 생기는 안개를 말한다.
- 해상에서 생기는 이류안개는 바다안개라고 한다. 고위도 해면에서 바다안개가 발생하는 이유는 표면 수온이 연중 변화 없이 차갑고, 여름에는 고온 다습한 기단이고 위도로 침입하기 때문이다.

④ 활승안개

- 습한 공기가 산 경사면을 타고 상승되면서 팽창하게 되는데, 이때 공기가 노점 이하로 단열 냉각되면서 생기는 안개를 말한다.

⑤ 스팀안개

- 한랭한 공기가 온난하고 습한 지표면으로 불어올 때 습한 지표면으로부터 상승 중인 수증기가 노점까지 냉각될 때 형성되는 안개를 말한다.
- 공기온도가 물보다 10℃ 이상일 때 잘 형성되며, 매우 짙고 광범위하여 악시정을 유발한다.

⑥ 얼음안개

- 기온이 결빙온도보다 훨씬 낮고 수증기가 직접 빙정으로 승화될 때 발생되는 안개를 말한다.
- 기온이 −32℃ 이하가 되어야 발생되기 때문에 주로 북극 지역에서 발생한다.

⑦ 전선안개

- 전선 부근에서 발생되는 안개를 말한다.
- 온난전선, 한랭전선, 정체전선 중 어디에서 수반되느냐에 따라 안개의 발생 과정이 조금씩 다르다.

⑧ 스모그

- 연기와 안개가 혼합된 시정 장애물로 광범위한 지역에 매우 안 좋은 시정을 형성한다.
- 안개가 형성된 조건에서 이들 지역을 둘러싸고 있는 지리적 또는 지형적 장애물로 인해 안정된 공기가 대기오염 물질과 혼합되었을 때 발생되며 시정을 더욱 감소시킨다.

② 시정

1) 시정

① 특정 시점 또는 관측자의 눈으로 먼 곳의 목표물을 볼 때 인식되는 최대 거리를 말한다.

② 어느 정도 먼 곳의 물체를 바라볼 때는 명확하게 보일 때와 그렇지 않은 경우가 있는데, 이는 지표면 부근의 대기 중을 떠다니는 작은 먼지 혹은 수증기가 응결한 아주 작은 물방울과 밀도가 다른 공기덩어리들이 불규칙하게 있기 때문이다. 이를 대기의 투명도라 말하고 눈으로 물체를 보아 잘 보이면 시정이 좋다. 잘 보이지 않을 때는 시정이 나쁘다고 한다.

③ 시정을 나타내는 단위는 mile이며, 최대 7mile=9,999m이다. 그 이상의 시정 단위는 없으며 이유는 인간의 눈으로 확인 가능한 최대 거리가 10km이기 때문이다.

④ 시정은 한랭 기단 속에서는 좋으며, 온난 기단에서는 나쁘다. 시정이 가장 나쁜 날은 안개 낀 날과 습도가 70%를 넘게 되면 급격하게 나빠진다.

2) 시정의 종류

① 수직시정

- 관측자로부터 수직으로 보고된 시정을 말한다.
- 활주로에서 하늘을 보았을 때 관측할 수 있는 최대 가시거리이다.

② 우시정 ★★

- 관측자가 서있는 360° 주변으로부터 최소 180° 이상의 수평 반원에서 가장 멀리 볼 수 있는 수평 거리를 말한다.
- 방향에 따라 보이는 시정이 다를 때 가장 큰 값으로 그 값이 차지하는 부분의 각도를 더해 합친 각도의 한계가 180 이상 될 때의 가장 낮은 시정 값이다. 예를 들어 적어도 공항 면적의 50% 이상 보이는 "거리의 최저치"를 말한다.

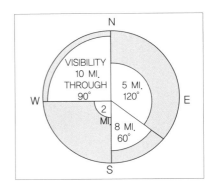

3) 황사

① 황사

- 미세한 모래 입자로 구성된 먼지 폭풍을 말한다.
- 황량한 황토 또는 모래사막에서 큰 저기압이 발달하여 지표면의 모래 입자를 수렴하는 상승 기류에 의해 상층까지 운반되어 편서풍을 타고 이동하며 주변으로 확산된다.
- 항공기 운항에 있어 황사는 시정 장애물로 간주되며, 항공기 엔진의 공기 흡입계통에 미세한 흙 또는 모래입자 등의 이물질이 유입되어 엔진 손상을 초래한다.

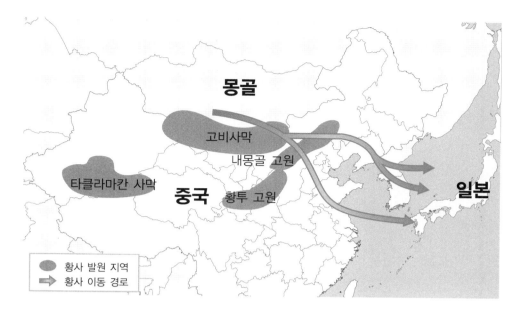

② **황사의 발원지와 이동**

- 황사의 발원지는 중국 황하유역 및 타클라마칸사막, 몽골의 고비사막으로 알려져 있다.

- 중국의 급속한 산업화와 산림 개발로 인해 토양의 유실 및 사막화가 급속하게 진행되어 발생 빈도가 증가하고 있는 추세이다.

- 중국은 매년 2%의 국토가 사막화 되어 가고 있으며, 몽골 국토의 90%가 사막화 위기에 처해져 있다.

- 중국과 몽골 사막에서 발생한 황사가 우리나라까지 이동되기 위해서는 모래 먼지를 고도 5.5km 까지 상승시킬 수 있어야 하며 편서풍이 동반되어야 한다.

- 황사가 한반도 상공까지 도달하기는 평균적으로 타클라마칸사막으로부터는 약 4~8일, 고비사막으로부터는 3~5일이 소요된다.

4) 연무

안정된 공기 속에 산재되어 있는 미세한 소금 입자 또는 기타 건조한 입자가 제한된 층에 집중되어 시정에 장애를 주는 요소를 말한다. 이는 15,000ft까지 형성되기도 하며 한정된 높이 이상에서는 수평 시정이 양호하나 하향 시정은 불량하고 경사 시정은 더욱 불량한 것이 특징이다.

Chapter 07 바람

1 바람

① 대기의 온도와 기압차에 의해 공기가 이동하는 현상이다.

② 공기의 흐름을 유발하는 주요 원인은 태양 에너지에 의한 지표면의 불균형 가열에 의한 기압 차이이며, 기온이 상대적으로 높은 지역에서는 저기압이 발생하며, 기온이 상대적으로 낮은 지역에서는 고기압이 발생한다.

③ 바람의 속도(Velocity)와 속력(Speed)은 차이가 있는데 속도는 벡터양으로 방향과 크기를 가지는 반면에, 속력은 스칼라양으로 방향만 갖는다. 풍속의 단위는 NM/H(kt), SM/H(MPH), km/h, m/s가 있다.

④ 바람의 방향은 아래 그림과 같으며, 바람 방향이 북풍이라는 것은 북에서 남으로 부는 바람을 뜻한다. 이는 북쪽을 향하는 바람이 아니다. 그러나 조류, 해류 등 물 흐름의 방향은 향해서 가는 방향을 의미하며, 방위를 붙여서 표현하고 풍향은 중간 방위를 더하여 16방위로 표기한다.

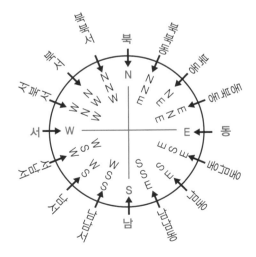

2 바람에 작용하는 힘

① 기압경도력

- 일정한 거리에 있는 두 지점 사이의 기압 차인 공기 간의 기압변화율을 기압경도라 하며, 이 힘을 기압경도력이라고 말한다.
- 기압경도력의 크기는 기압 차에 비례하고 거리에 반비례한다.
- 고기압 쪽에서 저기압 쪽으로 등압선에 직각 방향으로 작용된다.
- 등압선이 조밀한 지역에는 기압경도력이 강하여 강풍이 발생한다.

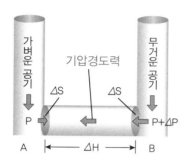

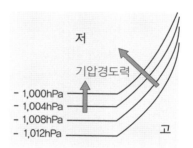

② 전향력 ★★

- 전향력은 지표면의 불균형 가열로 인해 발생한 기압 차로 기압경도가 고기압 지역에서 저기압 지역으로 흐를 때 지구의 자전으로 인하여 방향이 전환되는 현상이다.
- 북반구에서는 바람을 오른쪽으로 굽어지게 만들고, 남반구에서는 왼쪽으로 굽어지게 만든다.
- 회전하는 운동계에서 운동하는 물체를 관측하였을 때 나타나는 겉보기의 힘, 즉 물체를 던진 방향에 대해 북반구에서는 오른쪽으로, 남반구에서는 왼쪽으로 힘이 작용하는 것처럼 운동하게 되는데, 이때의 가상적인 힘을 전향력이라고 한다.

대기 대순환

▶지구가 자전하는 경우

- ┈┈▶ 물체가 던진 방향
- ──▶ 물체가 이동하는 방향
- ══▶ 전향력의 방향

③ 마찰력

- 지표면과 공기의 마찰에 의해 생기는 힘을 말한다.
- 공기가 마찰을 받는 높이는 지상 1km 이내(대기 경계층)이며, 마찰력의 방향은 풍향과 반대 방향이고 크기는 지표면의 성질에 따라 달라진다.

❸ 바람의 종류

① 지균풍 ★

- 기압경도력과 전향력이 균형을 이루다가 발생하는 바람이다.
- 지균풍은 지균평형상태에서의 바람으로 등압선에 평행하며, 바람의 오른쪽은 고기압, 왼쪽은 저기압이다. 이는 북반부에서 바람을 등지고 서면 저기압이 왼쪽에 위치한다는 걸 뜻한다.
- 기압경도가 클수록 풍속이 강하다.

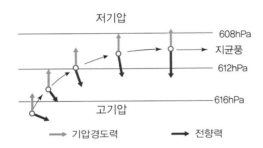

▲ 기압경도력과 전향력

② 경도풍

- 바람이 고기압에서 저기압으로 흐를 때 기압경도력, 구심력, 전향력이 작용하면서 힘의 균형을 이루어 등압선을 따라서 흐르게 되는데, 이때 부는 바람을 경도풍이라고 한다.
- 경도풍은 지균풍과 다르게 등압선이 곡선일수록 원심력이 작용된다.
- 고기압과 저기압에서 기압경도력이 같을 경우에는 고기압은 기압경도력이 바깥으로 작용하고 저기압은 안쪽으로 작용한다.
- 풍속에 비례하는 전향력의 크기가 고기압은 더해져서 바람이 강하고 저기압은 약해진다.

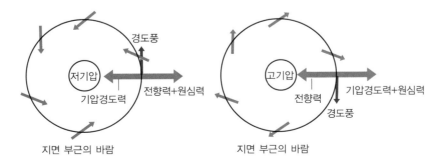

③ 지상풍 ★

- 지표면으로부터 2,000ft 이하에서 낮은 산과 도심 지역의 건축물 등으로 마찰력의 영향을 받는 바람을 말한다.
- 마찰은 바람 속도를 감소시키고 바람의 방향을 변화시키는 요인이다.
- 지표면과의 마찰은 고도가 높아짐에 따라 감소하고 약 2,000ft 이상에서는 영향을 받지 않을 수 있다.
- 지상풍은 기압경도력이 전향력과 마찰력의 합력이 균형을 이룬다.

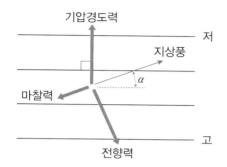

④ 해륙풍(열적 국지풍) ★

- 산바람과 골바람 같이 동일한 지역에서 낮과 밤의 차이에 의한 현상이다.
- 해륙풍은 육지와 해양의 가열과 냉각의 다름에서 발생한다.
- 주간에는 육지가 해양보다 빠르게 가열되어 공기가 상승하며 그 자리에 수면의 찬 공기가 밀려 오면서 해풍이 된다. 야간에는 주간과 반대로 순환이 발생하여 육풍이 된다.

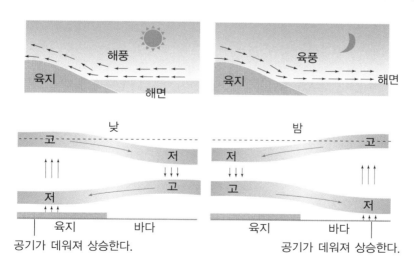

⑤ 산곡풍과 골바람

산곡풍은 산바람과 골바람으로 나뉘는데 산바람은 산 정상에서 산 아래로 불어오는 바람(야간)을 말하고, 골바람은 주간에 발생하는 바람으로 산 아래에서 정상으로 불어 올라가는 바람을 말한다.

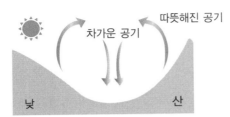 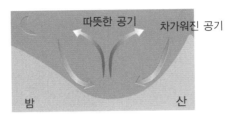

⑥ 계절풍

– 계절풍이란 여름과 겨울에 대륙과 해양의 온도차로 인해서 일년 주기로 풍향이 바뀌는 바람이다. 즉, 여름에는 대륙의 온도가 올라 바다의 낮은 온도로 바람이 바다 쪽에서 불고, 겨울에는 바다의 온도가 올라 대륙의 낮은 온도의 바람이 대륙 쪽에서 부는 현상을 뜻한다.

– 계절풍은 대륙과 해양의 온도 차이에 의하여 발생되는 것으로 알려져 있지만, 계절풍의 원인은 대륙과 해양의 온도 차이로만 설명할 만큼 간단하지 않다. 상층 대기의 흐름 등, 특히 제트 기류의 계절적인 변화와 지형적인 원인 등이 복합적으로 작용하여 계절풍이 발생하는 것으로 알려져 있다.

계절풍의 예: 동북아시아의 계절풍

남동 · 남서 계절풍	북서 계절풍
• 고온다습한 기단의 공기 유입 북태평양 고기압의 더운 공기	• 한랭건조한 기단의 공기 유입 시베리아 고기압의 찬 공기
• 해양에서 대륙으로 공기 이동	• 대륙에서 해양으로 공기 이동
• 일기: 혹서 · 열대야 · 고온다습	• 일기: 혹한 · 삼한사온 · 한랭건조

⑦ 돌풍

- 대기의 불안정으로 일시적으로 강하게 부는 바람이다.

- 평균 풍속은 5m/sec를 넘는데, 때로는 순간최대풍속 30m/sec를 넘어가는 강풍이 불기 시작하여 수 분, 혹은 수십 분 내에 급히 약해진다.

- 돌풍이 일어나는 원인으로는 한랭한 하강기류가 온난한 공기와 마주치는 곳, 즉 한랭 기단이 따뜻한 기단의 아래로 급하게 침입하여 따뜻한 공기를 급상승 시키기 때문이다.

- 특징은 풍향이 급하게 변하며 큰 비 혹은 싸락눈이 쏟아지고 우박을 동반할 수도 있다. 이때 기온은 급강하하고 상대습도는 급상승한다.

⑧ 스콜

- 태양의 열로 지표면이 가열되면서 나타나는 대류현상에 의해 발생하는 소나기이다.

- 바람은 돌풍보다는 지속시간이 길고 풍향도 돌풍과 같이 돌변한다. 갑자기 많은 양의 비를 쏟아 내리다가 수 분만에 평소처럼 해가 쨍하고 날씨가 바뀐다는 것이다.

- 일반적으로 열대 지방에서 내리는 소나기를 스콜이라고 부르며, 우리나라 여름의 소나기는 높은 곳에서 흐르는 찬 공기가 뜨겁게 가열된 지표면 위를 지나가면서 나타나는 대류현상으로 인해 발생하는 소나기(아열대, 온대 소나기)이다.

⑨ 높새바람 ★★

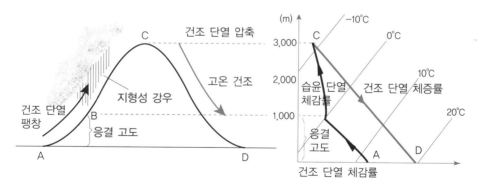

- 높새바람(푄현상)이란 지중해의 습기를 머금은 바람이 알프스를 넘으면서 고온 건조해진 바람이 스위스를 향해 부는 현상을 가리켰으나 지금은 보편적으로 산을 넘으면서 공기의 성질이 고온 건조한 바람으로 바뀌는 현상을 가리키는 말이 되었다.

- 푄 현상이 일어나는 것은 바람이 산을 타고 넘어갈 때 일어나는 기온의 변화 때문이다. 기온이 15도인 공기가 산허리를 따라 올라가면 100m 상승할 때마다 기온이 약 0.5도씩 낮아지고, 이때 공기 속의 수증기가 기온이 낮아짐에 따라 점점 응결되어 구름을 형성하고 산 정상 즈음에서 비를 내린다. 만일 산의 높이가 1,000m라면 정상 부근에서의 기온은 약 10도가 되어 5도 떨어진다. 그런 다음 반대쪽의 산허리를 따라서 내려갈 때에는 100m씩 내려갈 때마다 온도가 약 1

도씩 올라간다. 그래서 산기슭까지 내려왔을 때는 기온이 약 20도가 되어 처음 기온보다 5도 상승한다. 15도의 습한 공기가 1,000m의 산을 타고 넘는 과정에서 비를 뿌려 건조해진 데다가 기온은 5도나 오른 상태로 되는 것이다.

※ 습하고 찬 바람이 산을 따라 올라가서 구름을 만들어 비를 뿌린 뒤 반대쪽에서 내려갈 때는 따뜻하고 건조한 바람이 된다.

⑩ 제트기류

- 주로 대기 상층부에서 띠 형태로 강하고 폭이 좁으며 빠르게 이동하는 바람을 말한다.
- 통상 수 km의 두께와 160km의 폭, 1,600km의 길이에 속도는 시속 92km, 최대 386km에 달하기도 한다.
- 제트 기류는 서쪽에서 동쪽으로 부는데 서쪽에서 동쪽으로 비행하고자 할 때 제트 기류의 중심을 이용한 항로를 설정하면 추가적인 뒷바람을 받아 빠른 이동이 가능하다.

4 바람의 운용

새들이 나뭇가지에 앉거나 날아갈 때 반드시 맞바람을 이용하는 것을 알 수 있다. 이와 같이 항공기나 드론 등 공중에서 운용되는 비행체는 바람의 영향에 매우 민감하다. 이에 관계자들은 맞바람을 활용할 수 있도록 준비해야 한다.

① 정풍과 배풍

- 정풍이란 정면에서 부는 바람으로 맞바람과 동일한 의미로 사용되며, 배풍은 후방에서 부는 바람으로 뒷바람과 동일한 의미로 사용된다.
- 날개에 흐르는 공기의 이동을 관찰할 때 바람은 앞전을 통과해서 뒷전으로 흐른다. 이때 날개를 통과하기 전의 바람은 풍상, 날개를 통과한 후의 바람은 풍하라고 말한다.
- 비행장에서 항공기가 이륙할 때에는 양력이 커지고 공기 흡입이 증가해 엔진의 추진력이 좋아져 이륙 거리가 짧아지기 때문에 정풍으로 이륙한다. 마찬가지로 착륙할 때에는 양력이 증가하고 착륙 거리를 짧게 하기 위해 정풍으로 착륙한다.

② 측풍

- 관측자 또는 항공기의 왼쪽 또는 오른쪽에서 불어오는 바람을 말한다.
- 측풍은 공기 흡입이 원활하지 못해 엔진 성능을 저하시키거나 항공기의 균형을 잃게 할 수도 있어 항공기 조종을 어렵게 하거나 순간적으로 이착륙 중인 항공기를 활주로에서 벗어나게 하는 등의 사고 원인이 된다. 따라서 측풍의 세기가 기준 이상일 때에는 항공기 이착륙이 금지되기도 한다.

③ 편류

측풍의 영향으로 항공기가 원하는 비행 경로로부터 왼쪽이나 오른쪽으로 밀려나는 현상을 말한다.

Chapter 08 **구름과 강수**

1 구름

1) 구름의 생성과 소멸

① 구름은 작은 물방울이나 얼음 알갱이가 많이 몰려서 대기 중에 떠있는 것을 말한다.

② 공기가 차가워지거나 충분한 수증기가 공급될 때, 응결 또는 승화과정을 거쳐 생성된다.

③ 대부분의 구름은 공기가 상승하여 냉각되면서 응결되어 생성된다. 응결된 수증기는 작은 물방울이나 얼음 알갱이가 되어 일정한 곳에 모여서 구름이 만들어진다. 따라서 습기를 가진 공기의 상승이 구름 생성의 주요 원인이라고 할 수 있는데, 일반적으로 대기 중에서 공기는 다음의 세 가지 원인에 의해 상승하게 된다.

㉠ 공기가 산이나 구릉과 같은 지형을 타고 자연스레 강제적으로 상승

㉡ 지표면이 가열되면서 지표면 부근 공기덩어리의 온도가 증가하면서 가벼워져서 상승

㉢ 온난전선이나 한랭전선과 같은 서로 다른 성질의 공기덩어리가 만나서 이루는 경계면에서의 강제적 상승

④ 구름은 여름에는 대기 중에 적란운과 적운이 많이 떠있고, 가을에는 권운과 권적운이 많다.

⑤ 구름처럼 높이 떠있지 않고 땅에서 가까운 공기 중에 떠있는 것은 안개라고 한다.

⑥ 구름의 소멸은 하강기류 등과 같은 이유로 온도가 상승하거나 강수에 의해 수증기가 감소할 때 소멸하게 된다. 이러한 구름의 형성, 발달 그리고 소멸 등은 지상에서 날씨 변화를 일으킨다.

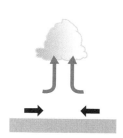

저기압 중심으로 공기가
모여들며 상승하는 경우

산을 향해 바람이 불면서
산을 따라 공기가 상승하는 경우

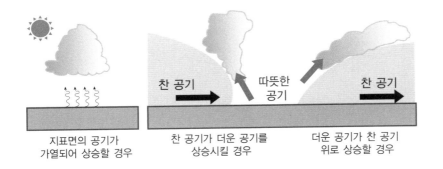

| 지표면의 공기가
가열되어 상승할 경우 | 찬 공기가 더운 공기를
상승시킬 경우 | 더운 공기가 찬 공기
위로 상승할 경우 |

2) 구름의 관측

① 운고
- 지표면 위에서 구름층 하단까지의 높이를 말한다.
- 구름이 50ft 이하에서 발생하였을 때는 안개로 분류한다.

② 운량
- 구름이 하늘을 덮고 있는 정도를 말한다.
- 일반적으로 하늘을 덮은 구름을 10등분 하여 구분한다.

③ 차폐(Obscured)와 실링(Ceilings)
- 차폐는 하늘이 안개, 수분, 연기, 강우, 작은 수적 등으로 우시정을 7마일 이하로 감소시키는 정도로 지표면으로부터 하늘이 가려질 때를 말한다.
- 부분적으로 가려질 때는 부분 차폐로 표현한다.
- 실링은 운량이 최소 5/8 이상 덮힌 하늘의 가장 낮은 구름의 높이를 말한다.

3) 구름의 분류 ★★

구름은 공중의 물방울로서, 이는 수백만 톤의 물이 공중에 떠 있는 것을 말한다. 구름은 공기의 이동에 따라 항상 유동적이기 때문에 그 모양이 제각기 다르며 매우 다양하다. 이에 구름이 형성되는 모양과 형태를 기준으로 분류하여 권운형, 층운형, 적운형으로 나눈다.

- 권운형 : 갈라져 있고 섬유가 늘어난 형태를 말한다.
- 층운형 : 뚜렷한 층을 형성한 구름의 형태를 말한다.
- 적운형 : 대류성 구름에 쌓인 형태를 말한다.

높이에 따른 기준으로는 상층운, 중층운, 하층운, 수직운으로 나눈다. 구름의 명칭에 사용되는 용어 중 형성되는 모양과 높이에 따라 국제적으로 통일된 10개의 구름은 다음과 같다.

종류		이름	기호	특징
층상운	상층운 6~15km	권운	Ci	새털 모양
		권적운	Cc	잔물결 모양
		권층운	Cs	반투명한 연기 모양
	중층운 2~6km	고적운	Ac	연기 모양의 잔물결
		고층운	As	고르게 하늘을 덮는다.
	하층운 2km 미만	층적운	Sc	회색의 조각 모양
		층운	St	흐린 잿빛으로 하늘을 고르게 덮는다.
		난층운	Ns	회색, 운량이 많고 강수가 있다.
대류운	수직운 3km 이내	적운	Cu	운저는 하층에 있으나, 운정은 중층 및 상층까지 닿아있는 경우가 많다.
		적란운	Cb	

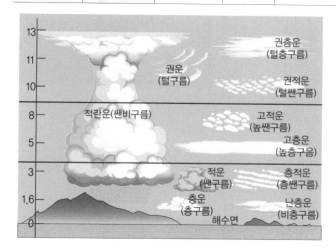

▲ 구름 분류의 형태

이 중 초경량 무인비행장치 운용 시에 영향을 미칠 수 있는 구름은 고도 2km 이하의 구름인 하층운(층운, 층적운, 난층운)이며 아래에서 하층운에 대해 알아본다.

① 층운

- 6,000ft 미만에 형성된 구름이며 안개가 상승하여 형성되기도 한다.
- 강수가 없으나 하부로부터의 냉각으로 안개, 가랑비가 생기기도 한다.

② 층적운

　－ 8,000ft 이하에 형성된 구름이며 잿빛이나 밝은
　　재색(흰빛을 띤 검정)을 띠고, 말린 모양의 구름
　　으로 가랑비, 약한 비(눈)의 가능성이 있다.

③ 난층운

　－ 어두운 재색이며 8,000ft 이하의 층운형 구름으
　　로 비를 동반한 구름이다.

　－ 구름의 밀도가 높아 하늘을 가릴 수도 있다.

2 강수

1) 강수

① 대기 중에 포함된 수분이 액체 또는 고체로 변화되어 지표면에 떨어지는 기상현상으로, 크기와 무
게가 증가하여 더 이상 공기 중에 떠있기 불가능할 때, 지면으로 낙하하는 현상이다.

② 강수는 기후 요소 중 하나로, 지표에 떨어
지는 수분의 총량을 강수량이라 한다. 강
수현상에는 비, 눈, 우박, 서리, 이슬, 빙
정 등 여러 가지가 있다.

③ 강수는 항공기 운항에 매우 직접적인 영
향을 미친다. 비와 눈 같은 강수는 공중에
서 시정을 제한하고, 지상에서는 활주로
의 미끄러움으로 항공기의 이착륙 과정에
서 사고의 원인을 제공한다.

2) 강수의 형성 과정

① 공중에 있는 모든 미세한 구름 입자들이 모두 강수로 발달하는 건 아니다. 미세한 구름 입자들이 합쳐져 구름 입자의 크기가 증가하였을 때 대기의 기온에 따라 비 혹은 눈 형태의 강수로 발달하게 된다.

② 빗방울의 크기가 대략 2mm 정도 된다고 가정하였을 때 구름 입자는 빗방울의 약 1/100 정도여서 공중에 떠있을 수 있다. 이러한 미세 구름입자들이 구름 속에서 충돌과 병합, 빙정 과정을 거쳐서 강수를 형성한다.

③ 충돌과 병합 과정은 기온이 온난할 때 구름 입자들이 충돌하면서 빗방울로 성장하는 것을 말한다. 병합 과정이란 구름방울이 크면 클수록 떨어지는 속도가 빠르고 주변의 작은 구름방울을 흡수하는 것을 뜻한다.

3) 강수의 형성조건

① 지형성 비

- 풍부한 습기를 가진 바람이 산과 같은 장애물을 만났을 때 자연적으로 상승하면서 냉각과 증발 과정의 반복을 거쳐 풍상 쪽에 형성된 비구름으로 인하여 내리는 비를 말한다.
- 하와이, 남아메리카, 서해안 지역에서 주로 발생한다.

② 대류성 비

- 주로 열대지방이나 한여름 오후 뜨거운 날에 강한 복사열 때문에 야기된 비구름에서 발생하는 비를 말한다.
- 폭우, 번개, 뇌우 등을 동반하며 열대 및 아열대 지방에서 자주 일어난다.

③ 전선성 비

- 전선이 형성되는 곳에서 발생하는 비를 말한다.
- 한랭전선과 온난전선 사이에서 냉각과 응결로 인하여 구름 강수가 발생해 한랭전선 전면에서는 소나기 혹은 뇌우가 발생하고, 온난전선 전면에서는 지속성 비와 눈이 내린다

4) 강수의 구분

지상에 내리는 강수는 물의 상태에 따라 액체 강수(비, 가랑비), 어는 강수(어는 비, 어는 가랑비), 언 강수(눈, 싸라기눈, 우박, 빙정)로 구분할 수 있다.

5) 강우량과 강수량

강우량은 일정 장소에 일정 기간 동안 지상에 떨어지는 비의 양을 말하며, 강수량은 비/눈, 우박 등과 같이 일정 기간 일정한 곳에 내린 물의 총량을 말한다.

① 매우 약한 비 : 시간당 0.25mm 미만

② 약한 비 : 시간당 0.25~1mm

③ 보통 비 : 시간당 1~4mm

④ 많은 비 : 시간당 4~16mm

⑤ 매우 많은 비 : 시간당 16~50mm

⑥ 폭우 : 시간당 50mm 이상

6) 강수와 항공기의 운항

① 수막현상

– 비에 의하여 지표면 또는 활주로가 젖어 있는 상태에서 이동할 때 타이어가 미끄러지는 현상을 말한다.

– 수막현상은 조향과 제동 성능을 현저히 감소시킨다.

– 수막현상 시 유의할 점

• 첫째, 좌 우측 2개의 바퀴가 젖은 구역에 동시에 접지해야 한다. 만일 어느 바퀴가 먼저 활주로 표면에 닿으면 수막현상을 일으켜 불균형으로 지상 루프 또는 급회전 현상 등을 직면하게 된다.

• 둘째, 동력 사용이 제한된다.

• 셋째, 제동거리가 급격하게 늘어나게 된다.

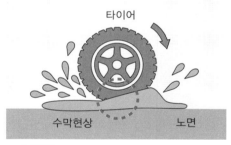
▲ 수막현상

② 무특색 지형 착시

수면 상공이나 눈으로 덮인 지역을 비행하거나 접근할 때에 주변에 뚜렷한 지형이 없기 때문에 정확한 지형을 참고하기가 어려워 시각적 착각을 일으킬 수 있다.

③ 대기 현상에 의한 착시

비행 중에 비나 눈과 상수 현상으로 인하여 시계가 가려져 활주로가 멀리 보일 때 조종사는 높은 고도에 있는 듯한 착각이 든다. 특히 안개나 엷은 연무 현상은 활주로가 실제 거리보다 멀리 있는 듯한 착각을 일으켜 접근각과 속도 조절에 실패해 급기동이나 급강하 접근을 유발할 가능성이 있다.

Chapter 09 태풍

1 태풍

① 태풍은 열대 해상에서 발생한 열대저기압이 발달하여 중심 부근의 최대 풍속이 17.2m/s 이상의 강한 폭풍우를 동반한 국지적 기상 현상을 말한다.

② 태풍과 같은 열대 폭풍은 발생 지역에 따라 명칭이 다르다. 인도양과 남태평양에서 발생하면 사이클론(Cyclone)이라고 하며, 북태평양 중부와 동부, 북대서양 서부에서는 최대 풍속 32.7m/s 이상의 열대저기압 폭풍을 허리케인(Hurricane)이라고 한다. 브라질에서는 사이클론, 미국에서는 허리케인으로 부른다. 과거 호주에서는 원주민의 말로 공포, 우울을 뜻하는 윌리윌리(Willy-Willy)로 불렀다.

③ 태풍은 북태평양 서쪽에서 7월~10월에 가장 많이 발생한다.

④ 태풍은 여름과 초가을에 폭우, 해일, 강풍 등으로 인한 막대한 피해를 주기도 하지만, 가뭄 해갈, 대기질 개선, 냉해와 바다의 적조현상과 강의 녹조현상 억제 등 긍정적인 역할도 한다.

❷ 태풍의 특징

① 태풍은 열대저기압으로서 해수면 온도 26.5℃ 이상의 열대 해상에서 발생하는 경우가 대부분이다.

② 중심에는 하강 기류가 발생하여 반경이 수 km~수십 km 정도의 바람이 약하고 날씨가 대체로 맑은 구역이 있는데, 이 부분을 태풍의 눈이라고 한다. 대개 태풍의 눈 바깥 주변에서 바람이 가장 강하다.

③ 보통은 중심 부근에 강한 비바람을 동반한다. (최소 17.2m/s 이상)

④ 태풍의 주요 발생 에너지원은 해상의 잠열이기에 육지에 오르면 그 세력이 약화되는 것이 일반적이다.

❸ 태풍에 수반되는 현상

① 풍랑(Wind Wave, Windwelle)

– 해상에서 바람에 의해 일어나는 파도를 말한다.

– 보통 풍속이 1~3m/s 이상에서 유발되고, 대한민국 기상청에서 풍랑주의보는 풍속 14m/s 이상이 3시간 이상 지속되거나 유의 파고가 3m 이상이 예상될 때, 풍랑경보는 풍속 21m/s 이상이 3시간 이상 지속되거나 유의 파고가 5m 이상이 예상될 때 발령한다.

② 너울(Swell)

– 직접적으로 일어난 파도가 아닌 해상에서 전달되어 온 파도를 말한다.

– 너울의 진행속도는 태풍 진행속도의 2~4배이며, 연안 지방에 여러 가지 태풍 전조 현상을 일으킨다.

③ 고조(Storm Surge, Storm Tide)

– 저기압 또는 폭풍에 의한 해일이라고도 하며, 폭풍우로 해안의 해수가 밀려와 해면의 수위가 높아지는 현상이다.

– 태풍의 낮은 기압으로 인해 수면이 들어 올려지고, 여기에 강풍에 의해 해수가 밀려와 발생한다.

④ 용오름(Spout)

– 회오리바람을 동반한 기둥 모양의 공기 소용돌이를 말한다.

– 적란운 구름에서 지면 또는 해수면까지 거의 수직으로 닿을듯하며, 지상의 모래먼지, 바다의 물 등을 말아 올린다.

– 태풍이 접근할 때 대기가 급격히 불안정해지면 발생하고, 미국에서 발생하는 토네이도와 같은 현상이지만 규모는 작다. 또한 토네이도는 육지에서 발생하지만, 우리나라에서는 주로 해상에서 발생하고, 동해안에서 발생 빈도가 높다.

4 태풍의 전계

태풍의 수명은 약 1주일에서 1개월 정도이다.

① 형성기 : 저위도 지방에 약한 저기압성 순환으로 발생하여 태풍 강도에 도달할 때까지의 기간을 말한다.

② 성장기(발달기) : 태풍이 된 후 한층 더 발달하여 중심기압이 최저가 되어 가장 강해질 때까지의 기간을 말한다.

③ 최성기 : 등압선은 점차 주위로 넓어지고 폭풍을 동반하는 반지름이 최대가 된 확장기라고도 칭한다.

④ 쇠약기

 - 온대 저기압으로 탈바꿈되거나 소멸되는 기간이다.

 - 태풍의 소멸은 태풍에 지속적인 에너지 공급이 되지 않을 때 열대 저기압으로 소멸된다.

 - 육지에 상륙하면 습기의 공급이 차단되고 자연 장애물과의 마찰로 바람 또한 약해진다.

5 토네이도

① 태풍 이외에도 강한 바람이 있는데, 이는 토네이도와 돌풍이다.

② 토네이도는 용오름, 회오리바람이라고도 불린다.

③ 태풍은 수평방향으로 확대되지만 토네이도는 수직방향으로 커진다.

④ 태풍과 비교했을 때 규모, 수명, 이동거리가 극단적으로 짧으며 바람 규모는 훨씬 작으나 유사한 돌풍이 있다.

⑤ 태풍과 비교할 때 발생 횟수는 훨씬 적으나 우리나라 지형에서 자주 발생하는 토네이도는 멀티콥터 등 작은 비행체를 운영할 때에는 주의해야 한다. 순간적으로 회오리에 휘감기면 빠져나오지 못하고 추락하는 사고가 발생하게 되어 반드시 주의해야 한다.

Chapter 10 **뇌우와 착빙**

1 뇌우

1) 뇌우

① 적란운이나 적운이 모여 발달한 국지적인 폭풍이다.

② 강한 돌풍과 번개, 폭우, 토네이도, 천둥 등을 동반한다.

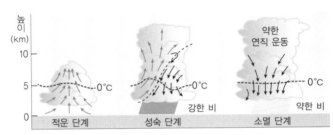

▲ 뇌우의 종류와 단계

2) 뇌우의 형성

① 뇌우의 형성 조건으로는 온난 다습한 공기가 하층에 있어야 하며 강한 상승기류가 있어야 한다.

② 높은 고도와 기층의 기온 감률이 커야 한다.

3) 뇌우의 종류

① 전선뇌우

　– 온난 다습한 공기가 전선면을 따라 올라갈 때 생기며, 이른 봄이나 늦가을에 발생하는 뇌우를 말한다.

　– 온난전선보다 한랭전선에서 더 자주 발생하는데 해상은 늦가을에서 봄에 발생된다.

　– 뇌우가 다가오면 돌풍이 불기 시작하고 하늘이 갑자기 어두워지고 번개가 치며 우박을 동반한 비가 내린다.

② 기단뇌우

- 기단뇌우, 열 뇌우라고도 불리는데, 이는 국지적 가열에 의한 대류로 일어나는 것으로 여름철 고온 다습한 북태평양 기단에 덮여 있을 때 기압 경로가 완만하고 일사가 강하여 지상의 기온은 오후에 많이 상승된다.
- 열을 받은 공기가 위로 상승하여 구름을 생성해 이는 곧 뇌우가 된다.
- 좁은 범위에서 급속히 발달하며 지속시간도 짧다.
- 강한 비바람과 방전이 일어나나 밤이면 소멸된다.

③ 스콜선 뇌우

- 전선이 아닌 좁은 띠 모양으로 나타나는 활동적인 불안정 선을 말하는데, 여기서 발생하는 뇌우를 말한다.
- 습윤하고 불안정한 대기 속을 빠르게 이동하는 한랭전선의 전면으로부터 50~300마일 지점에 형성된다.

4) 뇌우의 생애

① 발생기

- 지표면 부근의 기류들이 상승하여 적운을 만드는데, 그 구름이 어느 고도를 넘어서서 발달하기 시작하는 단계를 말한다.
- 지표면 부근의 수렴과 상승 기류에 의해서 구름의 키가 빠르게 자라기 시작해 탑 모양으로 높게 발달하기 시작한다는 의미로 솟은 적운기(Towering Cumulus Stage)라고도 한다.

② 성숙기

- 뇌우 속의 상승 기류가 점점 강화돼 구름이 거의 대류권계면의 고도까지 도달하여 대류권계면에 도달한 상승 기류가 더 이상 상승하지 못하고 옆으로 퍼져 나가면서 최상층부에 모루구름(Aanvil Cloud)을 형성하는 단계를 말한다.
- 성숙기에 도달한 뇌우 속에는 상대적으로 따뜻한 상승 기류가 존재하는 영역과 차갑고 강수에 동반된 하강 기류가 존재하는 영역으로 분명하게 나뉜다.

③ 쇠퇴기

- 지상에서 구름으로 향하는 상승 기류가 존재하지 않고 약한 하강 기류만이 존재하고 20,000ft 이하의 구름들은 강수와 증발로 인하여 거의 모습이 사라지게 된다.
- 상층에 남아있는 구름들도 더 이상 적운 형태가 아닌 층운 형태로 관측되기 시작하며, 지상에서도 더 이상 돌풍이나 강수를 관측할 수 없다.

2 착빙

1) 착빙

① 빙결온도 이하에서 대기에 노출된 물체에 과냉각 물방울 및 구름 입자가 충돌하여 물체의 표면에 얼음이 달라붙거나 덮여지는 현상을 말한다.

② 항공기 착빙은 0℃ 이하에서 대기에 노출된 항공기의 날개나 동체 등에 과냉각 수적이나 구름 입자가 충돌하여 얼음막을 형성하는 것이다.

③ 주로 계류장에 계류 중이거나 비행 중에 발생한다.

▲ 착빙현상

2) 착빙의 형성 조건

① 비 또는 구름 속의 대기 중에 과냉각 물방울이 존재할 때

② 항공기 표면의 자유대기온도가 0℃ 미만일 때

3) 착빙의 종류

① 흡입(Induction)

- −7℃~21℃, 상대습도가 80% 이상일 때 발생한다.

- 인테이크 착빙(Intake Icing) : 항공기의 표면 온도가 0℃ 이하로 냉각될 시에 발생하며, 상대습도가 10% 이하의 맑은 대기에서도 발생 가능하다.

② 구조물(Structural)

- 서리 착빙(Frost Icing) : 백색이며 얇고 부드러운 것이 특징이다. 기체가 0℃ 이하로 냉각되었을 때 기체에 접촉된 수증기가 승화되어 생긴다. 서리 착빙 상태에서 비행하면 유선이 흐트러져 이륙 속도에 도달할 수 없거나 벗겨진 얼음이 창에 닿아 시계를 방해하고, 보조익의 움직임이나 무선의 수신 효율을 저하시킬 수 있으며, 실속을 5~10% 증가시킬 수 있다. 따라서 부착된 서리는 이륙 전에 반드시 깨끗하게 제거해야만 한다.

- 거친 착빙(Rime Icing) : 백색 혹은 우윳빛으로 불투명하고 부서지기 쉽다. 층운에서 형성된 작은 물방울이 날개 표면에 부딪혀 형성된다. 과냉각과 물방울이 많은 0~−20℃ 기온에서 자주 발생되며 날개의 공기역학적 특성을 변화시키고, 공기흡입구 가장자리를 막아 공기유입량을 줄어들게 한다.
- 맑은 착빙(Clear Icing) : 온난전선 역전 아래의 적운이나 얼음비에서 발견되는 비교적 큰 물방울이 기체 위를 흐르며 천천히 얼 때 생성된다. 투명하고 견고하여 얼음 피막이 비행체로부터 쉽게 벗겨지지 않는 것이 특징이며, 피막이 부서질 때는 상당히 큰 파편으로 비산하여 위험하다. 이는 착빙 가운데 가장 위험하다.
- 혼합 착빙(Mixed Icing) : 거친 착빙과 맑은 착빙의 중간 형태이며, 주로 맑은 착빙이 발생한 후에 눈이나 얼음 입자들이 달라붙어 매우 거칠게 쌓여진 착빙이다. −10℃~−15℃인 적운형 구름에서 자주 발생한다.

4) 착빙의 영향

① 항공기의 비행 중 공력에 영향을 미친다.
② 날개에 형성된 착빙은 항력이 증가되고 양력은 감소한다.
③ 엔진 공기 흡입구의 착빙은 공기 유입을 방해하며 비행의 위험한 요소가 된다.
④ 안테나의 착빙은 속도계, 고도계의 오작동과 통신 두절 또는 기능을 저하시킨다

Chapter **11** 난기류(난류)

1 난류

① 난류란 회전 기류와 바람의 급변으로 불규칙한 변동을 하는 대기의 흐름을 말한다.

② 비행 중인 항공기나 드론 등 비행체에 동요를 주는 악기류이며, 이러한 난류는 상승기류나 하강기류에 의해 발생된다.

③ 대부분의 난류는 지표면의 기복에 의한 마찰 때문에 일어나므로 높이 1km 이하의 대기 경계층에서 발생된다.

④ 난류의 주요 원인은 지형의 효과, 고도에 다른 풍속변화, 지표 온도 차이가 있다.

2 난기류의 강도

난류의 강도는 약함(Light), 보통(Moderate), 심함(Severe), 극히 심함(Extreme)의 4단계로 구분된다.

강도	중력 가속도	체감강도			Gust (ft/sec)	풍속 (ft/sec)
		항공기	승객	물체		
약한 난류 (Light)	0.1~0.3	약간의 규칙적인 동요	좌석벨트 착용, 보행 가능	비고정 물체 약간 이동	5~20	5
중간 난류 (Moderate)	0.4~0.8	상당한 동요, 조종성 유지	벨트가 조여진다. 보행 불가능	비고정 물체가 흐트러진다.	20~35	15
심한 난류 (Seevre)	0.9~1.2	급격한 고도, 속도의 변화, 순간적인 조종 상실	벨트가 강한 힘을 받음. 보행 불가능	비고정 물체가 튕겨진다	35~50	25
극심한 난류 (Extreme)	1.2 이상	조종 불능 상태, 구조적 파손	벨트 미착용, 승객은 튕겨 나간다.		50 이상	30 이상

❸ 난기류의 분류

① 대류에 의한 난류

대류권 하층의 기온 상승으로 인하여 대류가 일어나면 더위가 상승하게 되는데, 이때 상층의 찬 공기는 하강하는 대기의 연직 흐름이 생겨 발생한다.

② 기계적 난류

대기와 불규칙한 지형 혹은 장애물의 마찰 때문에 풍향이나 풍속의 급변이 생겨 발생한다.

③ 윈드시어

- 짧은 거리 내에서 순간적으로 풍향과 풍속이 급변하는 현상을 말한다. 윈드시어는 모든 고도에서 나타날 수 있으며 통상 2,000ft 범위 내에서의 윈드시어는 항공기, 드론 등의 운행에 큰 위험을 초래할 수 있다. 풍속의 급변현상은 기체의 상승력 및 양력을 상실케 하여 기체를 추락시킬 수도 있다.
- 저고도 윈드시어의 기상적 요인은 뇌우, 전선, 복사역전형 상부의 하층 제트, 깔대기 형태의 바람, 산악파 등에 의해 형성된다.

④ 항적에 의한 난류

비행 중인 비행체의 후면에서 발생하는 소용돌이를 말하며, 인공 난류라고도 말한다.

❹ 난기류 지역 비행 시 유의사항

① 강한 난류가 보고되거나 예보 지역을 비행할 시에 난류와 조우한 초기 단계에서는 속도를 조절해야 한다.

② 상층 일기도상에서 등온선의 간격이 조밀한 곳에서는 주의한다.

③ 제트 기류에 동반되는 난류와 조우한 경우 비행속도나 코스를 우선 변경해야 한다.

④ 기압골에 평행하게 비행하는 것보다 기압골을 횡단하는 코스를 채택하는 것이 좋다.

실력점검문제

01 다음 중 기상 7대 요소는 무엇인가?

① 기압, 기온, 대기, 안전성, 해수면, 바람, 시정

② 해수면, 전선, 기온, 난기류, 시정, 바람, 습도

③ 기압, 전선, 기온, 습도, 구름, 강수, 바람

④ 기압, 기온, 습도, 구름, 강수, 바람, 시정

02 바람이 존재하는 근본적인 원인은 무엇인가?

① 공기밀도 차이   ② 고도 차이

③ 자전과 공전현상   ④ 기압 차이

03 대부분의 기상이 발생하는 대기의 층은?

① 열권   ② 대류권

③ 성층권   ④ 중간권

04 물질 1g 온도를 1℃ 올리는 데 요구되는 열은?

① 비열   ② 열량

③ 현열   ④ 잠열

05 뇌우 발생 시 항상 함께 동반되는 기상현상은?

① 강한 소나기   ② 번개

③ 스콜라인   ④ 과냉각 물방울

06 물질의 상위 상태로 변화시키는 데 요구되는 열에너지는 무엇인가?

① 현열   ② 비열

③ 열량   ④ 잠열

07 기온은 직사광선을 피해서 측정을 해야 한다. 다음 중 기온을 측정하는 높이는?

① 3m   ② 5m

③ 2m   ④ 1.5m

> **해설**
>
> 기온은 땅 표면의 복사열로부터 영향을 받지 않도록 1.2~1.5m 높이에서 측정한다.

08 다음 중 대기권을 고도에 따라 낮은 곳부터 높은 곳까지 순서대로 올바르게 분류한 것은?

① 대류권-성층권-열권-중간권

② 대류권-중간권-열권-성층권

③ 대류권-중간권-성층권-열권

④ 대류권-성층권-중간권-열권

> **해설**
>
> 대기권은 낮은 고도에 따라 대류권, 성층권, 중간권, 열권, 극외권으로 구분된다.

09 다음 중 절대고도에 대한 설명으로 올바른 것은?

① 고도계가 지시하는 고도

② 지표면으로부터의 고도

③ 표준기준면에서의 고도

④ 계기오차를 보정한 고도

> **해설**
>
> 절대고도는 지표면으로부터 항공기까지의 실제 높이이기 때문에 절대고도는 지표면에 따라 달라진다.

10 다음 중 기압고도(Pressure Altitude)에 대한 설명으로 올바른 것은?

① 항공기와 지표면의 실측 높이이며 AGL 단위를 사용한다.

② 고도계 수정치를 표준대기압 해수면 29.92inHg에 맞춘 고도계가 지시하는 고도이다.

③ 기압고도에서 비표준온도와 기압을 수정해서 얻은 고도이다.

④ 고도계를 해당 지역이나 인근 공항의 고도계 수정치 값에 수정하였을 때 고도계가 지시하는 고도이다.

해설

• 기압고도 : 표준대기압 해면으로부터 항공기까지의 거리, 표준 기지면 위의 표고, 항공기 사용고도계(아네로이드)
• 진고도 : MSL, 평균 해면고도로부터 항공기까지의 높이
• 절대고도 : AGL, 지표면으로부터 항공기까지의 높이

11 다음 중 진고도(True Altitude)에 대한 설명으로 올바른 것은?

① 평균 해면고도로부터 항공기까지의 실제 높이이다.

② 고도계 수정치를 표준 대기압(29.92inHg)에 맞춘 상태에서 고도계가 지시하는 고도이다.

③ 항공기와 지표면의 실측 높이이며 AGL 단위를 사용한다.

④ 고도계를 해당 지역이나 인근 공항의 고도계 수정치 값에 수정하였을 때 고도계가 지시하는 고도이다.

12 지표면과 해수면의 가열 정도와 속도가 달라 바람이 형성된다. 다음 중 주간에는 해수면에서 육지로 불며 야간에는 육지에서 해수면으로 부는 바람은?

① 해풍   ② 계절풍
③ 해륙풍   ④ 국지풍

13 다음 중 착빙 현상(Icing)에 대한 내용으로 올바르지 않은 것은?

① 항공기의 무게를 증가시켜 양력을 감소시킨다.

② 항공기의 표면 마찰을 일으켜 항력을 가중시킨다.

③ 항공기의 이륙을 어렵게 하거나 불가능하게 할 수도 있다.

④ 착빙 현상은 지표면의 기온이 낮은 겨울철에만 조심하면 된다.

해설

착빙 현상은 높은 고도에서 여름철에도 발생한다.

14 다음 중 지구의 기상에서 모든 변화의 가장 근본적인 원인은?

① 지구 표면에 받아들이는 태양에너지의 변화

② 지표면 위의 공기 압력에서 변화

③ 공기군(Air Masses)의 이동

④ 공기군(Air Masses)의 정지

15 다음 중 바람의 원인으로 올바른 것은?

① 지구의 자전

② 공기군의 변형

③ 기압 차

④ 지구의 공전

16 다음 중 북반구에서의 바람은 어떠한 힘에 의해서 어느 방향으로 편향 되는가?

① 코리올리 힘에 의해서 우측으로

② 지면 마찰에 의해서 우측으로

③ 코리올리 힘에 의해서 좌측으로

④ 지면 마찰에 의해서 좌측으로

정답 10 ② 11 ① 12 ③ 13 ④ 14 ① 15 ③ 16 ①

PART 01
PART 02
PART 03
PART 04
PART 05

17 다음 중 풍속을 측정하는 깃발이 90도 이상 날리면 바람의 속도는?

① 약 1m/s 이상　② 약 3m/s 이상
③ 약 4m/s 이상　④ 약 5m/s 이상

풍속을 측정하는 깃발이 날리는 각도가 90도 이상이면 풍속이 최소한 5m/s 이상이라고 볼 수 있다.

18 다음 중 공기의 기압에 대한 설명으로 올바르지 않은 것은?

① 고기압은 주위보다 기압이 높은 곳을 말한다.
② 고기압과 저기압은 상대적인 개념이다.
③ 공기는 고기압에서 저기압으로 이동한다.
④ 공기는 저기압 지역에서 하강한다.

고기압에서는 공기가 하강해 구름이 소멸되어 날씨가 맑아진다. 반면 저기압에서는 공기가 상승해 구름이 생성되면서 날씨가 흐리거나 비가 내린다.

19 다음 중 제트기류의 강도와 위치에 대한 설명으로 옳은 것은?

① 겨울에 보다 강하고 북상한다.
② 여름에 보다 약하고 북상한다.
③ 여름에 보다 강하고 북상한다.
④ 겨울에 보다 약하고 북상한다.

제트기류는 여름보다 겨울에 강하고, 북반구의 경우 여름에는 북위 50도에 위치하지만 겨울에는 북위 35도까지 내려간다.

20 다음 중 안정된 공기의 특성으로 올바른 것은?

① 양호한 기상 적운 구름
② 층운형 구름
③ 무제한 시정
④ 북극

해설
층운형 구름은 일정한 두께의 기층 안에서 넓은 지역에 발달하는 구름을 말하며, 대기가 안정되어야 생긴다.

21 다음 중 불안정한 공기의 일반적인 특성으로 올바른 것은?

① 양호한 시정, 소나기성 강우, 적운형 구름
② 양호한 시정, 지속성 강우, 층운형 구름
③ 불량한 시정, 간헐적 강우, 적운형 구름
④ 대류권-성층권-중간권-열권

적운형 구름은 빠른 상승 기류에 의해 수직으로 발달하는 구름으로 눈이나 비가 내리며 가시거리가 짧아진다.

22 다음 중 강우의 발생률을 높이는 것은?

① 수평활동　② 상승 기류
③ 사이클로닉 이동　④ 국지풍

지상의 따뜻한 공기가 상승하면서 수직으로 적운형 구름이 생겨 비가 내린다.

23 다음 중 이류(Advective) 안개가 가장 잘 발생하는 지역은?

① 해안선 지역　② 산 경사 지역
③ 수평 내륙지역　④ 산 정상 지역

이류안개는 차가운 지면이나 수면 위로 따뜻한 공기가 이동하면서 발생한다.

24 다음 중 실제 공기온도와 이슬점 온도 분포에 대한 설명으로 올바른 것은?

① 상대습도가 감소함에 따라 감소한다.
② 상대습도가 증가함에 따라 감소한다.
③ 상대습도가 증가함에 따라 증가한다.
④ 상대습도가 감소함에 따라 증가한다.

해설

이슬점 온도는 상대습도가 100%가 될 때의 온도이며, 공기가 포화되지 않을 경우 이슬점 온도는 실제 기온보다 항상 낮게 나타난다.

25 다음 중 높은 구름의 대부분을 구성하고 있는 것은?

① 오존　　　　② 응축 핵
③ 빙정　　　　④ 미세먼지

해설

빙정(Ice Crystal)은 대기 중의 얼음 결정을 말하며, 보통 6각 기둥의 형태를 띤다.

26 다음 중 일반적으로 뇌우의 적운 단계와 관련 있는 것은?

① 말린 구름
② 지속적인 상승 기류
③ 지표면에 비가 내리기 시작
④ 안개

해설

뇌우가 발생할 때 3단계를 거치는데 적운 단계에서는 강한 상승 기류와 폭풍우를 동반하고, 성숙 단계에서는 강한 강수가 내리고, 소멸 단계에서는 강수는 약해지고 구름이 증발하기 시작한다.

27 다음 중 우박을 동반하는 구름은?

① 적운 구름　　　② 적란운 구름
③ 층적운 구름　　④ 말린 구름

해설

적란운은 수직으로 길게 뻗은 구름으로 많은 비를 뿌리며 폭우를 동반한다. 구름 속의 빙정이 얼음덩어리로 발전해 떨어지면 우박이 된다.

28 다음 중 기단의 안정성을 감소시키는 것은?

① 하층부터 가열
② 하층부터 냉각
③ 수증기량의 감소
④ 1.5m 기단의 침하

해설

하층으로부터 가열된 공기가 상승하면 수직으로 적운형 구름이 생성되며 난기류가 형성된다.

29 다음 중 권적운이 렌즈 모양을 할 경우 예상되는 기상 현상은?

① 소낙비　　　　② 난류
③ 착빙　　　　　④ 폭풍

해설

권적운이 렌즈 모양이 되면 UFO와 혼동하기도 하지만 난류가 발생한다.

30 비행에서 착빙이 발생할 경우 매우 위험하다. 다음이 설명하는 착빙의 형태로 옳은 것은?

> 수적이 크고 주위 기온이 0~10도인 경우에 항공기 표면을 따라 고르게 흩어지면서 천천히 결빙된다. 얼음은 그 표면에서 윤이 나며 투명 또는 반투명하다. 또한 무겁고 단단하며 항공기 표면에 단단하게 붙어 있어 항공기 날개의 형태를 변형시키므로 구조 착빙 중에서 가장 위험한 형태이다.

① 맑은 착빙(Clear Icing)
② 서리 착빙(Frost Icing)
③ 거친 착빙(Rime Icing)
④ 혼합 착빙(Mixed Icing)

31 다음 중 대기 중의 수증기량을 나타낸 것은?

① 기압　　　　　② 안개
③ 습도　　　　　④ 이슬비

정답 25 ③　26 ②　27 ②　28 ①　29 ②　30 ①　31 ③

32 다음 중 뇌우가 발생할 경우에 항상 함께 동반되는 기상 현상은?

① 소나기   ② 스콜

③ 안개   ④ 번개

33 다음 중 태풍의 세력이 약해져 소멸되기 직전 또는 소멸되어 변하는 기상 현상은?

① 열대성 고기압   ② 열대성 저기압

③ 온대성 고기압   ④ 온대성 저기압

34 다음 중 하층운으로 분류되는 구름은?

① St(층운)   ② Cu(적운)

③ As(고층운)   ④ Ci(권운)

35 다음 중 겨울에는 대륙에서 해양으로, 여름에는 해양에서 대륙으로 부는 바람은?

① 편서풍   ② 계절풍

③ 해풍   ④ 대륙풍

36 다음 중 열대성 저기압에 대한 설명으로 올바르지 않은 것은?

① 열대 지방을 발원지로 하고 폭풍우를 동반한 저기압을 총칭해서 열대성 저기압이라고 한다.

② 미국을 강타하는 허리케인과 인도 지방을 강타하는 사이클론이 있다.

③ 발생 수는 7월경부터 증가해 8월에 가장 왕성하고 9월, 10월에 서서히 줄어든다.

④ 하층에는 태풍 진행 방향의 좌측 반원에서 태풍 기류와 일반 기류가 같은 방향이 되기 때문에 풍속이 더욱 강해진다.

37 다음 중 산악 지방에서 주간에 산 사면이 햇빛을 받아 온도가 상승해 산 사면을 타고 올라가는 바람은?

① 산풍   ② 곡풍

③ 육풍   ④ 푄(Foehn) 현상

38 다음 중 공기의 온도가 증가하면 기압이 낮아지는 이유에 대한 설명으로 옳은 것은?

① 가열된 공기는 가볍기 때문이다.

② 가열된 공기는 무겁기 때문이다.

③ 가열된 공기는 유동성이 있기 때문이다.

④ 가열된 공기는 유동성이 없기 때문이다.

39 다음 중 일정 기압의 온도를 하강시켰을 때 대기가 포화되어 수증기가 작은 물방울로 변하기 시작할 때의 온도를 무엇이라고 하는가?

① 포화온도 ② 노점온도
③ 대기온도 ④ 상대온도

해설

노점온도는 습한 공기가 냉각되면서 공기 중의 수증기가 응결되기 시작하는 온도를 말한다.

40 다음 중 한랭전선의 특징에 포함되지 않는 것은?

① 적운형 구름을 발생시킨다.
② 따뜻한 기단 위에 형성된다.
③ 좁은 지역에 소나기나 우박이 내린다.
④ 온난전선에 비해 이동 속도가 빠르다.

해설

한랭전선은 따뜻한 기단 아래에 형성되며 적란운을 발생시켜 소나기가 내린다.

41 다음 중 찬 기단이 따뜻한 기단 쪽으로 이동할 때 생기는 전선은?

① 온난전선 ② 한랭전선
③ 정체전선 ④ 폐색전선

해설

한랭전선은 찬 공기가 따뜻한 공기 밑으로 파고 들어가 형성된다.

42 다음 중 따뜻한 해면 위를 덮고 있던 기단이 차가운 해면으로 이동하였을 때 발생하는 안개는?

① 방사 안개 ② 활승안개
③ 증기안개 ④ 바다안개

해설

바다안개는 따뜻한 해면의 공기가 찬 해면으로 이동할 때 생기며, 우리나라에서는 주로 4~10월에 나타난다.

43 다음 중 안개에 대한 설명으로 올바르지 않은 것은?

① 공중에 떠돌아다니는 작은 물방울의 집단으로 지표면 가까이에서 발생한다.
② 수평 가시거리가 3km 이하가 되었을 때 안개라고 한다.
③ 공기가 냉각되고 포화 상태에 도달하고 응결하기 위한 핵이 필요하다.
④ 바다에서 바람을 동반하면 넓은 지역으로 확대된다.

해설

안개는 수평 가시거리가 1km 미만인 경우를 말한다.

44 다음 중 방사안개라고도 하며 습윤한 공기로 덮여 있는 지표면이 방사 방열한 결과로 하층부터 냉각되어 포화 상태에 도달하면서 발생하는 안개는?

① 복사안개 ② 증기안개
③ 활승안개 ④ 계절풍안개

해설

방사안개는 복사안개라고도 하며, 맑은 날 밤바람이 없고 상대습도가 높을 때 잘 생긴다.

45 다음 중 바람이 생성되는 근본적인 원인은?

① 지구의 자전
② 태양 복사에너지의 불균형
③ 구름의 흐름
④ 대류와 이류현상

46 다음 중 안개가 발생하기 적합한 조건에 포함되지 않는 것은?

① 대기가 안정될 것
② 냉각 작용이 있을 것
③ 강한 난류가 존재할 것
④ 대기 중에 습도가 많을 것

정답 39 ② 40 ② 41 ② 42 ④ 43 ② 44 ① 45 ② 46 ③

바람이 불지 않고 대기가 안정되어야 안개가 발생한다.

47 다음 중 섭씨(Celsius) 0℃는 화씨(Fahrenheit) 몇 도인가?

① 0℉　　　　　　② 32℉

③ 64℉　　　　　　④ 212℉

섭씨 0℃는 화씨 32℉에 해당된다.

48 다음 기압에 대한 설명 중 올바르지 않은 것은?

① 해수면 기압 또는 동일한 기압대를 형성하는 지역을 따라서 그은 선을 등압선이라 한다.

② 고기압 지역에서 공기 흐름은 시계 방향으로 돌면서 밖으로 흘러나간다.

③ 일반적으로 고기압권에서는 날씨가 맑고 저기압권에서는 날씨가 흐린 경향을 보인다.

④ 일기도의 등압선이 넓은 지역은 강한 바람이 예상된다.

등압선이 좁은 지역에서 강한 바람이 분다.

49 다음 중 바람이 고기압에서 저기압 중심부로 불어갈수록 북반구에서는 우측으로 90도 휘게 되는 원인은?

① 편향력　　　　　② 지향력

③ 기압경도력　　　④ 지면마찰력

편향력은 지구 자전의 영향으로 그 속도에 비례하고 운동방향이 북반구에서는 오른쪽, 남반구에는 왼쪽 방향에 수직으로 작용하는 힘이다. 일명 코리올리 힘이라고도 한다.

50 다음 중 주로 봄과 가을에 이동성 고기압과 함께 동진해 와서 한반도에 따뜻하고 건조한 일기를 나타내는 기단은?

① 오호츠크해 기단　② 양쯔강 기단

③ 북태평양 기단　　④ 적도 기단

51 다음 중 해양의 특성인 많은 습기를 함유하고 비교적 찬 공기 특성을 지니고 늦봄, 초여름에 높새바람과 장마전선을 동반하는 기단은?

① 오호츠크해 기단　② 양쯔강 기단

③ 북태평양 기단　　④ 적도기단

52 다음 중 해양성 기단으로 매우 습하고 더우면서 주로 7~8월에 태풍과 함께 한반도 상공으로 이동하는 기단은?

① 오호츠크해 기단　② 양쯔강 기단

③ 북태평양 기단　　④ 적도기단

53 우리나라에 영향을 미치는 기단 중 해양성 한대 기단을 초여름 장마기에 불연속성의 장마전선을 이루어 영향을 미치는 기단은?

① 시베리아 기단　　② 양쯔강 기단

③ 오호츠크해 기단　④ 북태평양 기단

54 공기 중의 수증기의 양을 나타내는 것이 습도이다. 다음 중 습도의 양은 무엇에 따라 달라지는가?

① 지표면의 물의 양

② 바람의 세기

③ 기압의 상태

④ 온도

기온이 높아지면 습도가 낮아진다.

55 일반적으로 한랭전선이 온난전선보다 빨리 이동해 온난전선에 따라붙고 이어서 온난 기단은 한랭전선 위를 타고 올라가게 되어 난기가 지상으로 닫혀버린다. 한랭전선이 온난전선에 따라붙어 합쳐져 중복된 부분을 무엇이라 부르는가?

① 정체전선

② 대류성 한랭전선

③ 북태평양 고기압

④ 폐색 전선

해설

성질이 서로 다른 두 기단의 세력이 비슷할 때 정체전선은 거의 이동하지 않고 일정한 자리에 머물러 있거나 움직여도 매우 느리게 움직이는 전선을 말하며, 한반도에서 초여름에 형성되는 장마전선이 대표적이다.

56 다음 중 북반구 고기압과 저기압의 회전 방향으로 올바른 것은?

① 고기압–시계 방향, 저기압–시계 방향

② 고기압–시계 방향, 저기압–반시계 방향

③ 고기압–반시계 방향, 저기압–시계 방향

④ 고기압–반시계 방향, 저기압–반시계 방향

해설

우리나라에 오는 태풍은 반시계 방향으로 회전한다. 태풍은 저기압이다.

57 다음 중 착빙 현상이 기체에 주는 영향에 대한 설명으로 올바르지 않은 것은?

① 항공기 항력은 증가시키고 양력은 감소시킨다.

② 전방 시계를 방해해 항공기 조작에 부정적인 영향을 준다.

③ 항공기 중력이 감소되어 추진력이 강해진다.

④ 엔진 입구에 착빙 현상이 발생하면 공기 흐름을 방해한다.

해설

착빙 현상이 기체에 주는 영향은 다음과 같다.

• 항공기의 항력과 중력이 증가되고 양력은 감소된다.

• 전방 시계, 승무원 시정 등이 악화되어 항공기 조작에 부정적인 영향이 미친다.

• 장비 기능이 저하될 수 있으며 프로펠러의 경우 떨림 현상이 발생할 수 있다.

58 다음 중 착빙에 대한 설명으로 올바르지 않은 것은?

① 착빙은 지표면의 기온이 낮은 겨울철에만 발생한다.

② 항공기의 이륙을 어렵게 하거나 불가능하게도 할 수 있다.

③ 항공기의 양력을 감소시킨다.

④ 항공기의 추력을 감소시키고 항력은 증가시킨다.

해설

착빙현상은 항공기의 비행고도가 높을 경우 계절에 관계없이 발생한다.

59 다음 중 물방울이 비행장치의 표면에 부딪히면서 표면을 덮은 수막이 천천히 얼어붙어 투명하고 단단한 착빙은?

① 혼합 착빙   ② 거친 착빙

③ 서리 착빙   ④ 맑은 착빙

해설

맑은 착빙은 수적이고 크고 기온이 0~10℃인 경우에 항공기 표면을 따라 고르게 흩어지면서 결빙한다.

60 대기권 중 지면에서 약 11km까지를 말하며, 대기의 최하층으로 끊임없이 대류가 발생해 기상 현상이 나타나는 부분은?

① 성층권   ② 대류권

③ 중간권   ④ 열권

61 다음 중 표준대기 혼합기체의 비율로 맞는 것은?

① 산소 78%, 질소 21%, 기타 1%

② 산소 50%, 질소 50%, 기타1%

③ 산소 21%, 질소 1%, 기타78%

④ 산소 21%, 질소 78%, 기타1%

62 다음 중 해수면에서의 표준 온도와 표준 압은?

① 15℃, 29.92inHg

② 59℃, 29.92inHg

③ 59℉, 1013.2inHg

④ 15℃, 1013.2inHg

63 다음 중 등압선에 대한 설명으로 올바르지 않은 것은?

① 등압선은 기압이 일정한 지역을 연결한 선이다.

② 등압선의 간격이 좁으면 강풍이 있다.

③ 등압선의 간격이 넓으면 바람이 안정되어 있다.

④ 등압선은 등고선과 밀접하게 연관되어 있다.

64 다음 중 ICAO의 표준 대기조건에서 1,000ft당 기온은 몇 ℃씩 떨어지는가?

① 1℃

② 2℃

③ 3℃

④ 4℃

65 다음 중 적도 부근에서 발생하는 태풍은?

① 열대성 고기압

② 열대성 저기압

③ 열대성 폭풍

④ 온대성 저기압

66 다음 중 기온 차이가 나는 큰 공기덩어리가 서로 만나는 면은?

① 기단

② 등압선

③ 등고선

④ 전선

67 다음 중 해륙풍과 산곡풍에 대한 설명으로 올바르지 않은 것은?

① 낮에 바다에서 육지로 공기가 이동하는 것을 해풍이라 한다.

② 밤에 육지에서 바다로 공기가 이동하는 것을 육풍이라 한다.

③ 낮에 골짜기에서 산 정상으로 공기가 이동하는 것을 곡풍이라 한다.

④ 밤에 산 정상에서 산 아래로 공기가 이동하는 것을 곡풍이라 한다.

68 다음 중 시정의 종류에 포함되지 않은 것은?

① 기상학적 시정

② 우시정(우세 시정)

③ 활주로 시정

④ 좌시정

> **해설**
>
> 시정의 종류에는 기상학적 시정, 우시정(우세 시정), 활주로 시정, 활주로 가시거리, 수직 시정, 경사 시정 등이 있다. 좌시정은 없다.

69 다음 중 우시정에 대한 설명으로 올바르지 않은 것은?

① 방향에 따라 보이는 시정이 다를 때 따르는 시정 값이다.

② 방향별 시정에 해당하는 각도를 최대치부터 더해 시정 값을 구한다.

③ 방향별 시정 각도 합이 180° 이상이 될 때 우시정으로 한다.

④ 국제적으로 사용되고 있는 일반적인 시정이다.

> **해설**
>
> 국제적으로 사용되고 있는 시정은 최단 시정이다.

70 다음 중 한국에 영향을 주는 계절별 기단에 대한 설명으로 올바른 것은?

① 겨울 – 양쯔강 기단

② 봄, 가을 – 시베리아 기단

③ 초여름 – 오호츠크해 기단

④ 가을 – 적도 기단

> **해설**
>
> 겨울철에는 시베리아 기단, 봄과 가을에는 양쯔강 기단, 여름에는 북태평양 기단 및 적도 기단(주로 태풍기), 초여름에는 오호츠크해 기단의 영향을 받는다.

71 다음 중 태풍의 지역별 명칭이 올바르게 연결된 것은?

① 필리핀 근해 : 허리케인

② 북대서양, 카리브해, 멕시코만, 북태평양 동부 : 태풍

③ 인도양, 아라비아해, 뱅골만 : 사이클론

④ 북태평양 부근 : 윌리윌리

> **해설**
>
> • 필리핀 근해에서 발생하는 것은 태풍
>
> • 북대서양, 카리브해, 멕시코만, 북태평양 동부에서 발생하는 것은 허리케인
>
> • 인도양, 아라비아해, 뱅골만 등에서 생기는 것은 사이클론
>
> • 오스트레일리아 부근 남태평양에서 발생하는 것은 윌리윌리

72 다음 중 안개에 대한 설명으로 올바르지 않은 것은?

① 상대습도가 97%가 되면 안개가 발생한다.

② 대기 중의 수증기가 응결해 커지면서 지표면에 접해 있는 것이다.

③ 농도에 따라 안개, 실안개, 옅은 안개, 언 안개 등으로 구분할 수 있다.

④ 해상에서는 한랭 건조한 공기가 찬 지면으로 이류해 발생한다.

> **해설**
>
> 해상에서의 안개는 온난 다습한 공기가 찬 지면으로 이류해 발생한다. 참고로 안개의 가시거리는 수평 가시거리가 1km 이하일 때이다.

73 다음 중 항공고시보(NOTAM)의 유효기간으로 옳은 것은?

① 1개월 ② 3개월

③ 6개월 ④ 1년

> **해설**
>
> 항공고시보는 28일마다 발간되는데 간행물의 유효일자 이후 최소 7일 이상 유효한 정보도 포함된다.

74 바람의 방향이나 세기가 갑자기 바뀌는 현상을 윈드시어라고 한다. 다음 중 윈드시어의 원인에 포함되지 않는 것은?

① 대규모 전선대

② 지구의 자전 속도

③ 빠른 해륙풍

④ 복사 역전층

해설
지구의 자전 속도는 일정하기 때문에 윈드시어의 원인이라고 보기 어렵다.

75 다음 중 우리나라 평균해수면 높이를 0m로 선정하여 평균 해수면의 기준이 되는 지역은?

① 영일만   ② 순천만

③ 인천만   ④ 강화만

76 다음 중 지구의 기상에서 일어나는 변화의 가장 근본적인 원인은?

① 해수면의 온도 상승

② 구름의 양

③ 지구 표면에 받아들이는 태양에너지의 변화

④ 구름의 대이동

77 다음 중 가열된 공기와 냉각된 공기의 수직순환 형태를 무엇이라고 하는가?

① 복사   ② 전도

③ 대류   ④ 이류

78 다음 중 유체의 수평적 이동현상으로 맞는 것은?

① 복사   ② 이류

③ 대류   ④ 전도

79 대기 중에서 가장 많은 기체는 무엇인가?

① 산소   ② 질소

③ 이산화탄소   ④ 수소

80 운량의 구분 시 하늘의 상태가 0/8일 때를 무엇이라 하는가?

① BKN   ② CLR

③ SCT   ④ OVC

해설
• 항공기상 업무를 담당하고 있는 항공기상대나 공군에서는 기상청의 기상업무와는 조금 다르게, 운량을 8분수(octal)로 나타내고 있다.

약어	용어	8등분
SKC	sky clear	0
FEW	few clouds	1/8~2/8
SCT	scattered	3/8~4/8
BKN	broken	5/8~7/8
OVC	overcast	8/8

• 기상청에서는 운량은 10분수를 사용하여 관측한다.

81 다음 중 이슬, 안개 또는 구름이 형성될 수 있는 조건은?

① 수증기가 응축될 때

② 수증기가 존재할 때

③ 기온과 노점이 같을 때

④ 수증기가 없을 때

82 물체의 온도와 열에 관한 용어의 정의 중 틀린 것은?

① 물질의 온도가 증가함에 따라 열에너지를 흡수할 수 있는 양은 열량이다.

② 물질 1g의 온도를 1℃ 올리는 데 요구되는 열은 비열이다.

③ 일반적인 온도계에 의해 측정된 온도를 현열이라 한다.

④ 물질을 하위 상태로 변화시키는 데 요구되는 열에너지를 잠열이라 한다.

83 다음 중 기온에 관한 설명으로 틀린 것은?

① 태양열을 받아 가열된 대기(공기)의 온도이며 햇빛이 잘 비치는 상태에서 얻어진 온도이다.

② 1.2~1.5m 높이에서 관측된 공기의 온도를 말한다.

③ 해상에서 측정할 때는 선박의 높이를 고려하여 약 10m의 높이에서 측정한 온도를 사용한다.

④ 흡수된 복사열에 의한 대기의 열을 기온이라 하고 대기 변화의 중요한 매체가 된다.

해설

햇빛이 가려진 상태에서 10분간 통풍을 하여 얻어진 온도이다.

84 다음 중 액체 물방울이 섭씨 0℃ 이하의 기온에서 응결되거나 액체 상태로 지속되어 남아 있는 물방울을 무엇이라 하는가?

① 물방울　　② 과냉각수

③ 빙정　　　④ 이슬

해설

과냉각수는 항공기나 드론 등 비행체에 붙어서 결빙되면 착빙된다.

85 다음 중 국제민간항공기구(ICAO)의 표준대기 조건이 잘못된 것은?

① 대기는 수증기가 포함되어 있지 않은 건조한 공기이다.

② 대기의 온도는 통상적인 0℃를 기준으로 하였다.

③ 해면상의 대기압력은 수은주의 높이 760mm를 기준으로 하였다.

④ 고도에 따른 온도 강하는 -56.5℃ (-67.7°F)가 될 때까지는 -2℃/1,000ft 이다.

해설

표준대기 온도는 해면상의 -15℃를 기준으로 하였다.

86 다음 중 공기밀도가 높아지면 나타나는 현상으로 맞는 것은?

① 입자가 증가하고 양력이 증가한다.

② 입자가 증가하고 양력이 감소한다.

③ 입자가 감소하고 양력이 증가한다.

④ 입자가 감소하고 양력이 감소한다.

87 다음 중 공기밀도에 관한 설명으로 틀린 것은?

① 온도가 높아질수록 공기밀도도 증가한다.

② 일반적으로 공기밀도는 하층보다 상층이 낮다.

③ 수증기가 많이 포함될수록 공기밀도는 감소한다.

④ 국제표준대기(ISA)의 밀도는 건조 공기로 가정하였을 때의 밀도이다.

해설

온도가 높으면 공기밀도가 희박하여 감소한다.

88 다음 중 고기압에 대한 설명으로 잘못된 것은?

① 고기압은 주변 기압보다 상대적으로 기압이 높은 곳에서 주변의 낮은 곳으로 시계 방향으로 분다.

② 주변에는 상승 기류가 있고 단열승온으로 대기 중 물방울은 증발한다.

③ 구름이 사라지고 날씨가 좋아진다.

④ 중심 부근은 기압경도가 비교적 작아서 바람은 약하다.

해설

고기압 주변에는 하강 기류가 있다.

89 다음 중 북반구에서 고기압의 바람 방향과 형태로 옳은 것은?

① 고기압을 중심으로 시계 방향으로 회전하고 발산한다.

② 고기압을 중심으로 시계 방향으로 회전하고 수렴한다.

③ 고기압을 중심으로 반시계 방향으로 회전하고 발산한다.

④ 고기압을 중심으로 반시계 방향으로 회전하고 수렴한다.

90 다음 중 저기압에 대한 설명으로 옳지 않은 것은?

① 주변보다 상대적으로 기압이 낮은 부분이다.

② 하강 기류에 의해 구름과 강수 현상이 있다.

③ 저기압은 전선의 파동에 의해 생긴다.

④ 저기압 내에서는 주위보다 기압이 낮으므로 사방으로부터 바람이 불어 들어온다.

> **해설**
> 저기압 지역의 기류는 상승 기류이다.

91 다음 중 일기도상에서 등압선에 대한 설명으로 옳은 것은?

① 조밀하면 바람이 강하다.

② 조밀하면 바람이 약하다.

③ 서로 다른 기압 지역을 연결한 선이다.

④ 조밀한 지역은 기압 경도력이 매우 작은 지역이다.

92 다음 중 온난전선이 지나가고 난 뒤 일어나는 현상으로 옳은 것은?

① 바람이 강하다.

② 기온이 내려간다.

③ 기온이 올라간다.

④ 기압은 올라간다.

93 다음 중 공기의 고기압에서 저기압으로의 직접적인 흐름을 방해하는 힘은?

① 구심력

② 원심력

③ 전향력

④ 마찰력

94 다음 중 산바람과 골바람에 대한 설명으로 옳은 것은?

① 산악지역에서 낮에 형성되는 바람은 골바람으로 산 아래에서 산 위(정상)로 부는 바람이다.

② 산바람은 산 정상 부분으로 불고 골바람은 산 정상에서 아래로 부는 바람이다.

③ 산바람과 골바람 모두 산의 경사 정도에 따라 가열되는 정도에 따른 바람이다.

④ 산바람은 낮에, 골바람은 밤에 형성된다.

95 해풍에 대하여 설명한 것 중 가장 적절한 것은?

① 여름철 해상에서 육지 방향으로 부는 바람

② 낮에 해상에서 육지 방향으로 부는 바람

③ 낮에 육지에서 바다로 부는 바람

④ 밤에 해상에서 육지 방향으로 부는 바람

96 다음 중 구름의 형성 조건이 아닌 것은?

① 풍부한 수증기

② 냉각작용

③ 응결핵

④ 시정

97 온난전선의 특징으로 옳지 않은 것은?

① 층운형 구름이 발생한다.

② 천둥과 번개 그리고 돌풍을 동반한 강한 비가 내린다.

③ 찬공기가 밀리는 방향으로 기상변화가 진행한다.

④ 넓은 지역에 걸쳐 적은 양의 따뜻한 비가 오랫동안 내린다.

98 북반구 저기압에 대한 설명으로 옳지 않은 것은?

① 시계 방향으로 바람이 불며 맑은 날씨를 보인다.

② 상승기류가 있다.

③ 시계 반대 방향으로 바람이 분다.

④ 악기상 및 비를 동반한다.

해설

북반구 저기압의 특징 : 상승기류 및 시계 반대 방향으로 바람이 불고 비와 기상악화를 동반한다.

학습목표

항공법규는 무인항공기 운영에 질서를 잡기 위한 규정·규범으로, 무엇보다 안전비행을 위한 조종자 안전 수칙 및 조종자 준수사항 등을 정한다. 앞으로 무인비행기의 다양화, 보급화됨으로써 항공법규의 역할은 중요하다.

항공법규

Chapter 01 초경량 비행장치에 대한 이해

1 초경량 비행장치

초경량 비행장치란 항공기 경량항공기 외에 공기의 반작용으로 뜰 수 있는 장치로서 자체중량, 좌석 수 등 국토교통부령으로 정하는 기준에 해당하는 동력비행장치, 행글라이더, 패러글라이더, 기구류 및 무인비행 장치 등을 말한다.

2 초경량 비행장치의 종류

1) 동력비행장치

동력을 이용하는 비행장치로서 다음의 기준을 모두 충족하는 고정익비행장치를 말한다.

① 탑승자, 연료 및 비상용 장비의 중량을 제외한 자체중량이 115kg 이하일 것.

② 좌석이 1개일 것.

2) 회전익 비행장치

① 좌석이 1개인 비행장치로서 탑승자, 연료 및 비상용 장비의 중량을 제외한 해당 장치의 자체중량 이 115kg 이하의 요건을 갖춘 것.

② 1개 이상의 회전익에서 양력을 얻는 비행장치

3) 행글라이더 및 패러글라이더

① 행글라이더

– 탑승자 및 비상용 장비의 중량을 제외한 자체중량이 70kg 이하

– 체중 이동/타면 조종 등의 방법으로 조종하는 비행장치

② 패러글라이더

– 탑승자 및 비상용 장비의 중량을 제외한 자체중량이 70kg 이하

– 날개에 부착된 줄을 이용하여 조종하는 비행장치

4) 기구류

① 유인 자유기구 또는 무인 자유기구

- 기구란 기체의 성질이나 온도차 등으로 발생하는 부력을 이용하여 하늘로 오르는 비행장치이다.
- 기구는 비행기처럼 자기가 날아가고자 하는 쪽으로 방향을 전환하는 그런 장치가 없다. 한 번 뜨면 바람부는 방향으로만 흘러다니는, 그야말로 풍선이다. 같은 기구라 하더라도 운용 목적에 따라 고정을 위한 장치 없이 자유롭게 비행하는 것을 자유기구라고 한다.

② 계류식 기구

비행훈련 등을 위해 케이블이나 로프를 통해서 지상과 연결하여 일정 고도 이상 오르지 못하도록 하는 것을 계류식 기구라고 한다.

5) 무인비행장치

① 무인비행기

- 사람이 타지 않고 무선통신장비를 이용해 조종하거나 내장된 프로그램에 의해 자동으로 비행하는 비행체를 말한다.
- 구조적으로 일반 항공기와 거의 같고 레저용으로 쓰이거나 정찰, 항공촬영, 해안감시 등에 활용된다.

② 무인 헬리콥터

- 사람이 타지 않고 무선통신장비를 이용해 조종하거나 내장된 프로그램에 의해 자동으로 비행하는 비행체를 말한다.
- 구조적으로 일반 회전익 항공기와 거의 같고 항공촬영, 농약 살포 등에 활용되고 있다.

③ 무인 멀티콥터

- 사람이 타지 않고 무선통신장비를 이용하여 조종하거나 내장된 프로그램에 의해 자동으로 비행하는 비행체를 말한다.
- 구조적으로 헬리콥터와 유사하나 양력을 발생하는 부분이 회적익이 아니고 프로펠러 형태이며, 각 프로펠러의 회전수를 조정해 방향과 양력을 조정한다.
- 항공촬영, 농약 살포 등에 활용되고 있다.

④ 무인비행선

- 연료의 중량을 제외한 자체중량이 180kg 이하이고 길이가 20m 이하인 무인비행선, 가스기구와 같은 기구비행체에 스스로의 힘으로 움직일 수 있는 추진장치를 부착해 이동이 가능하도록 만든 비행체이다.
- 추진장치는 전기식 모터, 가솔린 엔진 등이 사용되고 있다.
- 각종 행사 축하비행, 시험비행, 광고에 많이 쓰인다.

6) 동력 패러글라이더

낙하산류에 추진력을 얻는 장치를 부착한 후 아래의 조건 중 어느 하나에 해당하는 비행장치를 말한다.

① 착륙 장치가 없는 비행장치

② 착륙장치가 있고 좌석이 1개이며 탑승자, 연료 및 비상용 장비의 중량을 제외한 해당 장치의 자체 중량이 115kg 이하인 비행장치

③ 조종자의 등에 엔진을 매거나, 패러글라이더에 동체를 연결해 비행하는 두 가지 타입으로 나뉘며, 조종 줄을 사용하여 비행장치의 방향과 속도를 조종한다. 높은 산에서 평지로 날아올라 비행을 즐길 수 있다.

7) 낙하산류

항력을 발생시켜 대기 중을 낙하하는 사람 또는 물체의 속도를 느리게 하는 비행장치를 말한다.

3 초경량 비행장치의 분류

Chapter 02 항공안전법

1 목적

항공안전법은 국제민간항공협약 및 같은 협약의 부속서에서 정한 표준과 권고되는 방식에 따라 항공기, 경량항공기 또는 초경량 비행장치가 안전하게 항행하기 위한 방법을 정함으로써 생명과 재산을 보호하며, 항공기술 발전에 이바지함을 목적으로 한다.

2 용어 정의(항공안전법 제2조)

1) 항공기

공기의 반작용으로 뜰 수 있는 기기로 최대 이륙중량, 좌석 수 등 국토교통부령으로 정하는 기준에 해당하는 비행기, 헬리콥터, 비행선, 활공기와 그 밖에 대통령령으로 정하는 기기를 말한다.

2) 경량항공기

항공기 외에 공기의 반작용으로 뜰 수 있는 기기로서 최대 이륙중량, 좌석 수 등 국토교통부령으로 정하는 기준에 해당하는 비행기, 헬리콥터, 자이로플레인 및 동력패러슈트 등을 말한다.

3) 초경량 비행장치

항공기와 경량항공기 외에 공기의 반작용으로 뜰 수 있는 장치로서 자체중량, 좌석 수 등 국토교통부령으로 정하는 기준에 해당하는 동력비행장치, 행글라이더, 패러글라이더, 기구류 및 무인비행장치 등을 말한다.

4) 초경량 비행장치 사고

초경량 비행장치를 사용하여 비행을 목적으로 이륙하는 순간부터 착륙하는 순간까지 발생한 다음 각 목의 어느 하나에 해당하는 것으로서 국토교통부령으로 정하는 것을 말한다.

① 초경량 비행장치에 의한 사람의 사망 중상, 또는 행방불명

PART 01

PART 02

PART 03

PART 04

PART 05

② 초경량 비행장치의 추락, 충돌 또는 화재 발생

③ 초경량 비행장치의 위치를 확인할 수 없거나 초경량 비행장치에 접근이 불가능한 경우

5) 비행정보구역

항공기, 경량항공기 또는 초경량 비행장치의 안전하고 효율적인 비행과 수색 또는 구조에 필요한 정보를 제공하기 위한 공역으로서 [국제민간항공협약] 및 같은 협약 부속서에 따라 국토교통부장관이 그 명칭, 수직 및 수평 범위를 지정/공고한 공역

6) 영공

대한민국 영토와 [영해 및 접속수역법]에 따른 내수 및 영해의 상공

7) 항공로

국토교통부장관이 항공기, 경량항공기 또는 초경량 비행장치의 항행에 적합하다고 지정한 지도의 표면상에 표시한 공간의 길

8) 항공종사자

① 제34조 1항에 따른 항공종사자 자격 증명을 받은 사람

② 제34조(항공종사자 자격 증명 등) 항공업무에 종사하려는 사람은 국토교통부령으로 정하는 바에 따라 국토교통부장관으로부터 항공종사자 자격 증명을 받아야 한다. 다만, 항공업무 중 무인항공기의 운항 업무인 경우에는 그러하지 아니하다.

* 제35조(자격 증명의 종류) 자격 증명의 종류는 다음과 같이 구분한다.

 – 운송용 조종사 – 사업용 조종사 – 자가용 조종사

 – 부조종사 – 항공사 – 항공기관사

 – 항공교통관제사 – 항공정비사 – 운항관리사

9) 항행안전시설

① [공항시설법] 제2조 제15호에 다른 항행안전시설

② 유선통신, 무선통신, 인공위성, 불빛, 색체 또는 전파를 이용하여 항공기의 항행을 돕기 위한 시설로서 국토교통부령으로 정하는 시설

10) 관제권 ★

비행장 또는 공항과 그 주변의 공역으로서 항공교통의 안전을 위하여 국토교통부장관이 지정/

공고한 공역, 수평 범위는 비행장 또는 공항 반경 5NM(9.3km), 수직 범위는 지표면으로부터 3,000ft~5,000ft

11) 관제구

지표면 또는 수면으로부터 200미터 이상 높이의 공역으로서 항공교통의 안전을 위하여 국토교통부장관이 지정/공고한 공역

12) 관제공역

항공교통의 안전을 위하여 항공기의 비행순서/시기 및 방법 등에 관하여 국토교통부장관 또는 항공교통업무 증명을 받은 자의 지시를 받아야 할 필요가 있는 공역으로 관제권과 관제구가 있다.

13) 통제공역 ★★★

항공교통의 안전을 위하여 항공기의 비행을 금지하거나 제한할 필요가 있는 공역으로 종류는 비행금지구역(P, prohibited area), 비행 제한구역(R, restricted area), 초경량 비행장치 비행 제한구역(URA) 등이 있다.

① 비행 금지구역 : 안전, 국방상, 그 밖의 이유로 항공기의 비행을 금지하는 공역으로 P-73A/B(서울 강북지역), P-518(휴전선 지역), P-61~65(원자력 발전소 및 연구소 지역) 등

② 비행 제한구역 : 항공 사격, 대공 사격 등으로 인한 위험으로부터 항공기의 안전을 보호하거나 그 밖의 이유로 비행 허가를 받지 않은 항공기의 비행을 제한하는 공역으로 R-74, R-75(수도권 인구밀집지역), R-101 등 여러 장소가 있다.

③ 초경량 비행장치 비행 제한구역 : 초경량 비행장치의 비행안전을 확보하기 위해 초경량 비행장치의 비행활동에 대한 제한이 필요한 공역으로 초경량 비행장치 비행구역(UA)을 제외한 전 지역을 말한다(초경량 비행장치 비행구역(UA) 32개 지역을 제외한 전 지역이 초경량 비행장치 비행제한구역이다. 항공안전법 제127조 초경량 비행장치 비행 승인 내용을 참조한다).

14) 주의공역 ★★

항공기의 조종사가 비행 시 특별한 주의/경계/식별 등이 필요한 공역으로 훈련구역, 군 작전 구역, 위험구역, 경계구역 등이 있다.

15) 특별비행

야간 비행 및 가시권 밖 비행 관련 전문검사기관의 검사 결과 국토교통부 장관이 고시하는 무인비행장치 특별비행을 위한 안전기준에 적합하다고 판단되는 경우에 국토교통부장관이 그 범위를 정하여 승인하는 비행을 말한다.

16) 야간비행

일몰 후부터 일출 전까지의 야간에 비행하는 행위를 말한다.

17) 가시권 밖 비행

무인비행장치 조종자가 해당 무인비행장치를 육안으로 확인할 수 있는 범위의 밖에서 조종하는 행위를 말한다.

18) 안전기준 검사

국토교통부장관이 특별 비행 승인 신청서를 접수한 경우에 해당 특별 비행 승인 신청이 특별 비행 안전기준에 적합한지 여부를 확인하기 위하여 실시하는 검사를 말한다.

19) 자동안전장치

무인비행장치 비행 중 통신 두절, 저 배터리, 시스템 이상 등이 발생하는 경우에 해당 무인비행장치가 안전하게 귀환하거나 낙하(낙하산/에어백 등) 할 수 있게 하는 장치를 말한다.

20) 충돌 방지 기능

비행 중인 무인비행장치가 장애물을 감지하여 장애물을 회피할 수 있도록 하는 기능을 말한다.

21) 충돌 방지등

비행 중인 무인비행장치의 충돌 방지를 위하여 주변의 다른 무인비행장치나 항공기 등에서 해당 무인비행장치를 인식할 수 있도록 하는 무선 표지장치를 말한다.

22) 시각보조장치

영상송신기를 통하여 무인비행장치 시점에서 촬영한 영상을 해당 무인비행장치의 조종자 등이 실시간으로 확인할 수 있도록 하는 장치를 말한다.

③ 초경량 비행장치의 항공안전법

항공안전법상 초경량 비행장치는 기체의 무게(종별) 기준으로 법의 체계가 나뉘어진다.

1) 초경량 비행장치 신고

① 신고

초경량 비행장치를 소유하거나 사용할 권리가 있는 자가 소유자 및 비행장치 정보 등을 사전에 신고하는 제도(항공안전법 제122, 123조)

② 신고의 목적

- 장치 신고 관리를 통하여 안전 관련 위법행위 예방 및 인명과 재산을 보호한다.
- 비행장치 고유번호 관리를 통한 향후의 무인기 교통관리, 드론택시, 택배 상용화에 기여한다.

③ 신고 대상 ★★

- 최대 이륙중량이 2kg을 초과하는 무인비행장치(고정익, 회정익, 무인비행기)
  - 초경량 비행장치의 이륙중량이 25kg을 초과하는 1종 무인비행장치
  - 초경량 비행장치의 이륙중량이 7kg 초과 25kg까지의 2종 무인비행장치
  - 초경량 비행장치의 이륙 중량이 2kg 초과 7kg까지의 3종 무인비행장치
- ※ 군사 목적으로 사용하는 초경량 비행장치 및 연구기관 등의 연구 목적으로 개발한 비행장치 등은 신고 대상에서 제외된다.

④ 신고 종류 ★★★

- 신규 신고 : 초경량 비행장치를 소유하거나 사용할 권리가 있는 자가 최초로 행하는 신고를 말한다.
- 변경 신고 : 초경량 비행장치의 용도, 소유자 등의 성명이나 명칭 또는 주소, 보관처 등이 변경된 경우 행하는 신고를 말한다.
- 이전 신고 : 초경량 비행장치의 소유권이 이전된 경우 행하는 신고를 말한다.
- 말소 신고 : 초경량 비행장치의 멸실 또는 해체 등의 사유가 발생한 경우 행하는 신고를 말한다.

⑤ 초경량 비행장치 신고서류 및 기간

⊙ 신규신고(30일 이내)

- 초경량 비행장치를 소유하거나 사용할 수 있는 권리가 있음을 증명하는 서류(구매계약서 등)
- 초경량 비행장치 제원 및 성능표(구매 시)
- 초경량 비행장치의 사진(가로 15센티*세로 10센티의 측면사진)

ⓒ 변경신고(30일 이내)

- 초경량 비행장치 신고서에 변경 사유를 증명할 수 있는 서류를 첨부하여 이사장에게 제출

ⓒ 이전신고(30일 이내)

 – 초경량 비행장치 신고서에 이전 사유를 증명할 수 있는 서류를 첨부하여 이사장에게 제출

ⓔ 말소신고(15일 이내)

 – 초경량 비행장치가 파손되었거나 해체된 경우

 – 분실 등으로 2개월 이상 행방이 불분명할 경우

 – 외국에 매도된 경우

 – 신고 대상 기체가 소유자 변경 등으로 인하여 미신고 대상인 경우

⑦ 신고 절차

 – 기체 신고 신청서 작성 및 제출

 – 규정 서식(항공안전법 시행규칙 별지 제116호)에 맞추어 비행장치 및 소유자 정보 기입

 – 법정 제출 서류 스캔, 사진 첨부 및 제출

 – 신고 채널 : 드론 원스탑(https://drone.onestop.go.kr)

　　* 팩스나 이메일, 현장방문을 통해서도 접수가 가능하다.

 – 신고 접수 및 검토 : 담당자는 정보 기입 적정성 확인 후 제출 서류 누락 및 유효성 여부 등을 확인한다.

　　* 신청서 접수 당일부터 7일 내(근무일수 기준) 검토의견 제출이 필요하다.

 – 접수 후 보완 필요시

　　• 보완 요청 및 보완 후 신고번호 및 신고 증명서를 발급받는다.

　　• 보완 필요시 담당자는 보완 사유 명시 후 보완 요청한다.

　　• 보완 요청을 받은 민원인은 정보 수정, 서류 추가 첨부 등을 보완한다.

– 접수 후 보완 불필요 시

- 신청번호 및 신고 증명서를 발급한다.
- 신고 내용에 이상 없을 시 규정된 양식(항공안전법 시행규칙 별지117조)에 맞춰 신고 증명서, 신고번호를 발급한다.
  * 변경, 이전 신고는 기존 신고번호를 유지한다.
  * 신고, 수리기간 : 신규, 변경
- 이전 신고 : 7일 이내
- 말소 신고 : 신고서 도달 시점

⑧ 신고 증명서 인쇄 및 기체 신고번호 표시

– 발급된 신고 증명서 인쇄 후 비행 시에 지참한다.

– 발급된 신고번호는 양식에 맞추어 기체에 표시한다.

  * 상기 사항은 항공안전법 시행규칙 제301조에 의한 의무사항, 미이행 시에는 과태료가 부과된다.

⑨ 신고 후 조치와 관리

– 신고번호 발급 : 국토교통부장관은 초경량 비행장치의 신고를 받은 경우에는 기체 소유자에게 신고번호를 발급하여야 한다.

– 한국교통안전공단 이사장(드론관리처)은 초경량 비행장치의 신고를 받으면 초경량 비행장치 신고 증명서를 기체 소유자에게 발급하여야 하며, 초경량 비행장치 소유자는 비행 시에 이를 휴대하여야 한다.

– 초경량 비행장치 소유자는 초경량 비행장치 신고 증명서의 신고번호를 해당 기체에 표시하여야 하며 표시 방법, 표시 장소 및 크기 등 필요한 사항은 한국교통안전공단(드론관리처)이사장이 정한다.

– 신고번호 표기는 신고번호가 잘 보일 수 있도록 드론 기체에 적정한 방법으로 표기하여야 한다.

⑩ 신고를 필요로 하지 않는 초경량 비행장치(항공안전법 시행령 제24조)

항공법 제122조 제1항 단서에서 "대통령령으로 정하는 초경량 비행장치"란 다음 각 호의 어느 하나에 해당하는 것으로서 [항공사업법]에 따른 항공기 대여업, 항공레저스포츠사업 또는 초경량 비행장치 사용사업에 사용되지 아니하는 것을 말한다.

– 행글라이더, 패러글라이더 등 동력을 이용하지 아니하는 비행장치

– 계류식 기구류(사람이 탑승한 것은 제외한다)

– 계류식 무인비행장치

– 낙하산류

– 무인동력비행장치 중에서 최대 이륙중량이 2킬로그램 이하인 것.

- 무인비행선 중에서 연료의 무게를 제외한 자체 무게가 12킬로그램 이하이고 길이가 7미터 이하인 것.
- 연구기간 등이 시험, 조사, 연구 또는 개발을 위하여 제작한 초경량 비행장치
- 제작자 등이 판매를 목적으로 제작하였으나 판매되지 아니한 것으로서 비행에 사용되지 아니하는 초경량 비행장치
- 군사 목적으로 사용되는 초경량 비행장치

⑪ **시험비행 허가 신청(항공안전법 시행규칙 제304조)**

- 시험비행 대상
  - 영구, 개발 중에 있는 초경량 비행장치의 안전성 여부를 평가하기 위해 시험비행을 하는 경우
  - 안전성 인증을 받은 초경량 비행장치의 성능 개량을 수행하며 안전성 여부를 평가하기 위해 시험비행을 하는 경우
  - 그밖에 국토교통부장관이 필요하다고 인정하는 경우

⑫ **시험비행 허가 신청 제출 서류**

- 해당 초경량 비행장치에 대한 소개서
- 초경량 비행장치의 설계가 기술 기준에 충족함을 입증하는 서류
- 설계도면에 따라 일치되게 제작되었음을 입증하는 서류
- 완성 후 상태. 지상 기능점검 및 성능시험 결과를 확인할 수 있는 서류
- 초경량 비행장치 조종 철차 및 안전성 유지를 위한 정비 방법을 명시한 서류
- 초경량 비행장치 사진(전체 및 측면사진을 말하며, 전자파일로 된 것을 포함) 각 1매
- 시험비행 계획서

2) 항공안전법 안전관리 처벌 기준

① 기체 및 조종자 관련 처벌 기준

종류		장치 및 변경 신고	신고번호 표시	조종자 준수사항	조종자 증명
최대이륙중량 2kg 초과	사업용	○	○	○	250g 초과
	비사업용	○	○	○	250g 초과
최대이륙중량 2kg 이하	사업용	○	○	○	250g 초과
	비사업용	×	×	○	250g 초과

위반 시 처벌 기준	징역	6개월			
	벌금	500만 원			
	과태료	–	100만 원	200만 원	300만 원

② 비행 승인 관련 처벌 기준

종류		안전성 인증 검사	비행 승인			
			비행제한 공역	비행금지 구역	관제권	고도 150m 이상
최대이륙중량 25kg 초과		○	○	○	○	○
최대이륙중량 25kg 이하		×	○	○	○	○
위반 시 처벌 기준	징역	–	–	–	–	–
	벌금	–	200만 원	–	–	–
	과태료	500만 원	–	200만 원	200만 원	200만 원

3) 초경량 비행장치 안전성 인증(항공안전법 제124조)

국토교통부령으로 정하는 초경량 비행장치를 사용하여 비행하려는 사람은 국토교통부령으로 정하는 기관 또는 단체의 장으로부터 그가 정한 안전성 인증의 유효기간 및 절차, 방법 등에 따라 그 초경량 비행장치가 국토교통부장관이 정하여 고시하는 비행안전을 위한 기술상의 기준에 적합하다는 안전성 인증을 받지 아니하고 비행하여서는 아니된다.

① 인증 대상(항공안전법 시행규칙 제305조)

- 동력비행장치(연료 제외 자체중량 115kg 이하, 1인승)
- 행글라이더, 패러글라이더 및 낙하산류(항공레저스포츠사업에 사용되는 것만 해당한다. 행글라이더와 패러글라이더는 자체중량 70kg 이하)
- 기구류(사람이 탑승하는 것만 해당한다)
- 다음 각 목의 어느 하나에 해당하는 무인비행장치
  - 무인비행기, 무인 헬리콥터 또는 무인 멀티콥터 중에서 최대 이륙중량이 25kg을 초과하는 것 (연료 제외 자체중량 150kg 이하)
  - 무인비행선 중에서 연료의 중량을 제외한 자체중량이 12kg을 초과하거나 길이가 7m를 초과하는 것(연료 제외 자체중량 180kg 이하, 길이 20m 이하)

- 회전익비행장치(연료 제외 자체중량 115kg 이하, 1인승)
- 동력패러글라이더(착륙장치가 있는 경우 연료 제외 자체중량 150kg 이하, 1인승)

② 중량기준

최대 이륙중량 25kg을 초과하는 1종 무인비행장치는 항공안전기술원 드론안전본부 경량인증팀

③ 안전기준

초경량 비행장치를 사용하여 비행하려는 자는 비행안전을 위한 기술상의 기준이 적합해야 한다.

④ 인증의 종류

- 초도 인증 : 국내에서 설계/제작하거나 외국에서 국내로 도입된 초경량 비행장치의 안정성을 인증받기 위해 실시하는 인증
- 정기 인증 : 안전성 인증의 유효기간 만료일이 도래되어 새로운 안전성 인증을 받기 위해 실시하는 인증
- 수시 인증 : 초경량 비행장치의 비행안전에 영향을 미치는 대수리 또는 대개조 후에 기술기준에 적합한지를 확인하기 위해 실시하는 인증
- 재인증 : 초도, 정기 또는 수시 인증에서 기술기준에 부적합한 사항에 대해 정비한 후 실시하는 인증

4) 초경량 비행장치 조종자 증명(항공안전법 제125조)

국토교통부령으로 정하는 초경량 비행장치를 사용하여 비행하려는 사람은 국토교통부령으로 정하는 기관 또는 단체의 장으로부터 그가 정한 해당 초경량 비행장치별 자격기준 및 시험의 절차, 방법에 따라 해당 초경량 비행장치의 조종을 위해 발급하는 증명("초경량 비행장치 조종자 증명")을 받아야 한다. 다만, 무인비행장치 중 무인비행기, 무인 헬리콥터 또는 무인 멀티콥터 중에서 연료의 중량을 포함한 최대 이륙중량이 250그램 이하인 것은 제외한다.

① 자격 증명 기준

종별	기준	비고
1종	25kg 초과 자체중량 150kg 이하	＊ 최대 이륙중량 ＊ 사업용 또는 비사업용 모두 해당
2종	7kg 초과 25kg 이하	
3종	2kg 초과 7kg 이하	
4종	250g 초과 2kg 이하	

② 조종 증명 업무 범위

- 1종 무인동력비행장치 : 해당 종류의 1종 기체를 조종하는 행위(2종 업무 범위 포함)
- 2종 무인동력비행장치 : 해당 종류의 2종 기체를 조종하는 행위(3종 업무 범위 포함)
- 3종 무인동력비행장치 : 해당 종류의 3종 기체를 조종하는 행위(4종 업무 범위 포함)
- 4종 무인동력비행장치 : 해당 종류의 4종 기체를 조종하는 행위

③ 조종 자격 증명 비행경력 및 응시자격 기준

중량 및 범위		응시기준
1종	최대이륙중량25kg 초과, 연료중량 제외, 자체중량이 150kg 이하	1. 비행시간 20시간 2. 2종 조종자가 1종 기체 15시간 이상 3. 3종 조종자가 1종 기체 17시간 이상 4. 1종 무인헬리콥터 조종자가 1종 무인멀티콥터 조종 10시간
2종	최대이륙중량이 7kg 초과, 25kg 이하	1. 1종 또는 2종 기체 10시간 이상 2. 3종 조종자가 2종 기체 7시간 이상 3. 2종 무인헬리콥터 조종자 2종 기체 5시간 이상
3종	최대이륙중량이 2kg 초과, 7kg 이하	1. 1,2,3종 기체 비행시간 6시간 이상 2. 3종 무인헬리콥터 조종자 3종 기체 3시간 이상
4종	최대이륙중량이 250g 초과, 2kg 이하	온라인교육

④ 응시자격 ★★

- 연령기준 : 1,2,3종은 만 14세 이상, 4종은 만 10세 이상
- 실기시험 기준
  - 1종 : 1종 기체를 조종한 시간 20시간
    (2종 자격 취득자 5시간, 3종 자격 취득자 3시간 인정)
  - 2종 : 1종 또는 2종 기체를 조종한 시간 10시간(3종 자격 취득자 3시간 인정)
  - 3종 : 1종, 2종 또는 3종 기체를 조종한 시간 6시간
    * 3종은 실기시험 없이 비행경력증명서를 발급받아 관련 서류와 함께 한국교통안전공단에 응시자격 신청을 하면 심의 후 자격증이 발급된다.

⑤ 자격취득 절차

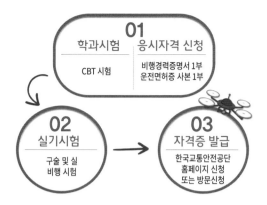

5) 초경량 비행장치 전문교육기관의 지정(항공안전법 제126조)

국토교통부장관은 초경량 비행장치 조종자를 양성하기 위하여 국토교통부령으로 정하는 바에 따라 초경량 비행장치 전문교육기관을 지정할 수 있다.

① 지정을 위한 교통안전공단 제출 서류

- 전문교관의 현황
- 교육시설 및 장비의 현황
- 교육훈련 계획 및 교육훈련 등

② 초경량 비행장치 조종자 전문교육기관의 지정 기준

- 다음 각 목의 전문교관이 있을 것.
  - 비행시간이 200시간(무인비행장치의 경우 조종 경력이 100시간) 이상이고, 국토교통부장관이 인정한 조종교육교관과정을 이수한 지도조종자 1명 이상
  - 비행시간이 300시간(무인비행장치의 경우 조종 경력이 150시간) 이상이고 국토교통부장관이 인정하는 실기평가과정을 이수한 실기평가조종자 1명 이상
- 다음 각 목의 시설 및 장비(시설 미장비에 대한 사용권을 포함한다)를 갖출 것.
  - 강의실 및 사무실 각 1개 이상
  - 이륙/착륙 시설
  - 훈련용 비행장치 1대 이상
- 교육과목, 교육시간, 평가 방법 및 교육훈련규정 등 교육훈련에 필요한 사항으로서 국토교통부장관이 정하여 고시하는 기준을 갖출 것.

④ 초경량 비행장치 비행 관련 안전법

1) 비행 승인 항공안전법 개요

① 초경량 비행장치의 비행안전을 위하여 필요하다고 인정하는 경우에는 초경량 비행장치의 비행을 제한하는 공역을 지정하여 고시할 수 있다.

  ＊ 우리나라는 초경량 비행장치 전용공역(32개)을 제외하고 나머지 전 지역이 초경량 비행장치 비행제한공역으로 지정되어 있다.

② 초경량 비행장치 비행제한공역에서 비행하려는 사람은 국토교통부령으로 정하는 바에 따라 미리 국토교통부장관으로부터 비행 승인을 받아야 한다.

  ＊ 따라서 초경량 비행장치 중 최대 이륙중량이 25kg 이하는 승인없이 비행이 가능하나 최대 이륙중량이 25kg을 초과하는 기체는 승인을 받아야 한다.

2) 비행 승인 항공안전법 정리

① 이륙중량이25kg 초과의 무인비행장치는 초경량 비행장치 전용공역(UA)을 제외한 전 공역에서 사전 비행 승인 후 비행이 가능하다(25kg기체는 일반 공역에서 비행 승인 불필요).

② 이륙중량25kg 이하의 무인비행장치는 금지구역, 제한구역, 관제권이 아닌 지역으로서 고도 150 이하에서는 승인없이 비행이 가능하다.

③ 무게에 관계없이 비행 금지구역 및 관제권에서는 사전 비행 승인없이 비행이 불가하다.

④ 초경량 비행장치 전용공역(UA)에서는 비행 승인없이 비행이 가능하다.

⑤ 초경량 비행장치 종류, 상황별 비행 승인 대상은 다음과 같다.

  – 사업에 사용되는 행글라이더, 패러글라이더, 계류식 무인비행장치, 낙하산류

  – 고도 150m 이상으로 비행하는 경우

  – 관제권 및 비행 금지구역 내에서 비행하는 경우

  – 최대 이륙중량 25kg을 초과하는 경우의 무인동력비행장치(드론)

  – 자체중량(연료 제외) 25kg 초과, 길이 7m를 초과하는 비행선

⑥ 고도 150m의 규정

  – 사람 또는 건축물이 밀집된 지역 : 해당 초경량 비행장치를 중심으로 수평거리 150m(500ft) 범위 안에 있는 가장 높은 장애물의 상단에서 150m

  – 제1호 외의 지역 : 지표면, 수면 또는 물건의 상단에서 150m

3) 비행 승인 신청절차

① 무인동력비행장치(드론)의 비행을 위해서 해당 공역의 관찰 기관에 사전에 '드론 원스탑 민원포털 서비스(https : //drone.onestop.go.kr/)'를 통하여 비행 승인을 받아야 하며, 촬영을 병행할 시에는 비행 승인과는 별도의 항공촬영 허가를 국방부로부터 받아야 한다.

② 비행 승인은 지역에 따라 승인기관이 다르게 되어 있고, 항공사진촬영 허가는 모든 지역을 국방부에서 승인을 담당한다.

5 초경량 비행장치 항공사진 촬영

1) 촬영 승인

① 항공촬영 비행을 위해서는 항공촬영 허가와 별도로 국토교통부에 신고하여야 한다. 다만, 비행 금지구역을 비행할 경우 항공촬영 신청자는 해당 지역의 공역관리기관(합참/수방사/공군 등)의 별도 승인을 얻은 후 국토교통부에 신고해야 한다.

② 군사작전 지역 내 비행 및 군 시설 이용이 필요한 경우에는 사전에 관할군부대와 협조하여야 한다.

③ 책임부대 부대장은 촬영 목적 용도 및 대상 시설/지역의 보안상 중요도 등을 검토하여 항공촬영 허가 여부를 결정하되, 다음에 해당되는 시설에 대하여는 항공사진 촬영을 금지한다.

④ 항공사진 촬영이 금지된 시설

　　－ 국가보안시설 및 군사보안 시설

　　－ 비행장, 군항, 유도탄 기지 등 군사시설

　　－ 기타 군수산업시설 등 국가안보상 중요한 시설/지역

⑤ 감독기관의 장은 촬영금지 시설에 대하여 국익 목적 또는 국가이익상 촬영이 필요할 때에는 그 사유를 첨부하여 해당 책임부대장에게 촬영 협조를 요청할 수 있다. 이 경우 국방부장관(정보본부장)은 국정원장과 협의하여 그 제한을 완화할 수 있다.

⑥ 국방부장관은 항공촬영 허가 시 관련 기관 및 업체의 업무를 고려하여 촬영허가 기간을 관공서(최장 3개월), 촬영업체/개인(최장 1개월) 이내에서 허가할 수 있다.

⑦ 전국 단위 초경량 비행장치(드론) 항공촬영 승인은 육군 제17보병사단(정보참모처)에서 실시하며 보안조치는 해당 책임 지역 부대장이 실시한다.

⑧ 항공촬영 업체 및 기관에서 부득이한 사정으로 인해 촬영 일정, 촬영 대상, 촬영관계자, 항공기 이착륙지 등 촬영 허가된 내용을 변경할 경우에는 촬영을 승인한 부대에 재허가를 받아야 한다.

2) 신청방법

항공사진 촬영 신청은 촬영 4일 전(천재지변에 의한 긴급보도 등 부득이한 경우는 제외)까지 인터넷

드론 원스톱 민원처리 시스템(https : //drone.onestop.go.kr/)의 항공사진 촬영 허가 신청서를 제출한다.

6 초경량 비행장치 조종자 준수사항 ★★

초경량 비행장치의 조종자는 초경량 비행장치로 인하여 인명이나 재산에 피해가 발생하지 아니하도록 국토교통부령으로 정하는 준수사항을 지켜야 한다.

① **초경량 비행장치 조종자는 법 제129조 제1항에 따른 금지행위**
- 인명이나 재산에 위험을 초래할 우려가 있는 낙하물을 투하하는 행위
- 주거지역, 상업지역 등 인구가 밀집된 지역이나 그 밖에 사람이 많이 모인 장소의 상공에서 인명 또는 재산에 위험을 초래할 우려가 있는 방법으로 비행하는 행위
- 법 제79조 제1항에 따른 관제공역/통제공역/주의공역에서 비행하는 행위. 다만, 법 제127조에 따라 비행 승인을 받은 경우와 다음 각 목의 행위는 제외한다.
  - 군사 목적으로 사용되는 초경량 비행장치를 비행하는 행위
  - 다음의 어느 하나에 해당하는 비행장치를 별표23 제2호에 따른 관제권 또는 비행 금지구역이 아닌 곳에서 제199조 제1호나 목에 따른 최저비행고도(150미터) 미만의 고도에서 비행하는 행위(무인비행기, 무인 헬리콥터 또는 무인 멀티콥터 중 최대 이륙중량이 25킬로그램 이하인 것)
- 안개 등으로 인하여 지상목표물을 육안으로 식별할 수 없는 상태에서 비행하는 행위
- 비행시정 및 구름으로부터의 거리기준을 위반하여 비행하는 행위
- 일몰 후부터 일출 전까지의 야간에 비행하는 행위(다만 특별 비행 허가를 받은 경우는 제외)
- [주세법] 제3조 제1호에 따른 주류, [마약류 관리에 관한 법률] 제2조 제1호에 따른 마약류 또는 [화학물질관리법] 제22조 제1항에 따른 환각물질 등(이하 "주류등"이라 한다)의 영향으로 조종업무를 정상적으로 수행할 수 없는 상태에서 조종하는 행위 또는 비행 중 주류 등을 섭취하거나 사용하는 행위
- 그 밖에 비정상적인 방법으로 비행하는 행위

② 초경량 비행장치 조종자는 항공기 또는 경량항공기를 육안으로 식별하여 미리 피할 수 있도록 주의하여 비행

③ 동력을 이용하는 초경량 비행장치 조종자는 모든 항공기, 경량항공기 및 동력을 이용하지 아니하는 초경량 비행장치에 대하여 진로를 양보

④ 무인비행장치 조종자는 해당 무인비행장치를 육안으로 확인할 수 있는 범위에서 조종하여야 한다(다만, 허가를 득한 경우 제외).

⑤ [항공사업법] 제50조에 따른 항공레저스포츠사업에 종사하는 초경량 비행장치 조종자는 다음 각 호의 사항을 준수하여야 한다.

- 비행 전에 해당 초경량 비행장치의 이상 유무를 점검하고, 이상이 있을 경우에는 비행을 중단할 것.
- 비행 전에 비행안전을 위한 주의사항에 대하여 동승자에게 충분히 설명할 것.
- 해당 초경량비행장치의 제작자가 정한 최대 이륙중량을 초과하지 아니하도록 비행할 것.

⑥ 비행 시 유의사항

- 군 방공비상사태 인지 시 즉시 비행을 중지하고 착륙할 것.
- 항공기 부근에 접근하지 말 것. 특히 헬리콥터의 아래쪽에는 Down wash가 있고, 대형 및 고속항공기의 뒤쪽 및 부근에는 Turbulence가 있음을 유의할 것.
- 군 작전 중인 전투기가 불시에 저고도 및 고속으로 나타날 수 있음을 항상 유의할 것.
- 다른 초경량 비행장치에 불필요하게 가깝게 접근하지 말 것.
- 비행 중 사주경계를 철저히 할 것.
- 태풍 및 돌풍이 불거나 번개가 칠 때, 또는 비나 눈이 내릴 때에는 비행하지 말 것.
- 비행 중 비정상적인 방법으로 기체를 흔들거나 자세를 기울이거나 급상승, 급강하하거나 급선회를 하지 말 것.
- 제원에 표시된 최대 이륙중량을 초과하여 비행하지 말 것.
- 이륙 전 제반 기체 및 엔진 안전점검을 할 것.
- 주변에 지상 장애물이 없는 장소에서 이착륙할 것.
- 야간에는 비행하지 말 것(특별허가를 받은 경우는 제외).
- 음주 약물복용 상태에서 비행하지 말 것.
- 초경량 비행장치를 정해진 용도 이외의 목적으로 사용하지 말 것.
- 비행금지공역, 비행제한공역, 위험공역, 경계구역, 군부대 상공, 화재발생지역 상공, 해상화학공업단지, 기타 위험한 구역의 상공에서 비행하지 말 것.
- 공항 및 대형 비행장 반경 약 9.3km 이내에서 관할 관제탑의 사전 승인 없이 비행하지 말 것.
- 고압송전선 주위에서 비행하지 말 것.
- 추락, 비상착륙 시 인명, 재산의 보호를 위해 노력할 것.
- 인명이나 재산에 위험을 초래할 우려가 있는 낙하물을 투하하지 말 것.
- 인구가 밀집된 지역, 기타 사람이 운집한 장소의 상공을 비행하지 말 것.

⑦ 조종자 안전수칙 ★★★

- 조종자는 항상 경각심을 가지고 사고를 예방할 수 있는 방법으로 비행해야 한다.
- 비행 중 비상사태에 대비하여 비상절차를 숙지하고 있어야 하며, 비상사태에 직면하여 비행장치에 의해 인명과 재산에 손상을 줄 수 있는 가능성을 최소화할 수 있도록 고려하여야 한다.

- 드론 비행장소가 안개 등으로 인하여 지상 목표물을 식별할 수 있는지 비행 중의 드론을 명확히 식별할 수 있는 시정인지를 비행 전에 필히 확인하여야 한다.

- 가급적 이륙 시 육안을 통해 주변상황을 지속적으로 감지할 수 있는 보조요원 등과 이착륙 시 활주로에 접근하는 내/외부인의 부주의한 접근을 통제할 수 있는 지상안전 요원이 배치된 장소에서 비행하여야 한다.

- 아파트 단지, 도로, 군부대 인근, 원자력 발전소 등 국가 중요 시설, 철도, 석유, 화학, 가스, 화약 저장소, 송전소, 변전소, 송전선, 배전선 인근, 사람이 많이 모인 대형 행사장 상공 등에서 비행해서는 안 된다.

- 전신주 주위 및 전선 아래에 저고도 미식별 장애물이 존재한다는 의식 하에 회피기동을 하여야 하며, 사고 예방을 위해 전신주 사이를 통과하는 것은 자제한다.

- 비행 중 원격 연료량 및 배터리 지시계를 주의 깊게 관찰하며, 잔여 연료량 및 배터리 잔량을 확인하여 계획된 비행 안전을 안전하게 수행하여야 한다.

- 드론에 탑재되는 짐벌 등을 안전하게 고정하여 추락사고가 발생하지 않도록 하여야 하며, 드론 비행 성능을 초과하는 무게의 탑재물을 설치하지 말아야 한다.

- 비행 중 원격제어장치, 원격계기 등의 이상이 있음을 인지하는 경우에는 즉시 가까운 이착륙 장소에 안전하게 착륙하여야 한다.

- 연료 공급 및 배출 시, 이착륙 직후, 밀폐된 공간 작업 수행 시 흡연을 금지하여야 하며, 음주 후 비행은 금지하여야 한다.

- 충돌사고를 방지하기 위해 다른 비행체에 근접하여 드론을 비행하여서는 안 되며 편대비행을 하여서는 안 된다.

- 드론 조종자는 항공기를 육안으로 식별하여 미리 피할 수 있도록 주의하여 비행하여야 하며 다른 모든 항공기에 대하여 최우선적으로 진로를 양보하여야 하고, 발견 즉시 충돌을 회피할 수 있도록 조치를 해야 한다.

- 가능한 운영자 또는 보조자를 배치하여 다른 비행체 발견과 회피를 위해 외부 경계를 지속적으로 유지하여야 한다.

- 군 작전 중인 헬기, 전투기가 불시에 저고도, 고속으로 나타날 수 있음을 항상 유의한다.

  * 조종자 안전 수칙은 조종자 준수사항과 동일하게 준수하여야 하며, 벌금 및 과태료 등 모두 동일하게 적용받는다.

7 초경량 비행장치 사고와 보험

1) 초경량 비행장치 사고

① 개념

초경량 비행장치를 사용하여 비행을 목적으로 이륙하는 순간부터 착륙하는 순간까지 발생한 다음 각 목의 어느 하나에 해당되는 것으로서 국토교통부령으로 정하는 것을 말한다.

- 초경량 비행장치에 의한 사람의 사망, 중상 또는 행방불명
- 초경량 비행장치의 추락, 충돌 또는 화재 발생
- 초경량 비행장치의 위치를 확인할 수 없거나 초경량 비행장치에 접근이 불가능한 경우

② 사고 발생 시 조치사항

- 인명구호를 위해 신속히 필요한 조치를 취할 것.
- 사고 조사를 위해 기체, 현장을 보존할 것.
- 사고 조사에 도움이 될 수 있는 정황 및 장비 상태에 대한 사진 및 동영상 자료를 세부적으로 촬영할 것.

③ 사고의 보고절차

- 초경량 비행장치 사고를 일으킨 조종자 또는 그 초경량 비행장치 소유자 등은 다음 각 호의 사항을 관할 지방항공청장 및 항공철도사고조사위원회에 보고하여야 한다.
- 조종자 및 그 초경량비행장치 소유자 등의 성명 또는 명칭
- 사고가 발생한 일시 및 장소
- 초경량 비행장치의 종류 및 신고번호
- 사고의 경위
- 사람의 사상 또는 물건의 파손 개요
- 사상자의 성명 등 사상자의 인적사항 파악을 위하여 참고가 될 사항

2) 초경량 비행장치 보험

① 개념

- 초경량 비행장치를 초경량 비행장치 사용사업, 항공기 대여업 및 항공레저스포츠사업에 사용하려는 자와 무인비행장치 등 국토교통부령으로 정하는 초경량 비행장치를 소유한 국가, 지방자치단체, [공공기관의 운영에 관한 법률] 제4조에 따른 공공기관은 국토교통부령으로 정하는 보험 또는 공제에 가입하여야 한다.

– 영리목적으로 사용되는 드론은 항공사업법 제70조 및 자동차손해배상 보장법 시행령 제3조에서 규정하고 있는 손해액에 부합하는 보험을 기체별로 가입해야 한다.

② **보험의 종류**

– 대인/대물(배상책임보험) : 모든 사용사업자 필수
- 사고 시 배상 대상 : 대인, 대물
- 보상금액 한도 : 사용사업을 위한 기본 요구사항으로서 1인/건당 1.5억 원 배상가액
- 보험료 : 30~50만 원
– 자차보험(항공보험 등) : 교육기관 비행장치 권유, 기타 사용사업자 선택
- 사고 시 배상 대상 : 자가 장비
- 보상금액 한도 : 수리비용 보상 한도에서 설계
- 보험료 : 무인 헬리콥터(약 2천만 원/대당), 무인 멀티콥터(약 350만 원/대당)

③ **보험 배상처리 전 사전 조건 및 준비사항**

– 조종사 : 유자격자 조종 필수
– 방제 비행 시 : 신호수 편성 운용 필수
– 교육원 교관 입회 조종 필수
– 개인비행시간기록부/기체비행시간기록부/정비이력부 작성 필수
– 조종기 비행로그 제공/기체 비행로그 제공
– 사고 발생 시 현장 사진/동영상 촬영 유지
– 정기점검 : 부품별 정비 및 비행기록 유지. 조종자 비행기록 유지
– 항공안전법 등 법 규정을 위반한 사고일 경우 심각성에 따라 보상 규모를 제한받을 수 있다.
– 할인할증제도 실시 : 조종자 개인 및 소속 기관별 할인/할증 제도가 있으며, 안전한 운항을 통해서 보험료 감면받을 수 있다.

Chapter 03 공역

1 공역

1) 공역의 개념

공역이란 항공기, 경량항공기, 초경량 비행장치 등의 안전한 활동을 보장하기 위하여 지표면 또는 해수면으로부터 일정 높이의 특정 범위로 정해진 공간을 말한다.

2) 공역의 의미

① 공역은 민·군 항공활동을 위해 활용되고 국가자원으로서의 가치를 보유하고 있으며, 항행안전관리·주권보호·국가방위 목적으로 공역을 설정·운영한다.

② 항행안전 및 효율적인 관리를 위하여 사용목적 등 특성에 따라 공역을 세분하여 운영한다.

③ 각 국가는 영공 및 방공식별구역 등 주권행사와 국가 방위 목적의 공역을 설정하여 운영한다.

3) 관제공역 및 비관제 공역

① 관제공역

항공기의 안전운항을 위하여 규제가 가해지고 인력과 장비가 투입되어 적극적으로 항공교통관제업무가 제공되는 공역이다.

② 비관제 공역

항공관제 능력이 미치지 않아 서비스를 제공할 수 없는 공해 상공의 공역 또는 항공 교통량이 아주 적어 공중 충돌 위험이 크지 않아서 항공관제업무 제공이 비경제적이라고 판단되어 항공교통관제업무가 제공되지 않는 공역이다.

4) 공역구조

① 전 세계 8대 항행안전관리권역으로 분할

국제민간항공기구(ICAO)는 전 세계 공역을 태평양, 북미, 카리브, 남미, 북대서양, 아프리카/인도양, 중동/아시아 8개 권역으로 분할하여 관리하고 있다.

② 비행정보구역(FIR; Flight Information Region)

국제민간항공기구(ICAO)에서 국제항공의 편익을 도모하고 안전운항 확보를 위하여 세계 각 국의 항공교통업무 기구로 하여금 일정 범위의 공간에 대한 항공교통업무를 수행하도록 지정해 주는 구역을 말한다.

③ 인천 비행정보구역

– 대한민국 정부에서 책임을 지고 항공교통업무를 수행하는 한국 관할 공역이다.

– 국제민간항공기구(ICAO)에서 위임받은 공역, 즉 국제법상으로 공인된 공역으로 국토교통부 항공교통센터에서 관장하고 있다.

– 범위는 북쪽으로는 휴전선, 동쪽은 속초 동쪽으로 약 210NM, 남쪽은 제주 남쪽 약 200NM, 서쪽은 인천 서쪽 약 130NM이 되는 동경 124°까지의 공역으로서 삼각형 모양이다.

5) 공역의 구분

① 제공하는 항공교통업무에 따른 구분

구분		내용
관제공역	A등급 공역	모든 항공기가 계기비행을 해야 하는 공역
	B등급 공역	계기비행 및 시계비행을 하는 항공기가 비행 가능하고, 모든 항공기에 분리를 포함한 항공교통관제업무가 제공되는 공역
	C등급 공역	모든 항공기에 항공교통관제업무가 제공되나, 시계비행을 하는 항공기 간에는 교통정보만 제공되는 공역
	D등급 공역	모든 항공기에 항공교통관제업무가 제공되나, 계기비행을 하는 항공기와 시계비행을 하는 항공기 및 시계비행을 하는 항공기 간에는 교통정보만 제공되는 공역
	E등급 공역	계기비행을 하는 항공기에 항공교통관제업무가 제공되고, 시계비행을 하는 항공기에 교통정보가 제공되는 공역
비관제 공역	F등급 공역	계기비행을 하는 항공기에 비행 정보 업무와 항공교통 조언 업무가 제공되고, 시계비행항공기에 비행 정보 업무가 제공되는 공역
	G등급 공역	모든 항공기에 비행 정보 업무만 제공되는 공역

6) 공역 사용목적에 따른 구분 ★★

구분		내용
관제공역	관제권	「항공안전법」 제2조 제25호에 따른 공역으로서 비행정보구역 내의 B, C 또는 D등급 공역 중에서 시계 및 계기비행을 하는 항공기에 대하여 항공교통관제업무를 제공하는 공역
	관제구	「항공안전법」 제2조 제26호에 따른 공역(항공로 및 접근관제구역을 포함한다)으로서 비행정보구역 A, B, C, D 및 E등급 공역에서 시계 및 계기비행을 하는 항공기에 대하여 항공교통관제업무를 제공하는 공역
	비행장 교통구역	「항공안전법」 제2조 제25호에 따른 공역 외의 공역으로서 비행정보구역 내의 D등급에서 시계비행을 하는 항공기 간에 교통정보를 제공하는 공역
비관제 공역	조언구역	항공교통 조언 업무가 제공되도록 지정된 비관제 공역
	정보구역	비행 정보 업무가 제공되도록 지정된 비관제 공역

구분		내용
통제공역	비행 금지구역	안전, 국방상, 그 밖의 이유로 항공기의 비행을 금지하는 공역
	비행 제한구역	항공사격 · 대공사격 등으로 인한 위험으로부터 항공기의 안전을 보호하거나 그 밖의 이유로 비행허가를 받지 않은 항공기의 비행을 제한하는 공역
	초경량 비행장치 비행 제한구역	초경량 비행장치의 비행안전을 확보하기 위하여 초경량 비행장치의 비행 활동에 대한 제한이 필요한 공역
주의공역	훈련구역	민간항공기의 훈련공역으로서 계기비행 항공기로부터 분리를 유지할 필요가 있는 공역
	군작전 구역	군사작전을 위하여 설정된 공역으로서 계기비행 항공기로부터 분리를 유지할 필요가 있는 공역
	위험구역	항공기의 비행 시 항공기 또는 지상 시설물에 대한 위험이 예상되는 공역
	경계구역	대규모 조종사의 훈련이나 비정상 형태의 항공활동이 수행되는 공역

7) 공역 운영체계

① 관제공역

항공교통관제기관(관제탑, 접근관제소 등)의 통제 하에 관제를 받는 공간

- 관제구역 : 2개소(인천, 대구)
- 관제권 지정 : 30개소(국토부 9, 공군 12, 해군 3, 육군 2, 미공군 2, 미육군 1, 대한항공 1)
- 항공로 : 44개 설정(국제항로 11, 국내항로 33)

② 비관제 공역

항공교통관제기관의 통제 없이 자율적으로 사용하는 공간

- 비관제권 지정 : 수색구조구역, 조언공역, 초경량 비행장치 비행공역 28개소(U-)

③ 통제공역

- 비행 금지구역 : P73A/B, P518/518E/518W(휴전선) (안전, 국방상의 이유로 비행금지)
- 비행 제한구역 : 83개 구역 (사격장, 경계구역 등 안전을 이유로 비행제한) (R-),(A-)

④ 주의공역

- 위험구역 : 32개소(위험시설 부근의 공역) (D-)
- 훈련구역 : 9개소(민항공기 훈련공역) (CATA-)
- 군작전 구역 : 39개소(군사작전 및 군항공기 훈련공역)(MOA-, ACMI-, HTA-, 독도, 위도, 울릉도)

⑤ 기타

- 방공식별구역 : 영공방위를 위하여 동 공역을 비행하는 항공기에 대하여 식별, 위치 결정, 통제 업무를 실시하는 공역으로 비행정보구역과는 별도로 한국방공식별구역(KADIZ)을 설정하여 국방부에서 관리
- 제한식별구역 : 방공식별구역에서 평시 국내 운항을 용이하게 하고 방공작전의 편이를 도모하기 위하여 설정한 구역

Chapter 04 항공사업법

① 목적

항공사업법은 항공정책의 수립 및 항공사업에 관해 필요한 사항을 정하여 대한민국 항공사업의 체계적인 성장과 경쟁력 강화를 마련하고, 항공사업의 질서유지 및 건전한 발전을 도모해 이용자의 편의를 향상시켜 국민경제의 발전과 공공복리의 증진에 이바지함을 목적으로 한다.

② 항공사업법 용어 정리

① 항공사업

항공사업법에 따라 국토교통부장관의 면허, 허가 또는 인가를 받거나 국토교통부장관에게 등록 또는 신고하여 경영하는 사업을 말한다.

② 초경량 비행장치 사용사업

타인의 수요에 맞추어 국토교통부령으로 정하는 초경량 비행장치를 사용하여 유상으로 농약 살포, 사진촬영 등 국토교통부령으로 정하는 업무를 하는 사업을 말한다.

③ 초경량 비행장치 사용사업자

국토교통부장관에게 초경량 비행장치 사용사업을 등록한 자를 말한다.

④ 항공기 대여업

타인의 수요에 맞추어 유상으로 항공기, 경량항공기 또는 초경량 비행장치를 대여하는 사업(항공레저스포츠 대여서비스사업은 제외한다)을 말한다.

⑤ 항공레저스포츠사업

타인의 수요에 맞추어 유상으로 다음 각 목의 어느 하나에 해당하는 서비스를 제공하는 사업을 말한다.

- 항공기(비행선과 활공기에 한정한다), 경량항공기 또는 국토교통부령으로 정하는 초경량 비행장치를 사용하여 조종교육, 체험 및 경관 조망을 목적으로 사람을 태워 비행하는 서비스

- 다음 중 어느 하나는 항공레저스포츠를 위하여 대여해 주는 서비스
  - 활공기 등 국토교통부령으로 정하는 항공기
  - 경량항공기
  - 초경량 비행장치
- 경량항공기 또는 초경량 비행장치에 대한 정비, 수리 또는 개조서비스

⑥ **항공보험**

항공보험이란 여객보험, 기체보험, 화물보험, 전쟁보험, 제3자 보험 및 승무원보험과 그 밖에 국토교통부령으로 정하는 보험을 말한다.

❸ 초경량 비행장치 사용사업

① 정의(항공사업법 제2조)

초경량 비행장치 사용사업이란 타인의 수요에 맞추어 국토교통부령으로 정하는 초경량 비행장치를 사용하여 유상으로 농약 살포, 사진촬영 등 국토교통부령으로 정하는 업무를 하는 사업을 말한다.

② 사업 범위

- 비료 또는 농약 살포, 씨앗 뿌리기 등 농업 지원
- 사진촬영, 육상/해상 측량 또는 탐사
- 산림 또는 공원 등의 관측 또는 탐사
- 조종교육
- 그 밖의 업무로서 다음 각 목의 어느 하나에 해당하지 아니하는 업무
  - 국민의 생명과 재산 등 공공의 안전에 위해를 일으킬 수 있는 업무
  - 국방, 보안 등에 관련된 업무로서 국가 안보에 위협을 가져올 수 있는 업무

❹ 초경량 비행장치 영리 목적 사용금지(항공사업법 제71조)

누구든지 초경량 비행장치를 사용하여 비행하는 자는 다음 각 호의 어느 하나에 해당하는 경우를 제외하고는 초경량 비행장치를 영리목적으로 사용해서는 아니 된다.

① 항공기 대여업에 사용하는 경우
② 초경량 비행장치 사용사업에 사용하는 경우
③ 항공레저스포츠사업에 사용하는 경우

5 비행장치 사업 등록

1) 사업 등록

① 사업 등록 방법

- 초경량 비행장치 사용사업을 경영하려는 자는 국토교통부령으로 정하는 바에 따라 신청서에 사업계획서와 그밖에 국토교통부령으로 정하는 서류를 첨부하여 국토교통부장관에게 등록한다.
- 등록한 사항 중 국토교통부령으로 정하는 사항을 변경하려는 경우에는 국토교통부장관에게 신고한다.

② 초경량 비행장치 사용사업의 등록요건

구분	기준
자본금 또는 자산평가액	법인 : 납입자본금 3천만 원 이상 개인 : 자산평가액 2천만 원 이상
조종자	1명 이상
장치	초경량 비행장치(무인비행장치로 한정한다) 1대 이상
보험(해당 보험에 상응하는 공제를 포함한다)	제3자 보험에 가입할 것.

③ 초경량 비행장치 사용사업의 신청 시 필요한 서류

초경량 비행장치 사용사업을 등록하려는 자는 별지서식(항공사업법 시행규칙 별지 제26호)의 등록신청서(전자문서로 된 신청서를 포함)에 다음의 서류(전자문서를 포함)를 첨부하여 지방항공청장에게 제출한다.

- 사업계획서
  - 사업 목적 및 범위
  - 초경량 비행장치의 안전성 점검 계획 및 사고 대응 매뉴얼 등을 포함한 안전관리대책
  - 자본금
  - 상호, 대표자의 성명과 사업소의 명칭 및 소재지
  - 사용시설 설비 및 장비 개요
  - 종사자 인력의 개요(반드시 조종자 표시 포함)
  - 사업 개시 일정일
  - 부동산을 사용할 수 있음을 증명하는 서류(타인의 부동산을 사용하는 경우만 해당)
  - 자본금 입금서류(최대 이륙중량 25kg 초과 무인비행장치를 사용할 경우에만 제출)
    * (법인)법인등기의 납입자본금 3천만 원 이상
    * (개인) 예금잔액증명서 등 자산평가액 4,500만 원 이상

- 조종자(사업계획서 종사자 인력 개요에 명단 기재)

  * 배터리 포함 자체중량 12kg 초과 시 자격증 사본 앞/뒷면 첨부

- 초경량 비행장치 신고 증명서 사본(초경량 비행장치 1대 이상)

  * 최대 이륙중량 25kg 초과 시 항공안전기술원의 안전성 인증서 첨부

- 보험가입증서(기체별 대인 1억5천만 원 이상)

- 기타

  * 법인등기부등본 또는 사업자등록증

  * 대표 및 등기임원 주민등록번호

  * 항공사업법 제9조(면허의 결격사유 등)에 의하여 대표 및 임원에 대한 면허 결격사유 해당
  여부 확인을 위해 주민번호 필요

  * 조종교육은 고정자산이고 상시적으로 운영하는 비행 실습장을 사업장으로 등록하고자 할
  경우

- 부동산 사용권리 증빙서류/안전장비 및 시설 현황 및 사진

- 실습장 안전관리 대책 등 제출

  - 자체 제작한 비행장치인 경우 최대 이륙중량을 입증할 수 있는 서류

  * 제작사 매뉴얼, 설계 자료 또는 최대 이륙중량 상태에서의 무게 측정 사진

2) 사업 등록기관

관할기관(구역)	내용
서울지방항공청 항공안전과 (서울, 인천, 대전, 세종, 경기, 강원, 충북, 충남, 전북)	사업 등록
부산지방 항공청 항공안전과 (부산, 대구, 울산, 광주, 경남, 경북, 전남)	사업 등록
제주지방항공청 안전운항과 (제주특별자치도)	사업 등록

3) 벌칙(항공사업법 제78조)

- 다음 각 호의 어느 하나에 해당하는 자는 1년 이하의 징역 또는 1천만 원 이하의 벌금에 처한다.

  - 제48조 제1항에 따른 등록을 하지 아니하고 초경량 비행장치 사용사업을 경영한 자

  - 제49조 제2항에서 준용하는 제33조에 따른 명의대여 등의 금지를 위반한 초경량 비행장치 사
  용사업자

- 다음 각 호의 어느 하나에 해당하는 자는 1천만 원 이하의 벌금에 처한다.

  - 제49조 제7항에서 준용하는 제39조에 따른 명령을 위반한 초경량 비행장치 사용사업자

Chapter 05 공항시설법

1 목적

공항시설법은 공항, 비행장 및 항행안전시설의 설치 및 운영 등에 관한 사항을 정해 항공산업의 발전과 공공복리의 증진에 이바지함을 목적으로 한다.

2 용어의 정리(공항시설법 제2조)

① 비행장 : 항공기, 경량항공기, 초경량 비행장치의 이륙과 착륙을 위하여 사용되는 육지 또는 수면(水面)의 일정한 구역으로서 대통령령으로 정하는 것을 말한다.

② 공항 : 공항시설을 갖춘 공공용 비행장으로서 국토교통부장관이 그 명칭, 위치 및 구역을 지정, 고시한 것을 말한다.

③ 공항구역 : 공항으로 사용되고 있는 지역과 공항, 비행장 개발 예정지역 중 [국토의 계획 및 이용에 관한 법률]에 따라 도시, 군계획시설로 결정되어 국토교통부장관이 고시한 지역을 말한다.

④ 비행장시설 : 비행장에 설치된 항공기의 이륙, 착륙을 위한 시설과 그 부대시설로서 국토교통부장관이 지정한 시설을 말한다.

⑤ 활주로 : 항공기 착륙과 이륙을 위하여 국토교통부령으로 정하는 크기로 이루어지는 공항 또는 비행장에 설정된 구역을 말한다.

⑥ 장애물 제한 표면 : 항공기의 안전운항을 위하여 공항 또는 비행장 주변에 장애물(항공기의 안전운항을 방해하는 지형, 지물 등을 말한다)의 설치 등이 제한되는 표면으로서 대통령령으로 정하는 구역을 말한다.

⑦ 항행안전시설 : 유선통신, 무선통신, 인공위성, 불빛 생채 또는 전파를 이용하여 항공기의 항행을 돕기 위한 시설로서 국토교통부령으로 정하는 시설을 말한다.

⑧ 항공정보통신시설 : 전기통신을 이용하여 항공교통업무에 필요한 정보를 제공, 교환하기 위한 시설로서 국토교통부령으로 정하는 시설을 말한다.

⑨ 항공등화 : 불빛, 색채 또는 형상을 이용하여 항공기의 항행을 돕기 위한 항행안전시설로서 국토교통부령으로 정하는 시설을 말한다.

⑩ 이착륙장 : 비행장 외에 경량항공기 또는 초경량 비행장치의 이륙 또는 착륙을 위하여 사용되는 육지 또는 수면의 일정한 구역으로서 대통령령으로 정하는 것을 말한다.

3 항공등화 종류

① 활주로등 : 이륙 또는 착륙하려는 항공기에 활주로를 알려주기 위하여 그 활주로 양측에 설치하는 등화

② 유도로등 : 지상주행 중인 항공기에 유도로 대기지역 또는 계류장 등의 가장자리를 알려주기 위하여 설치하는 등화

③ 활주로유도등 : 활주로의 진입경로를 알려주기 위하여 진입로를 따라 집단으로 설치하는 등화

④ 풍향등 : 항공기에 풍향을 알려주기 위하여 설치하는 등화

4 표지등과 표지 설치 대상 구조물(공항시설법 시행규칙 제28조 1항)

장애물이 주간에 별표14에 따른 중광도 A형태의 표시등을 설치하여 운영되는 구조물 중 그 높이가 지표 또는 수면으로부터 150m 이하인 구조물에는 표지의 설치를 생략할 수 있다. 따라서 150m 이상이면 설치를 해야 한다.

Chapter **06**

초경량 비행장치 벌칙 종합

1 과태료 ★★★

위규내용	처벌 및 행정처분			비고
	징역	벌금	과태료	
• 안전성 인증을 받지 아니하고 비행한 사람 • 항공기 대여업, 초경량 비행장치 사용사업, 항공레저스포츠사업의 폐업절차를 위반하여 폐업하거나 폐업 신고를 하지 아니하거나 거짓으로 신고한 자 • 보험 또는 공제에 가입하지 아니하고 비행한 자 • 검사 공무원의 검사 또는 출입에 따른 보고 등을 하지 아니하거나 거짓 보고 등을 한 자 • 검사 공무원의 검사 또는 출입에 따른 질문에 대하여 거짓으로 진술한 자 • 항공장애 표시등 및 표지를 설치 또는 관리하지 아니한 자 • 이착륙장을 설치, 관리자의 명령에 따르지 아니한 자			500만 원 이하	항공안전법 항공사업법 항공사업법 항공사업법 항공사업법 항공사업법 공항시설법
• 조종자 증명을 받지 아니하고 비행을 한 사람			300만 원 이하	항공안전법
• 조종자 준수사항을 따르지 아니하고 비행한 사람 • 비행 제한 공역에서 승인을 받지 아니하고 비행한 사람 • 야간비행 등 승인한 범위 외에서 비행한 사람 • 유사등화의 가림 또는 소등 명령을 위반한 자			200만 원 이하	항공안전법 항공안전법 항공안전법 공항시설법
• 신고번호를 표시 않거나 거짓으로 표시한 장치 소유자			100만 원 이하	항공안전법
• 말소신고를 하지 아니한 장치 소유자 등 • 사고 보고를 않거나 거짓 보고한 조종자 또는 그 소유자			30만 원 이하	항공안전법 항공안전법

❷ 징역 및 벌금

위규내용	처벌 및 행정처분			비고
	징역	벌금	과태료	
• 안전성 인증을 받지 않고, 조종자 증명 없이 비행을 한 사람	1년 이하	1000 만 원 이하		항공안전법
• 등록을 하지 아니하고 항공기 대여업을 경영한 자, 초경량 비행장치 사용사업을 경영한 자, 항공레저스포츠사업을 경영한 자				항공사업법
• 명의 대여 등의 금지를 위반한 항공기 대여업자, 초경량 비행장치 사용사업자, 항공레저스포츠사업자				항공사업법
• 공항, 비행장 개발 예정지역으로 지정, 고시된 지역에서 허가 또는 변경허가를 받지 아니하고 건축물의 건축 등의 행위를 하거나 거짓 또는 부정한 방법으로 허가를 받은 자				항공사업법
• 공항, 비행장 개발 예정지역으로 지정, 고시된 지역에서 사업 시행자의 토지 출입 및 사용에 따른 행위를 방해하거나 거부한 자				항공사업법
• 이착륙장 사용 중지 명령을 위반한 자				항공사업법
• 시정명령 또는 허가, 승인 취소 처분을 위반한 자				공항시설법
• 신고 또는 변경 신고를 하지 아니하고 비행을 한 사람	6개월 이하	500 만 원 이하		항공안전법
• 초경량 비행장치를 영리 목적으로 사용한 자				항공사업법
• 금지행위를 위반한 자		2000 만 원 이하		공항시설법
• 시정명령에 따라 허가가 취소된 시설을 사용한 자				공항시설법
• 주류, 섭취, 제한 등의 초경량 비행장치 사용사업의 안전을 위한 명령을 이행하지 아니한 초경량 비행장치 사용사업자		1000 만 원 이하		항공안전법
• 사업개선 명령을 위반한 항공기 대여업자, 초경량 비행장치사용 사업자, 항공레저스포츠사업자				항공사업법
• 검사 공무원의 검사 또는 출입을 거부, 방해하거나 기피한 자		500 만 원 이하		항공사업법
• 검사 공무원의 검사, 출입을 거부, 방해하거나 보고를 거짓으로 한 자 및 기피한 자				공항시설법
• 승인을 받지 아니하고 비행제한공역을 비행한 사람		200 만 원 이하		항공안전법

① 이행강제금(공항시설법)

   - 이행강제금 : 시정명령을 받은 후 그 정한 기간 이내에 그 명령을 이행하지 아니하는 자
   • 항공장애등 또는 표지의 설치 명령을 위반한 경우 : 1000만 원 이하
   • 공장애등 또는 표지의 시정명령을 위반한 경우 : 500만 원 이하

실력점검문제

01 우리나라 항공안전법의 제정 목적으로 틀린 것은?

① 항공기, 경량항공기 또는 초경량 비행장치가 안전하게 항행하기 위한 방법을 정한다.
② 국민의 생명과 재산을 보호한다.
③ 항공기술 발전에 이바지한다.
④ 국제 민간항공기구에 대응한 국내 항공산업을 보호한다.

해설

국제민간항공기구(ICAO)의 규정에 협력해 국내 항공산업을 발전시키기 위한 목적이다.

02 다음 중 우리나라의 항공 관련 법을 제정한 목적은?

① 항공기의 안전한 항행과 항공운송사업 등 질서를 확립한다.
② 항공기 등 안전항행 기준을 법으로 정한다.
③ 국제 민간항공의 안전한 항행과 발전을 도모한다.
④ 국내 민간항공의 안전항 항행과 발전을 도모한다.

해설

우리나라의 항공안전법 등 항공 관련 법은 항공기 등이 안전하게 항행하기 위한 방법을 정함으로써 국민의 생명과 재산을 보호하고 항공기술 발전을 도모하기 위해 제정되었다.

03 다음 중 항공안전법에서 규정하는 항공기의 정의는?

① 공기보다 가벼운 기기로 조종에 의해서 비행할 수 있는 날틀
② 국토부령으로 정하는 것으로 항공에 사용할 수 있는 것
③ 공기의 반작용으로 뜰 수 있는 기기로 비행기, 헬리콥터, 비행선, 활공기
④ 사람이 탑승하여 항공용으로 사용할 수 있는 기기

해설

항공안전법은 항공기를 공기의 반작용으로 뜰 수 있는 기기로 정의한다.

04 다음 중 공공용 비행장으로 명칭, 위치 및 구역이 고시된 지역을 무엇이라 하는가?

① 비행장　　　　② 활주로
③ 공항　　　　　④ 공공비행장

해설

공항은 공공시설을 갖춘 공공용 비행장이다.

05 다음 중 항공기 이착륙에 사용되는 육지 또는 수면은 무엇인가?

① 유도로　　　　② 착륙대
③ 비행장　　　　④ 비행지역

해설

비행장은 항공기, 경량항공기, 초경량 비행장치의 이륙, 착륙을 위해 사용되는 육지 또는 수면의 일정한 구역을 말한다.

06 다음 중 비행 금지구역은 누가 지정하는가?

① 해당 지역 지방항공청장
② 국무회의
③ 국토교통부장관
④ 국회

해설

비행 금지구역은 국토교통부장관이 지정하고 금지구역 내 비행 허가는 지방항공청장의 권한에 속한다.

07 다음 중 항공기의 항행안전을 저해할 우려가 있는 장애물 높이가 지표 또는 수면으로부터 몇 m 이상이면 항공장애 표시등 및 항공장애 주간표지를 설치해야 하는가?

① 50m   ② 100m
③ 150m   ④ 200m

해설

항공장애 표시등은 건물의 높이가 150m 이상이면 의무적으로 설치해야 한다.

08 다음 중 초경량 비행장치를 영리 목적으로 사용할 경우 보험에 가입할 필요가 없는 것은?

① 항공기 대여업에 사용
② 초경량 비행장치 사용사업에 사용
③ 초경량 비행장치 조종교육에 사용
④ 초경량 비행장치의 판매 시 사용

해설

초경량 비행장치를 판매하는 것은 초경량 비행장치를 영리 목적으로 이용하는 행위에 포함되지 않는다.

09 다음 중 항공교통의 안전을 위하여 지정 고시한 비행장 및 그 주변의 공역을 무엇이라 하는가?

① 항공로   ② 관제권
③ 관제구   ④ 항공교통구역

해설

관제권은 비행장과 그 주변의 공역으로서 항공교통의 안전을 위해 지정한 공역을 말한다.

10 다음 중 용어의 정의가 올바르지 않은 것은?

① 관제공역은 항공교통의 안전을 위해 항공기의 비행 순서, 시기 및 방법 등에 관해 국토교통부 장관의 지시를 받아야 할 필요가 있는 공역으로서 관제권 및 관제구를 포함한다.
② 비관제 공역은 관제공역 외의 공역으로서 항공기에게 비행에 필요한 조언, 비행정보 등을 제공하는 공역을 말한다.
③ 통제공역은 항공교통의 안전을 위하여 항공기의 비행을 금지 또는 제한할 필요가 있는 공역을 말한다.
④ 경계공역은 항공기의 비행 시 조종사의 특별한 주의, 경계, 식별 등을 요구할 필요가 있는 공역을 말한다.

해설

④번 설명은 경계공역이 아니라 주의공역에 해당된다.

11 다음 중 항공사업법에서 규정한 항공기 사용사업이란?

① 사용자를 위해 여객 또는 화물을 운송하는 사업
② 항공기를 사용해 유상으로 여객 또는 화물을 운송하는 사업
③ 항공기를 사용해 유상으로 여객 또는 화물의 운송 외의 사업
④ 항공기를 정비, 급유, 하역하는 사업

해설

항공사업법 제2조는 항공기 사용사업을 항공운송 외의 사업으로 타인의 수요에 맞추어 항공기를 사용해 유상으로 농약 살포, 건설자재 등의 운반, 사진촬영, 항공기를 이용한 비행훈련 등 국토교통부령으로 정하는 업무로 규정하고 있다.

12 다음 중 유선통신, 무선통신, 불빛, 색채 또는 형상을 이용해 항공기의 항행을 돕기 위한 시설은?

① 항공등화
② 무지향표지시설
③ 항공보안시설
④ 항행안전시설

> **해설**
> 항행안전시설은 항공기의 안전한 항행을 돕기 위한 시설이다.

13 다음 중 공항시설법상 유도로등의 색은?

① 녹색
② 청색
③ 백색
④ 황색

> **해설**
> 유도로등이란 지상 주행 중인 항공기에 유도로, 대기지역 또는 계류장 등의 가장자리를 알려주기 위하여 설치하는 등으로 청색이다.

14 다음 중 관제구의 높이는 지표면으로부터 몇 m인가?

① 200m 이상
② 250m 이상
③ 300m 이상
④ 350m 이상

> **해설**
> 관제구는 지표면 또는 수면으로부터 200m 이상 높이의 공역을 말한다.

15 초경량 비행장치를 소유한 자는 지방항공청장에게 신고해야 한다. 이때 첨부해야 할 것들이 아닌 것은?

① 비행장치를 소유하고 있음을 증명하는 서류
② 비행장치의 제원 및 성능표
③ 비행장치의 사진
④ 비행장치의 안전을 입증할 수 있는 사람

> **해설**
> 비행장치의 안전에 관한 서류 요건은 2013년에 삭제되었고, 보험 가입을 증명할 수 있는 서류를 제출해야 한다.

16 다음 중 초경량 비행장치를 사용해 비행하고자 하는 경우 자격 증명이 필요한 것은?

① 회전익 비행장치
② 패러글라이더
③ 계류식 기구
④ 낙하산

> **해설**
> 자격 증명은 동력비행장치, 회전익 비행장치(자이로플레인, 초경량 헬리콥터)에만 적용된다.

17 다음 중 영리를 목적으로 조종자 자격 증명 없이 초경량 비행장치에 타인을 탑승시켜 비행을 한 자의 처벌은?

① 1년 이하의 징역 또는 1,000만 원 이하의 벌금
② 500만 원 이하의 과태료
③ 200만 원 이하의 과태료
④ 2년 이하의 징역 또는 3,000만 원 이하의 벌금

> **해설**
> 조종자 증명을 받지 않고 타인을 영리 목적으로 탑승시켜 비행한 사람은 1년 이하의 징역 또는 1,000만 원 이하의 벌금에 처한다.

18 다음 중 초경량 비행장치의 멸실 등의 사유로 신고를 말소할 경우에 그 사유가 발생한 날부터 며칠 이내에 말소등록을 신청해야 하는가?

① 5일
② 10일
③ 15일
④ 30일

> **해설**
> 초경량 비행장치 신고요령에 따라 초경량 비행장치가 멸실된 경우에는 사유가 있는 날부터 15일 이내에 관할 지방항공청장에게 말소신고를 해야 한다.

19 다음 중 영리를 목적으로 초경량 비행장치를 이용해 제한공역을 승인 없이 비행한 자의 처벌은?

① 과태료 500만 원 이하

② 과태료 200만 원 이하

③ 1년 이하의 징역 또는 1,000만 원 이하의 벌금

④ 과태료 300만 원 이하

해설

비행 금지구역에서 허가 없이 비행할 경우 200만 원 이하의 벌금 또는 과태료 처분을 받는다.

20 다음 중 항공기의 등록사항이 변경되었을 경우에 며칠 이내에 신청해야 하는가?

① 10일   ② 15일

③ 20일   ④ 25일

해설

항공안전법 제13조에 따라 항공기 등록사항이 변경되었을 경우 소유자 변경 15일 이내에 국토교통부장관에게 변경등록을 신청해야 한다.

21 다음 중 초경량 비행장치 멀티콥터 조종자 전문 교육기관이 확보해야 할 실기평가조종자의 최소 비행시간은?

① 50시간   ② 100시간

③ 150시간   ④ 200시간

해설

비행시간이 100시간 이상인 지도조종자 1명 이상, 비행시간이 150시간 이상인 실기평가조종자 1명 이상

22 다음 중 초경량 무인 회전익 비행장치를 조종자 자격을 득하지 않고 비행한 경우 그에 대한 처벌은?

① 1,000만 원 이하의 벌금

② 500만 원 이하의 벌금

③ 300만 원 이하의 과태료

④ 200만 원 이하의 과태료

해설

초경량 비행장치의 조종자 증명을 받지 않고 비행하면 1년 이하의 징역 또는 1,000만 원 이하의 벌금에 처한다.

23 다음 중 무인 초경량 비행장치 조종자 자격시험에 응시할 수 있는 최소 연령은?

① 만 12세 이상   ② 만 14세 이상

③ 만 18세 이상   ④ 만 20세 이상

24 다음 초경량 비행장치 조종자격 증명시험 응시자의 자격에 대한 설명으로 올바른 것은?

① 나이에 관계없다.

② 나이가 만 14세 이상이어야 한다.

③ 나이가 만 12세 이상이어야 한다.

④ 나이가 만 20세 이상이어야 한다.

해설

지도조종자(교관) : 만 20세 이상

25 다음 중 초경량 비행장치의 신고 시 지방항공청장에게 제출할 서류가 아닌 것은?

① 초경량 비행장치를 소유하고 있음을 증명하는 서류

② 초경량 비행장치의 제원 및 성능표

③ 초경량 비행장치의 가격표

④ 초경량 비행장치의 보험 가입을 증명할 수 있는 서류

해설

초경량 비행장치의 가격은 신고하지 않아도 된다.

26 초경량 비행장치 인증 검사 종류 중 안전성인증서의 유효기간이 도래해 새로운 안전성인증서를 교부받기 위해 실시하는 검사는 무엇인가?

① 정기검사   ② 초도검사

③ 수시검사   ④ 재검사

정답 19 ② 20 ② 21 ③ 22 ① 23 ② 24 ② 25 ③ 26 ①

해설
인증서의 유효기간이 만료되어 하는 검사는 정기검사이다.

27 다음 항공기가 비행하는 공역 중 주의공역에 포함되지 않는 것은?

① 훈련구역   ② 비행 제한구역

③ 위험구역   ④ 군작전구역

해설
주의공역은 훈련구역, 군작전 구역, 위험구역, 경계구역 등이 있으며, 비행 제한구역은 통제공역에 해당된다.

28 다음 중 초경량 비행장치 조종자 전문기관 지정 기준으로 적합한 것은?

① 비행시간이 100시간 이상인 지도조종자 1명 이상 보유

② 비행시간이 100시간 이상인 지도조종자 2명 이상 보유

③ 비행시간이 150시간 이상인 지도조종자 1명 이상 보유

④ 비행시간이 150시간 이상인 지도조종자 2명 이상 보유

해설
비행시간이 100시간 이상인 지도조종자 1명 이상, 비행시간이 150시간 이상인 실기평가조종자 1명 이상을 보유해야 한다.

29 다음 중 항공기의 등록 일련번호 등을 부여하는 기관은?

① 국토교통부장관

② 지방항공청장

③ 항공협회장

④ 한국교통안전공단 이사장

해설
항공기를 소유하거나 임차해 항공기를 사용할 수 있는 권리가 있는 자는 항공기를 국토교통부장관에게 등록해야 한다.

30 다음 중 신고하지 않아도 되는 초경량 비행장치에 포함되지 않는 것은?

① 행글라이더

② 계류식 기구류

③ 무게 12kg(연료 제외) 이하 무인비행선

④ 길이 8m인 무인비행선

해설
무인비행선 중에서 연료의 무게를 제외한 자체 무게가 12kg 이하이고 길이가 7m 이하인 것은 신고가 필요하지 않다.

31 초경량 비행장치의 종류 중 자이로플레인은 어디에 포함되는가?

① 동력비행장치   ② 회전익 비행장치

③ 무인비행장치   ④ 기구류

해설
회전익 비행장치에는 초경량 헬리콥터와 초경량 자이로플레인이 포함된다.

32 다음 중 초경량 비행장치의 변경 신고는 사유 발생일로부터 며칠 이내에 신고하여야 하는가?

① 30일   ② 60일

③ 90일   ④ 180일

해설
변경 신고는 30일 이내, 말소 신고는 15일 이내에 신고하여야 한다.

33 다음 중 초경량 비행장치의 용도가 변경되거나 소유자의 성명, 명칭 또는 주소가 변경되었을 시 신고 기간은?

① 15일   ② 30일

③ 50일   ④ 60일

34 다음 중 초경량 비행장치의 말소 신고에 대한 설명으로 올바른 것은?

① 사유 발생일로부터 30일 이내에 신고하여야 한다.

② 비행장치가 정비 등으로 해체된 경우에 실시한다.

③ 비행장치의 존재 여부가 3개월 이상 불분명할 경우 실시한다.

④ 비행장치가 멸실된 경우 실시한다.

해설

무인비행장치가 멸실되었거나 해체(정비 등, 수송 또는 보관하기 위한 경우는 제외)한 경우 실시한다.

35 다음 중 신고한 초경량 비행장치가 멸실되었거나 그 초경량 비행장치를 해체(정비 등, 수송 또는 보관하기 위한 경우는 제외)한 경우에 하는 신고는?

① 해체 신고 　② 변경 신고

③ 이전 신고 　④ 말소 신고

해설

초경량 비행장치 소유자 등은 신고한 초경량 비행장치가 멸실되었거나 그 초경량 비행장치를 해체(정비 등 수송 또는 보관하기 위한 경우는 제외)한 경우에는 그 사유가 발생한 날로부터 15일 이내에 국토교통부장관에게 말소 신고를 하여야 한다.

36 다음 중 지방항공청장에게 기체 신고 시 필요 없는 것은?

① 초경량 비행장치를 소유하거나 사용할 수 있는 권리가 있음을 증명하는 서류

② 초경량 비행장치의 제원 및 성능표

③ 초경량 비행장치의 사진

④ 초경량 비행장치의 제작자

37 다음 중 초경량 비행장치의 기준이 잘못된 것은?

① 동력비행장치는 1인석에 115kg 이하

② 행글라이더 및 패러글라이더는 중량 70kg 이하

③ 무인동력비행장치는 연료 제외 자체중량 115kg

④ 무인비행선은 연료 제외 자체중량 180kg 이하

해설

무인동력비행장치는 연료 제외 자체중량 150kg이다.

38 다음 중 초경량 비행장치에 속하지 않은 것은?

① 동력비행장치

② 초급활공기

③ 낙하산류

④ 동력패러글라이더

해설

초경량 비행장치 : 동력비행장치, 회전익 비행장치, 동력패러글라이더, 행글라이더/패러글라이더, 무인비행장치, 기구류, 낙하산류, 기타

39 동력비행장치는 자체중량이 몇 kg 이하인가?

① 80kg 　② 100kg

③ 150kg 　④ 250kg

40 우리나라 항공 관련 법규(항공안전법, 항공사업법, 공항시설법)의 기본이 되는 국제법은 무엇인가?

① 미국의 항공법

② 중국의 항공법

③ 일본의 항공법

④ [국제민간항공협약] 및 같은 협약의 부속서

41 우리나라 항공안전법의 목적으로 옳지 않은 것은?

① 국제 민간항공기구에 대응한 국내 항공산업을 보호한다.

② 항공기술 발전에 이바지한다.

③ 국민의 생명과 재산을 보호한다.

④ 항공기, 경량 항공기 또는 초경량 비행장치가 안전하게 항행하기 위한 방법을 정한다.

42 지표면 또는 수면으로부터 200m 이상 높이의 공역으로서 항공교통의 안전을 위하여 지정한 공역은?

① 항공로 　　② 관제구

③ 비행정보구역 　　④ 관제권

43 다음 중 안전관리제도에 대한 설명으로 옳지 않은 것은?

① 이륙중량이 25kg 초과이면 안전성 검사와 비행 시 비행 승인을 받아야 한다.

② 이륙중량이 2kg 초과이면 개인 취미용으로 활용하더라도 조종자격 증명을 취득해야 한다.

③ 무게가 약 2kg인 취미, 오락용 드론은 조종자 준수사항을 준수하지 않아도 된다.

④ 이륙중량이 25kg 이하이면 사업을 하더라도 안정성 검사를 받지 않아도 된다.

해설
무게에 상관없이 조종자 준수사항은 준수하여야 한다.

44 초경량 비행장치 멀티콥터를 소유한 자가 신고 시 누구에게 신고해야 하는가?

① 지방항공청장

② 국토부 자격과장

③ 국토부 첨단 항공과장

④ 한국 교통안전공단 드론관리 처장

해설
2020년 12월부터 한국교통안전공단 드론관리처장에게 신고하여야 한다.

45 초경량 비행장치 말소 신고에 대한 설명으로 옳지 않은 것은?

① 사유 발생일로부터 30일 이내에 신고하여야 한다.

② 비행장치가 외국에 매도된 경우 실시한다.

③ 비행장치가 멸실된 경우 실시한다.

④ 비행장치의 존재 여부가 2개월 이상 불분명할 경우 실시한다.

해설
사유 발생일로부터 15일 이내에 신고하여야 한다.

46 국토교통부장관에게 소유 신고를 하지 않아도 되는 기체는?

① 초경량 자이로플레인

② 초경량 헬리콥터

③ 계류식 무인비행장치

④ 동력비행장치

해설
신고를 필요로 하지 않는 초경량 비행장치 : 계류식 무인비행장치 등 9가지이며, 항공안전법 시행령 제24조 참조

47 신고를 하지 않아도 되는 비행장치는?

① 동력비행장치

② 인력활공기

③ 초경량 헬리콥터

④ 회전익 비행장치

48 초경량 비행장치 무인 멀티콥터의 안정성 인증은 어느 기관에서 실시하는가?

① 국방부 　　② 지방항공청

③ 항공안전기술원 　　④ 교통안전공단

---

41 ① 　42 ② 　43 ③ 　44 ④ 　45 ① 　46 ③ 　47 ② 　48 ③ 　**정답**

49 초경량 비행장치를 국내에서 설계/제작하거나 외국에서 국내로 도입하여 안전성 인증을 받기 위하여 최초로 실시하는 인증으로 옳은 것은?

① 초도 인증   ② 수시 인증

③ 정기 인증   ④ 재인증

50 초경량무인비행장치 무인 멀티콥터의 자체 기체 중량에 포함되지 않는 것은 무엇인가?

① 배터리 무게   ② 로터 무게

③ 탑재물   ④ 기체 무개

> **해설**
>
> 탑재물을 포함하면 이륙중량이 된다.

51 초경량 비행장치 무인 멀티콥터의 무게가 25kg 초과 시 안정성 인증을 받아야 하는데 이때 25kg의 기준으로 옳은 것은?

① 최대 착륙중량

② 최대 이륙중량

③ 자체중량

④ 적재물을 제외한 중량

52 초경량 비행장치 무인 멀티콥터 4종(250g 초과~2kg 이하) 조종자 자격시험 온라인 교육에 응시할 수 있는 연령으로 옳은 것은?

① 만 10세 이상   ② 만 13세 이상

③ 만 14세 이상   ④ 만 18세 이상

53 초경량 비행장치 무인 멀티콥터 조종자 전문 교육기관 지정 시의 시설 및 장비 보유 기준으로 옳지 않은 것은?

① 훈련용 비행장치 1,2,3종 각 1대 이상

② 훈련용 비행장치 최소 2대 이상

③ 이/착륙 시설

④ 강의실 및 사무실 각 1개 이상

> **해설**
>
> 훈련용 비행장치는 1,2,3종 각 1대 이상 보유하여야 한다.

54 다음 중 전문 교육기관 운영 중에서의 비행경력 인정에 관한 사항으로 옳지 않은 것은?

① 1종 비행경력은 25kg 초과 기체로 비행한 경력을 말한다.

② 2종 비행경력은 인정 시 3종 기체로 비행한 경력은 3시간 인정한다.

③ 2종 비행경력 인정 시 1종 기체로 비행한 경력도 포함한다.

④ 3종 비행경력 인정 시 2종 기체로 비행한 경력은 포함되지 않는다.

55 무인 멀티콥터의 비행과 관련한 사항 중 틀린 것은?

① 최대 이륙중량 상관없이 비행 금지구역 및 관제권에서는 사전 비행승인 없이는 비행이 불가하다.

② 초경량 비행장치 전용공역에도 사전 비행계획을 제출 후 승인을 받고 비행한다.

③ 최대 이륙중량 25kg 초과 기체는 전 공역에서 사전 비행승인 후 비행이 가능하다.

④ 최대 이륙중량 25kg 이하 기체는 비행 금지구역 및 관제권을 제외한 공역에서 고도 150m 미만에서는 비행 승인 없이 비행이 가능하다.

56 초경량 비행장치 비행계획 승인 신청 시 포함되지 않는 것은 무엇인가?

① 비행경로 및 고도

② 동승자의 소지 자격

③ 비행장치의 종류 및 형식

④ 조종자의 비행경력

정답   49 1   50 3   51 2   52 1   53 2   54 4   55 2   56 2

57 초경량 비행장치 멀티콥터의 일반적인 비행 시 비행고도 제한높이로 옳은 것은?

① 50m   ② 100m

③ 150m   ④ 200m

해설

150m 이상 시 승인을 취득하여야 한다.

58 초경량 비행장치 조종자의 준수사항에 어긋나는 것은?

① 해당 무인비행장치를 육안으로 확인할 수 있는 범위 내에서 조종해야 한다.

② 모든 항공기, 경량항공기 및 동력을 이용하지 않는 초경량 비행장치에 대하여 우선권을 가지고 비행하여야 한다.

③ 레포츠 사업에 종사하는 초경량 비행장치 조종자는 비행 전 비행 안전사항을 동승자에게 충분히 설명하여야 한다.

④ 항공기 또는 경량항공기를 육안으로 식별하여 미리 피해야 한다.

해설

모든 항공기, 경량항공기 및 동력을 이용하지 않는 초경량 비행장치에 대하여 진로를 양보하여야 한다.

59 조종자 준수사항으로 옳지 않은 것은?

① 사람이 많은 아파트 놀이터 등에서 비행은 가능하다.

② 야간에 비행은 금지되어 있다.

③ 음주, 마약을 복용한 상태에서 비행은 금지되어 있다.

④ 사고나 분실에 대비하여 비행장치에 소유자 이름과 연락처를 기재하여야 한다.

60 주취 또는 약물복용 판단기준이 아닌 것은?

① 소변검사   ② 혈액검사

③ 육안 판단   ④ 알코올 측정검사

61 초경량 비행장치 운용제한에 관한 설명으로 옳지 않은 것은?

① 안개 등으로 인하여 지상 목표물이 육안으로 식별할 수 없는 상태에서 비행하여서는 안 된다.

② 보름달이나 인공조명 등이 밝은 야간에 비행할 수 있다.

③ 인명이나 재산에 위험을 초래할 우려가 있는 낙하물을 투하하면 안 된다.

④ 인구 밀집 지역이나 사람이 운집한 장소 상공에서 비행하면 안 된다.

62 초경량 비행장치 운용시간으로 가장 올바른 것은?

① 일출부터 일몰까지

② 일출 후 30분부터 일몰 30분 전까지

③ 일출 30분 전부터 일몰까지

④ 일출부터 일몰 30분 전까지

63 다음 공역 중 통제공역이 아닌 구역은?

① 비행금지 구역

② 비행제한 구역

③ 초경량 비행장치 비행제한 구역

④ 군작전 구역

해설

통제공역 : 비행금지 구역, 비행 제한구역, 초경량 비행장치 비행제한 구역

64 통제구역에 해당하는 구역은?

① 비행 금지구역   ② 경계구역

③ 위험구역   ④ 훈련구역

해설

통제구역은 비행 금지구역, 비행 제한구역, 초경량 비행제한구역이다.

65 다음 중 항공종사자가 아닌 사람은 누구인가?

① 부조종사

② 항공교통관제사

③ 무인항공기 운항 관련 업무자

④ 자가용 조종사

> **해설**
>
> 항공안전법 제34조(항공종사자 자격 증명) 항공업무에 종사하려는 사람은 국토교통부령으로 정하는 바에 따라 항공종사 자격 증명을 받아야 한다. 다만 "항공업무 중 무인항공기 운항업무는 그러하지 아니하다"라고 규정하고 있다.

66 초경량 비행장치 사고로 분류할 수 없는 상황은?

① 초경량 비행장치에 의한 사람의 사망, 중상 또는 행방불명

② 초경량 비행장치의 추락, 충돌 또는 화재 발생

③ 초경량 비행장치의 덮개나 부분 부품의 고장

④ 초경량 비행장치의 위치를 확인할 수 없거나 비행장치에 접근이 불가한 경우

67 초경량 비행장치의 사고 중 항공철도사고 조사위원회가 사고 조사를 해야 하는 경우로 옳지 않은 것은?

① 비행 중 추락, 충돌 사고

② 비행 중 발생한 화재사고

③ 초경량 비행장치로 인하여 사람이 중상 또는 사망한 사고

④ 차량이 초경량 비행장치를 파손 시킨 사고

68 초경량 비행장치에 의하여 중사고가 발생한 경우 사고 조사를 담당하는 기관으로 옳은 것은?

① 교통안전공단

② 항공철도사고 조사위원회

③ 항공교통관제소

④ 관할 지방항공청

> **해설**
>
> 항공기, 경량항공기, 초경량 비행장치 등 항공사고 조사는 모두 담당

69 사고 발생 시 조치사항으로 옳지 않은 것은?

① 사고 조사에 도움이 되는 정황 사진 및 동영상 자료를 세부적으로 촬영한다.

② 사고 후 기체 등을 사고 조사가 쉽도록 한 곳에 모아 놓는다.

③ 인명사고 시 인명 구호를 위해 필요한 조치를 한다.

④ 사고 조사를 위해 기체, 현장을 보존한다.

> **해설**
>
> 사고 발생 시 현장 보존은 필수적이다.

70 다음의 초경량 비행장치 중 국토부에서 정하는 보험에 가입하여야 하는 상황은?

① 개인의 취미활동에 사용되는 낙하산

② 영리목적으로 사용되는 동력비행장치

③ 개인의 취미활동에 사용되는 행글라이더

④ 영리목적으로 사용되는 인력 활공기

> **해설**
>
> 보험 가입은 영리목적으로 비행하는 동력, 회전익, 패러플레인, 유인 자유기구에 적용된다.

71 초경량 비행장치 안전성 인증에 대한 설명으로 틀린 것은?

① 안전성 인증 대상은 국토교통부령으로 정한다.

② 초경량 비행장치 안전성 인증기관은 기술원(항공안전기술원)만이 수행한다.

③ 초경량 비행장치 중에서 무인비행기도 안전성 인증 대상이다.

④ 무인비행장치 안전성 인증 대상은 최대이륙중량이 25kg을 초과하는 것이다.

정답 65 ③ 66 ③ 67 ④ 68 ② 69 ② 70 ② 71 ②

72 멀티콥터의 안전성 인증에 대한 설명으로 옳지 않은 것은?

① 운영규정과 정비규정을 점검한다.

② 초도, 정기, 재수시 인증 등이 있다.

③ 설계, 비행계획, 장치 등 모두를 검사한다.

④ 실시하는 이유는 비행 안전을 위해서다.

73 다음 중 관제권에 대한 설명으로 틀린 것은?

① 관제권은 계기비행항공기가 이착륙하는 공항에 설정되는 공역이다.

② 관제권은 수평적으로 공항 중심(ARP)으로부터 반경 5NM까지 설정할 수 있다.

③ 관제권은 하나의 공항에 대해 설정하며, 다수의 공항을 포함할 수 없다.

④ 관제권은 수직적으로 지표면으로부터 3,000~5,000ft까지 설정할 수 있다.

74 다음 중 무인비행장치 전문교관 등록 취소 사유에 대한 설명으로 틀린 것은?

① 실기시험 위원으로 지정된 사람이 부정한 방법으로 실기시험을 진행한 경우

② 비행경력증명서 등을 허위로 제출한 경우

③ 허위로 작성된 비행경력증명서 등을 확인하지 아니하고 서명 날인한 경우

④ 항공안전법에 따른 15일 이상의 행정처분을 받은 경우

75 다음 중 초경량 비행장치 사용사업의 범위가 아닌 것은?

① 지방 행사 시 시범 비행

② 산림 또는 공원 등의 관측 및 탐사

③ 사진촬영, 육상 및 해상측량 또는 탐사

④ 비료 또는 농약 살포, 씨앗 뿌리기 등 농업 지원

76 초경량 비행장치의 사업 범위가 아닌 것은?

① 야간 정찰   ② 산림 조사

③ 항공촬영   ④ 농약 살포

77 초경량 비행장치를 소유하거나 사용할 수 있는 권리가 있는 자는 초경량 비행장치를 영리 목적으로 사용해서는 안 된다. 그러나 국토교통부령으로 정하는 보험 또는 공제에 가입한 경우는 그러하지 않은데, 아닌 경우는?

① 항공기 운송사업

② 항공기 대여업에 사용

③ 초경량 비행장치 사용사업에 사용

④ 항공레저스포츠 사업에 사용

78 다음 중 항공사업법의 목적으로 옳지 않은 것은?

① 국민경제의 발전

② 사업주의 편의 향상

③ 항공사업의 질서 유지

④ 대한민국 항공사업의 체계적인 성장 기반 마련

[해설]

대한민국 항공사업의 체계적인 성장과 경쟁력 강화 기반을 마련하는 한편, 항공사업의 질서 유지 및 건전한 발전을 도모하고 이용자의 편의를 향상시켜 국민경제의 발전과 공공복리의 증진에 이바지한다.

79 다음 중 초경량 비행장치 사용사업의 종류로 옳지 않은 것은?

① 조종교육

② 항공운송업

③ 사진촬영, 육상해상 측량 또는 탐사

④ 비료 또는 농약 살포, 씨앗 뿌리기 등 농업 지원

[해설]

75번 문제 해설 참조

80 다음 중 25kg 이하인 무인비행장치만을 사용하여 초경량 비행장치 사용사업을 하려는 자의 등록요건으로 틀린 것은?

① 제3자 보험 가입

② 초경량 비행장치(무인비행장치) 1대 이상

③ 조종자 1명 이상

④ 개인의 경우 자산평가액 3천만 원 이상

[해설]

자본금 입증서류는 최대이륙중량 25kg 초과 무인비행장치를 사용할 경우에만 제출한다.

81 다음 중 초경량 비행장치 사용사업 변경 신고와 관련된 내용으로 옳지 않은 것은?

① 자본금 감소 시 신고

② 사업 범위 변경 시 신고

③ 대표자 변경 시 신고

④ 사유가 발생한 날로부터 15일 이내 신고

[해설]

변경 신고는 사유가 발생한 날로부터 30일 이내 신고

82 초경량 비행장치 사용사업의 등록 시 사업계획서에 들어가는 내용으로 맞지 않은 것은?

① 사업 개시 후 3개월간 운용 재원 계획

② 사업 개시 예정일

③ 안전관리 대책

④ 사업 목적 및 범위

[해설]

포함사항 : 사업 목적 및 범위, 안전관리대책, 자본금, 상호/대표자의 성명과 사업소 명칭 및 소재지, 사용시설/설비 및 장비의 개요, 종사자 인력의 개요, 사업 개시 예정일 등

83 다음 중 초경량 비행장치 사용사업의 등록 시 사업계획에 포함하는 내용으로 맞지 않은 것은?

① 사업 목적 및 범위

② 사업수지 계산 증명서류

③ 초경량 비행장치 안전성 점검계획 등 안전관리대책

④ 사용시설 장비, 종사자 인력의 개요

[해설]

포함사항 : 사업 목적 및 범위, 안전관리대책, 자본금, 상호/대표자의 성명과 사업소 명칭 및 소재지, 사용시설/설비 및 장비의 개요, 종사자 인력의 개요, 사업 개시 예정일 등

84 다음 중 초경량 비행장치 조종자 전문 교육기관 지정을 위해 국토교통부장관에게 제출할 서류로 옳지 않은 것은?

① 전문교관의 현황

② 교육시설 및 장비의 현황

③ 교육훈련 계획 및 교육 훈련 규정

④ 보유한 비행장치의 제원

[해설]

제출서류 : 전문교관 현황, 교육시설 및 장비의 현황, 교육훈련 계획 및 교육훈련 규정

정답 79 ② 80 ④ 81 ④ 82 ① 83 ② 84 ④

85 초경량 비행장치를 이용하여 비행정보구역 내에서 비행 시 비행계획을 제출하여야 하는데 포함사항이 아닌 것은?

① 항공기의 식별부호
② 항공기 탑재 장비
③ 출발비행장 및 출발예정시간
④ 보안 준수사항

86 다음 중 초경량 비행장치 비행계획 승인 신청 시 포함되지 않는 것은?

① 비행경로 및 고도
② 동승자의 소지자격
③ 조종자의 비행경력
④ 비행장치의 종류 및 형식

87 다음 중 일반적인 비행금지 사항에 대한 설명으로 맞는 것은?

① 아파트 놀이터나 도로 상공에서는 비행이 가능하다.
② 초경량 비행장치 전용공역에서는 고도 150m 이상, 야간에도 비행이 가능하다.
③ 한적한 시골지역 유원지 상공의 150m 이상 고도에서 비행이 가능하다.
④ 서울지역 P-73A/B 구역의 건물 내에서는 야간에도 비행이 가능하다.

88 모든 항공사진 촬영은 사전 승인을 득하고 촬영하여야 한다. 그러나 명백히 주요 국가, 군사 시설이 없는 곳은 허용된다. 이 중 명백한 주요 국가/군사 시설이 아닌 곳은?

① 국가 및 군사보안 목표 시설, 군사시설
② 군수산업시설 등 국가 보안상 중요한 시설 및 지역
③ 비행 금지구역(공익 목적 등인 경우 제한적으로 허용 가능)
④ 국립공원

89 다음 중 초경량 비행장치 조종자의 준수사항에 어긋나는 것은?

① 인명이나 재산에 위험을 초래할 우려가 있는 낙하물을 투하하는 행위
② 관제공역, 통제공역, 주의공역에서 비행하는 행위
③ 안개 등으로 인하여 지상 목표물을 육안으로 식별할 수 없는 상태에서 비행하는 행위
④ 일몰 후부터 일출 전이라도 날씨가 맑고 밝은 상태에서는 비행할 수 있다.

> **해설**
>
> 일몰 후부터 일출 전까지의 야간비행 금지

90 다음 중 항공종사자가 업무를 정상적으로 수행할 수 없는 경우가 아닌 것은?

① 음주는 무조건 금지이다.
② 혈중 알코올 농도 0.02% 이상
③ 마약류 관리에 관한 법률 제2조 제1호에 따른 마약류를 사용한 경우
④ 화학물질 관리법 제22조 제1항에 따른 환각물질을 사용한 경우

> **해설**
>
> 항공안전법 제57조 제5항에 의거하여 제한 기준 없이 무조건 금지가 아니고 혈중 알코올 농도 0.02% 이상인 경우로 규정하고 있다.

91 다음 중 신고를 필요로 하는 초경량 비행장치는?

① 초경량 헬리콥터
② 판매를 목적을 만들었으나 사용하지 않고 보관해 놓은 무인비행기
③ 길이가 7m 이하인 무인비행선
④ 계류식 무인비행장치

92 다음 중 비행금지, 제한구역 등에 대한 설명으로 틀린 것은?

① P-73, P-518, P-61~65 지역은 비행금지구역이다.

② 군,민간 비행장의 관제권은 주변 9.3km까지의 구역이다.

③ 원자력발전소, 연구소는 주변 19km까지의 구역이다.

④ 서울지역 R-75 내에서는 비행이 금지되어 있다.

93 다음 중 R-75제한구역의 설명으로 가장 적절한 것은?

① 초경량 비행장치 전용공역

② 서울지역 비행 금지구역

③ 군 사격장, 공수낙하훈련장

④ 서울지역 비행제한 구역

94 다음 중 비행 금지구역의 통제관할기관으로 맞지 않는 것은?

① P-73A/B 서울지역 : 수도방위사령부

② P-518 휴전선 지역 : 합동참모 본부

③ P-61~65 A구역 : 합동참모본부

④ P-61~65 B구역 : 각 군사령부

해설

P-61~65B 구역은 각 지방항공청에서 통제한다.

학습목표

출제 비중이 높은 다양한 문제로 구성한 모의고사를 풀어
봄으로써 앞에서 배운 내용에 대해 다시 한번 확인하고 실
력을 점검할 수 있도록 하였다. 문제에 대한 해설은 무료
동영상 강의로 학습할 수 있다.

실전 모의고사

1회 실전 모의고사

※ 해설은 무료 동영상 강의로 제공합니다.

01 다음 중 항공사업계획에 따라 업무를 수행하지 못한 예외 사항으로 옳지 않은 것은?

① 천재지변
② 안전운항을 위한 정비로서 예견하지 못한 정비
③ 영업수익 악화
④ 기상악화

02 푸르키네 현상에 따르면 다음의 보기 중에서 어두운 밤에 가장 잘 보이는 색은?

① 초록
② 빨강
③ 파랑
④ 노랑

03 프로펠러의 역할이 아닌 것은 무엇인가?

① 추력 발생
② 양력 발생
③ 중력 발생
④ 항력 발생

04 다음 비행 전 점검 절차에 대한 설명 중 옳지 않은 것은?

① 기체 자체 시스템 점검 후 GPS위성이 안정적으로 수신이 되는지를 확인한다.
② FC 전원 인가 전에 조종기 전원을 사전 인가한다.
③ 배터리 체크 시 절반의 셀이 정격전압일 때 비행 가능하다.
④ 메인 프로펠러의 장착상태와 파손 여부를 확인한다.

05 무인 멀티콥터의 운용 목적으로 옳지 않은 것은?

① 항공촬영
② 농약 살포
③ 전투드론
④ 조종교육

06 항공안전법을 위반한 사람에게 부과하는 과태료 상한 액수가 가장 높은 경우는?

① 자격 기준에 적합하다는 증명을 받지 아니하고 초경량 비행장치를 사용하여 비행한 경우
② 비행 시 준수사항에 따르지 아니하고 초경량 비행장치를 이용하여 비행한 경우
③ 초경량 비행장치의 신고번호를 표시하지 않고 거짓으로 표시한 경우
④ 초경량 비행장치의 비행 안전을 위한 기술상의 기준에 적합하다고 안전 인증을 받지 아니하고 비행한 경우

07 착륙 접근 중 안전에 문제가 있다고 판단하여 다시 이륙하는 것을 무엇이라고 하는가?

① 바운싱
② 복행
③ 플로팅
④ 하드랜딩

08 다음 중 비행 후 점검사항이 아닌 것은?

① 기체를 안전한 곳으로 옮긴다.
② 열이 식을 때까지 해당 부위는 점검하지 않는다.
③ 수신기를 끈다.
④ 전파테스트를 한다.

01 ③ 02 ③ 03 ③ 04 ③ 05 ③ 06 ④ 07 ② 08 ④ 정답

09 안정성 인증검사를 받지 않고 비행하여 1차 위반했을 경우 과태료는 얼마인가?

① 500만 원   ② 400만 원

③ 250만 원   ④ 50만 원

10 북반구 고기압권에서 바람은?

① 반시계 방향으로 회전하면서 중심부로부터 발생한다.

② 반시계 방향으로 회전하면서 중심부로 수렴한다.

③ 시계 방향으로 회전하면서 중심부로 수렴한다.

④ 시계 방향으로 회전하면서 중심부로부터 발산한다.

11 무인 멀티콥터의 구동장치가 아닌 것은?

① 모터   ② 프로펠러

③ GPS   ④ 변속기

12 수평비행을 유지하는 데 요구되는 피치 자세를 결정하는 3개의 조건은 무엇인가?

① 속도, 공기밀도, 항공기 무게

② 비행로, 바람 속도, 받음각

③ 상대풍, 기압고도, 수직양력분역

④ 받음각, 속도, 상대풍

13 바람을 일으키는 주요 원인은 무엇인가?

① 습도

② 태양 복사열의 불균형

③ 지구의 회전

④ 공기량 증가

14 겨울에는 대륙에서 해양으로, 여름에는 해양에서 대륙으로 부는 바람을 무엇이라고 하는가?

① 해풍   ② 계절풍

③ 대륙풍   ④ 편서풍

15 왕복엔진의 엔진오일(윤활유)의 역할이 아닌 것은?

① 윤활력

② 방빙력

③ 냉각력

④ 압축력(기밀력)

16 구름의 형성 조건이 아닌 것은?

① 풍부한 수증기   ② 응결핵

③ 시정   ④ 냉각작용

17 중층운에 속하는 구름의 국제 기호는?

① ST   ② NS

③ SC   ④ AC

18 구름에 관한 항공기상 보고 시 구름의 하단은 어느 지점을 기준으로 하여 결정하는가?

① 관측소의 압력고도

② 관측소 표면으로부터의 높이

③ 관측소의 평균 해수면 높이

④ 관측소 반경 1km 이내 가장 높은 곳의 고도

19 초경량 비행장치를 멸실하였을 경우 신고 기간은?

① 6개월   ② 15일

③ 3개월   ④ 30일

정답 09 3   10 4   11 3   12 1   13 2   14 2   15 2   16 3   17 4   18 2   19 2

20 특별비행 승인을 받아야 하는 경우가 아닌 것은?

① 관제권, 비행 금지구역 및 비행 제한구역에서 비행해야 하는 경우

② 가시권을 넘어서 비행해야 하는 경우

③ 야간에 비행해야 하는 경우

④ 야간에 25km 이상 되는 거리를 비행해야 하는 경우

21 조종기 및 지상통제장치에 대한 설명으로 옳지 않은 것은?

① 안전을 위해 조종기 및 지상통제장치와 통신이 두절되었을 경우 자동귀환 설정 필요

② 기체 전원을 먼저 인가하고 조종기 및 지상통제장치 전원을 이후에 인가하는 것이 적절

③ 지상통제장치를 통해 비행체로부터 데이터를 받으며 비행상태 파악 가능

④ 전원을 차단할 때는 조종기 및 지상통제장치 전원을 마지막에 차단하는 것이 적절

22 다음의 공역은?

> 공역의 설정 목적에 맞게 3개월 미만의 기간 동안만 단기간으로 설정되는 수평 및 수직 범위의 공역(국토교통부 항공교통본부장 등이 NOTAM으로 지정)

① 주권공역   ② 임시공역

③ 비행정보구역   ④ 영구공역

23 조종자 준수사항 위반 시 1차 과태료는?

① 100만 원   ② 50만 원

③ 300만 원   ④ 150만 원

24 바람의 근본적 발생 원인으로 가장 옳은 것은?

① 공기 중의 습도

② 지구의 회전

③ 기압경도의 차이

④ 지각의 변화

25 수평등속도 비행을 하던 비행기의 속도를 증가시켰을 때 그 상태에서 수평비행을 하기 위해서는 받음각은 어떻게 하여야 하는가?

① 감소시킨다.

② 감소하다 증가시킨다.

③ 변화시키지 않는다

④ 증가시킨다.

26 초경량 비행장치 사고 시 조치해야 할 사항으로 알맞은 것은 어느 것인가?

① 사람들에게 도움을 요청한다.

② 기체를 수거한다.

③ 조사기관에 신고한다.

④ 인명을 구조한다.

27 비행 전 점검 시 모터에 대한 내용으로 적합하지 않는 것은?

① 이물질 부착 여부

② 윤활유 주입 상태

③ 고정 상태, 유격 점검

④ 베어링 상태

28 조종자 증명을 받지 않고 비행한 경우 3차 과태료는?

① 300만 원   ② 200만 원

③ 100만 원   ④ 400만 원

20 ①   21 ②   22 ②   23 ①   24 ③   25 ①   26 ④   27 ②   28 ①   **정답**

29 초경량 비행장치 사고를 일으킨 조종자 또는 소유자는 사고 발생 즉시 국토부장관에게 보고하여야 하는데 그 내용이 아닌 것은?

① 초경량 비행장치의 소유자 또는 명칭
② 사고의 경위
③ 사람의 사상 또는 물건의 파손 개요
④ 사고의 정확한 원인분석 결과

30 지도조종자에 관련된 사항으로 틀린 것은?

① 비행경력 증명서 등을 허위로 제출할 경우 지도조종자가 취소된다.
② 무인 멀티콥터를 조종한 시간이 총 100시간 이상인 자는 지도조종자 등록을 할 수 있다.
③ 만 20세 이상인 사람이 지도조종자 등록을 할 수 있다.
④ 거짓이나 그 밖의 부정한 방법으로 지도조종자로 등록된 경우 취소된다.

31 다음 중 초경량 비행장치의 시험비행 허가권자는 누구인가?

① 항공안전기술원장
② 한국교통안전공단이사장
③ 지방항공청장
④ 국토교통부장관

32 초경량 비행장치의 방향타(러더)의 사용 목적은 무엇인가?

① 선회 시 경사를 주기 위해
② 편요(요잉)조종
③ 선회 시 하강을 막기 위해
④ 과도한 기울임의 조종

33 초경량 비행장치의 안전성 인증검사 종류가 아닌 것은?

① 정기검사　　② 중도검사
③ 수시검사　　④ 초도검사

34 다음 과태료 중 금액이 가장 큰 것은?

① 말소신고를 하지 아니했을 때
② 조종자 준수사항을 지키지 않았을 때
③ 초경량 비행장치 자격 증명이 없이 비행하였을 때
④ 안전성 인증검사를 받지 않고 비행했을 때

35 무인 멀티콥터의 모터 발열과 관계없는 것은?

① 지상 착륙 정지 직후
② 높은 대기 온도에서 장시간 운용 시
③ 탑재중량이 너무 클 때
④ 조종기 조종면 트림 설정 시

36 한랭전선이 온난전선을 따라잡아 두 전선이 겹쳐지는 경우 만들어지는 전선은?

① 한랭전선　　② 정체전선
③ 폐색전선　　④ 온난전선

37 다음 중 항공장애등의 종류로 틀린 것은?

① 주간 장애표식
② 고광도 항공장애등
③ 저광도 항공장애등
④ 중광도 항공장애등

정답 29 ④　30 ③　31 ④　32 ②　33 ②　34 ④　35 ④　36 ③　37 ①

38 하늘을 덮고 있는 구름이 6/10~9/10 정도인 하늘 상태를 무엇이라 하는가?

① 스캐터   ② 오버캐스트

③ 브로   ④ 크리어

39 항공종사자 업무를 정상적으로 수행할 수 없는 혈중 알코올 농도의 기준은?

① 0.02% 이상   ② 0.03% 이상

③ 0.05% 이상   ④ 0.5% 이상

40 무인 멀티콥터의 등록 일련번호는 누가 부여하는가?

① 항공안전기술원장

② 교통안전공단 이사장

③ 항공협회장

④ 지방항공청장

2회 실전 모의고사

※ 해설은 무료 동영상 강의로 제공합니다.

01 나침반이 가리키는 곳을 무엇이라 하는가?

① 편각
② 도북
③ 진북
④ 자북

02 날개의 받음각(AOA)에 대한 설명으로 옳은 것은?

① 에어포일의 시위선과 상대풍이 이루는 각이다.
② 에어포일의 시위선과 공기 흐름의 방향과 이루는 각이다.
③ 에어포일의 캠버와 공기 흐름 방향과 이루는 각이다.
④ 에어포일의 캠버와 시위선이 이루는 각이다.

03 신고해야 할 기체가 아닌 것은 무엇인가?

① 초소형 자이로플레인
② 초소형 비행장치
③ 계류형 무인비행기선
④ 동력비행장치

04 왕복엔진의 엔진오일(윤활유)의 역할이 아닌 것은?

① 냉각력
② 방빙력
③ 윤활력
④ 압축력(기밀력)

05 1000mAh 리튬폴리머 배터리 방전율 20C 10C로 사용하면 시간은?

① 6분
② 18분
③ 12분
④ 30분

06 CLASS B(2등급)에 포함되는 공항이 아닌 것은?

① 김포
② 서울
③ 제주
④ 인천

07 초경량 비행장치 조종자의 준수사항에 관한 설명으로 틀린 것은?

① 일몰 시부터 일출 시까지의 야간에 비행해서는 안 된다.
② 항공교통관제기관의 승인을 얻지 아니하고 관제공역을 비행해서는 안 된다.
③ 초경량 비행장치 조종자는 모든 항공기에 대하여 진로를 우선한다.
④ 안개 등으로 인하여 지상 목표물을 육안으로 식별할 수 없는 상태에서 비행해서는 안 된다.

08 다음 중 공기밀도가 높아지면 나타나는 형상으로 맞는 것은?

① 입자가 감소하고 양력이 증가한다.
② 입자가 감소하고 양력이 감소한다.
③ 입자가 증가하고 양력이 감소한다.
④ 입자가 증가하고 양력이 증가한다.

정답 01 ④   02 ①   03 ③   04 ②   05 ①   06 ②   07 ③   08 ④

09 항력의 종류 중 속도가 증가하면 감소하는 항력은?

① 유도항력   ② 유해항력

③ 총항력   ④ 형상항력

10 착빙구역에 대한 설명으로 틀린 것은?

① 난류성 구름 속에서 강한 착빙이 일어난다.

② 적운형 구름 속에서 강한 착빙이 일어난다.

③ 착빙은 0~10℃ 사이에 가장 많이 생긴다.

④ 층운형 구름 속에서 강한 착빙이 일어난다.

11 무인 멀티콥터에서 사용되는 배터리에 대한 설명으로 옳지 않은 것은?

① 모터 회전을 위해 리튬 폴리머 배터리가 주로 사용된다.

② 리튬폴리머 배터리는 에너지 밀도가 가장 낮은 안전한 배터리이다.

③ 1차 전지, 2차 전지, 연료전지가 사용된다.

④ 배터리 파손으로 화재가 발생할 수 있다.

12 초경량 비행장치 사용사업의 범위가 아닌 것은?

① 야간정찰

② 산림공원 등의 판촉탐사

③ 사진촬영 옥상 해상측량 또는 탐사

④ 비료 및 농약 살포 씨앗 뿌리기 등 농업 지원

13 다음 중 강우(비)가 예상되는 구름은?

① AS(고층운)

② CI(권운)

③ CU(적운)

④ ST(층운)

14 프로펠러의 크기로 22×6이라고 쓰여 있었다. 다음 중 이에 대한 옳은 설명은?

① 프로펠러의 직경이 22센치미터이고, 피치가 6센치미터이다.

② 프로펠러의 직경이 22센치미터이고, 프로펠러가 회전 시 전진하는 거리는 6인치이다.

③ 프로펠러의 직경이 22인치이고, 프로펠러가 회전 시 전진하는 거리가 6인치이다.

④ 프로펠러의 직경이 22센치미터이고, 피치가 6인치이다.

15 배터리 정비 시 주의사항으로 가장 알맞은 것은?

① 배터리를 자주 바꿔줘야 한다.

② 항상 모니터링해야 한다.

③ 한 번 정해진 수명은 절대 바뀌지 않는다.

④ 과도하게 방전시키면 안 된다.

16 불안정한 공기의 대기현상이 아닌 것은?

① 시정 : 대체로 양호

② 강수 : 지속성

③ 구름 : 적운형

④ 기류 : 거칠음

17 일정 기압의 온도를 하강시켰을 때 대기는 포화되어 수증기가 작은 물방울로 변하기 시작할 때의 온도를 무엇이라 하는가?

① 상대온도   ② 노점온도

③ 포화온도   ④ 대기온도

18 조종자증명을 받지 않고 초경량 비행장치를 사용한 경우 1차 위반 과태료는 얼마인가?

① 100만 원   ② 150만 원

③ 250만 원   ④ 200만 원

19 0양력 받음각에 대한 설명으로 옳은 것은?

① 양력이 발생할 때의 받음각
② 실속이 발생할 때의 받음각
③ 실속이 발생하지 않을 때의 받음각
④ 양력이 발생하지 않을 때의 받음각

20 초경량 비행장치를 영리목적 사용에 관한 처벌로 맞는 것은?

① 1년 이하의 징역 또는 1천만 원 이하 벌금
② 6개월 이하의 징역 또는 500만 원 이하 벌금
③ 1천만 원 벌금
④ 500만 원 과태료

21 수직운에 속하는 구름의 국제 기호는?

① CB
② SC
③ ST
④ NS

22 다음 초경량 비행장치 중 안전성 인증 대상이 아닌 기체는?

① 항공레저스포츠사업에 사용되는 행글라이더
② 동력비행장치
③ 사람이 탑승하지 않는 기구류
④ 회전익 비행장치

23 주로 봄과 가을에 이동성 고기압과 함께 동진해 와서 따뜻하고 건조한 일기를 나타내는 기단은?

① 오호츠크해기단
② 북태평양기단
③ 양쯔강기단
④ 적도기단

24 초경량 비행장치 신고 사항에 관하여 틀린 것은?

① 기체소유자는 각 호의 사항을 변경하려는 경우 그 사유가 있는 15일 이내에 안전신고서를 지방항공청에 제출하여야 한다.
② 기체의 측면사진
③ 기체 말소신고는 사유 발생일로부터 15일 이내에 신고해야 한다.
④ 증명할 수 있는 자료

25 항공안전법 제2조 제25호에 다른 공역 외의 공역으로서 비행정보구역 내의 D등급(4등급)에서 시계비행을 하는 항공기 간에 교통정보를 제공하는 공역은?

① 관제권
② 관제구
③ 비행장교통구역
④ 주의공역

26 뉴턴의 법칙 중 토크와 관련 있는 법칙은 무엇인가?

① 가속도의 법칙
② 베르누이 정리
③ 작용, 반작용의 법칙
④ 관성의 법칙

27 초경량 비행장치 자격 증명 취소 사유가 아닌 것은?

① 고의 또는 중대한 과실이 있는 경우
② 항공안전법을 위반하여 벌금 이상의 형을 선고받은 경우
③ 항공안전법에 의한 명령에 위반한 경우
④ 자격증을 분실한 후 1년이 경과하도록 분실신고를 하지 않은 경우

28 6500FT 이하에서 발생하는 구름의 종류는 어느 것인가?

① 고층운   ② 적운

③ 층운   ④ 권층운

29 초경량 비행장치 사용사업의 범위가 아닌 것은?

① 사진촬영 옥상 해상측량 또는 탐사

② 산림공원 등의 판촉탐사

③ 가정집 비행 감시

④ 비료 및 농약 살포 씨앗 뿌리기 등

30 공역을 고시할 때 어디를 통해서 고시하는가?

① 고나보

② 항공정보 간행물(AIP)

③ 항공정보 회람(AIC)

④ 항공고시보(NOTAM)

31 초경량 비행장치 자체중량에 포함되지 않는 것은?

① 방재용 약재

② 기체 프레임

③ 배터리

④ 프로펠러

32 다음 중 드론 비행에 적합한 환경은?

① 고압 전선이 지나가는 지역 주변

② 항공기가 이착륙하는 공항 주변

③ 공사 중이거나 주변에 전파방해가 많은 곳

④ 장애물이 없는 개활지

33 초경량 비행장치 비행공역이 포함된 E등급 공역 내에서 지표면 1000피트 미만 고도 이하로 비행하고자 하는 경우에 적용하는 최저 비행시정 기준은?

① 5000M   ② 1000M

③ 3000M   ④ 1600M

34 초경량 비행장치를 영리목적에 사용할 경우 보험에 가입하여야 한다. 그 경우가 아닌 것은?

① 항공기 대여업에서의 사용

② 초경량 비행장치 조종교육 사용 시

③ 초경량 비행장치의 판매 시

④ 교육시설 및 장비의 현황

35 다음은 비행 중 세로축으로 뱅크시킨 기체에 나타난 현상이다. 맞는 것은 무엇인가?

① 뱅크시킨 기체는 엔진 또는 모터가 회전하는 한 속도와 관성이 있으므로 선회를 지속한다.

② 뱅크시킨 기체는 모터가 회전하는 한 속도와 관성이 있으므로 직진한다.

③ 합력의 방향이 아래를 향함으로 기수가 내려간다.

④ 뱅크를 주더라도 상반각으로 인해 복원한다.

36 비행장치의 착륙거리를 짧게 하는 방법으로 옳지 않은 것은?

① 착륙무게를 가볍게 한다.

② 접기속도를 작게 한다.

③ 배풍으로 착륙한다.

④ 항력을 크게 한다.

37 실속의 설명으로 옳은 것은?

① 기체를 급격히 감속한 것

② 지상에서 주행 중인 기체를 저지한 것

③ 날개가 임계각을 초과하여 양력을 상실함

④ 대기 속도계의 고장으로 속도를 알 수 없게 된 것

38 비행체 구조의 크기나 모양에 의해 발생되는 저항은?

① 마찰항력　　　② 유해항력

③ 형상항력　　　④ 유도항력

39 무인 멀티콥터의 비행 특성이 아닌 것은?

① 수직이착륙　　② 정지비행

③ 초음속비행　　④ 횡진비행

40 브러시리스 모터에 사용되는 전자변속기(ESC)에 대한 설명으로 옳은 것은?

① 모터의 회전수를 제어하기 위해서 사용

② 모터의 온도를 제어하기 위해 사용

③ 모터의 무게를 제어하기 위해 사용

④ 모터를 냉각하기 위해 사용

3회 실전 모의고사

01 다음 중 안정된 공기의 특성이 아닌 것은?

① 층운형 구름　　② 적운형 구름
③ 잔잔한 기류　　④ 지속성 강우

02 무인 멀티콥터의 위치를 제어하는 부품은?

① 레이저 센서　　② GPS
③ 온도감지계　　④ 자이로 센서

03 모터의 속도상수(Kv)의 설명으로 옳은 것은?

① Kv가 작을수록 프로펠러가 작은 것이 효율적이다.
② Kv가 높으면 토크가 높다.
③ Kv가 낮으면 토크가 높다.
④ Kv가 클수록 프로펠러가 큰 것이 효율적이다.

04 비행정보구역 내의 A,B,C,D 및 E등급 공역에서 시계 및 계기비행을 하는 항공기에 대하여 항공교통관제업무를 제공하는 공역은?

① 정보구역　　② 조언구역
③ 관제권　　④ 관제국

05 항공시설 업무, 절차 또는 위험요소의 시설, 운영상태 및 그 변경에 관한 정보를 수록하여 전기통신 수단을 항공종사자들에게 배포하는 공고문은?

① NOTAM　　② AIP
③ AIC　　④ AIRAC

06 멀티콥터 제어장치가 아닌 것은 어느 것인가?

① GPS　　② FC
③ 프로펠러　　④ 제어 컨트롤

07 무인 멀티콥터가 비행 가능한 지역은?

① 전파수신이 많은 지역
② 장애물이 없고 안전한 곳
③ 전기줄 및 장애물이 많은 곳
④ 인파가 많고 차량이 많은 곳

08 초경량 비행장치 신고 시 첨부해야 할 서류가 아닌 것은?

① 초경량 비행장치의 제원 및 성능표
② 초경량 비행장치를 운용할 조종사, 정비사 인적사항
③ 초경량 비행장치를 소유하고 있음을 증명하는 서류
④ 초경량 비행장치의 사진

09 우리나라에 영향을 미치는 기단 중 초여름 장마기에 해양성 한대 기단으로 불연속의 장마전선을 이루어 영향을 미치는 기단은?

① 북태평양 기단
② 오호츠크 기단
③ 시베리아 기단
④ 양쯔강 기단

---

01 ② 　02 ② 　03 ③ 　04 ④ 　05 ① 　06 ③ 　07 ② 　08 ② 　09 ② **정답**

10 다음 무게중심과 관련된 설명으로 옳지 않은 것은?

① 기체마다 무게중심은 한곳으로 고정되어 있다.

② 균형상태가 되지 않으면 비행을 해서는 안 된다.

③ 항공기의 무게는 세 개의 축(종축, 횡축, 수직축)이 만나는 점에서 균형을 이룬다.

④ 가용하중이란 항공기 자체의 무게를 제외하고 최대 적재 가능한 무게를 말한다.

11 다음 중 기압에 대한 설명으로 틀린 것은?

① 해수면 기압 또는 동일한 기압대를 형성하는 지역을 따라서 그은 선을 등고선이라 한다.

② 북반구 고기압 지역에서 공기 흐름은 시계 방향으로 회전하면서 확산된다.

③ 일반적으로 고기압권에서는 날씨가 맑고 저기압권에서는 날씨가 흐린 경향을 보인다.

④ 등압선의 간격이 클수록 바람이 약하다.

12 비영리 목적으로 사용하는 초경량 비행장치의 안정성 인증검사의 유효기간은?

① 4년　　　　② 2년

③ 1년　　　　④ 3년

13 바람에 대한 설명으로 틀린 것은?

① 풍속의 단위는 m/s, Knot 등을 사용한다.

② 풍속은 공기가 이동한 거리와 이에 소모되는 시간의 비이다.

③ 바람은 기압이 낮은 곳에서 높은 곳으로 흘러가는 공기의 흐름이다.

④ 풍향은 지리학상의 진북을 기준으로 한다.

14 프로펠러 회전방향에 대한 설명으로 옳은 것은?

① 정피치 프로펠러를 뒤집어서 장착하면 역피치 프로펠러가 된다.

② 시계 방향 회전을 CW, 반시계 방향 회전을 CCW라고 칭한다.

③ 프로펠러의 회전 방향과 동일한 방향으로 토크가 발생한다.

④ 프로펠러의 회전 방향을 변경하기 위해 직경을 변경하면 된다.

15 비행제한구역에 비행을 하기 위해 승인 절차를 거쳐야 한다. 누구에게 신청을 해야 하는가?

① 국방부 장관

② 국토교통부 장관

③ 한국교통안전공단 이사장

④ 지방항공청장

16 비행기에 작용하는 항력에 대한 다음의 설명 중 올바른 것은?

① 유도항력은 양력의 세제곱에 비례한다.

② 추력이 항력보다 작으면 항공기는 항력 방향으로 비행한다.

③ 항력은 비행 방향에 수직으로 발생하는 공기역학적인 힘이다.

④ 항력은 속도의 제곱에 비례한다.

17 뉴턴의 법칙 중 토크와 관련 있는 법칙은 무엇인가?

① 베르누이 정리

② 가속도의 법칙

③ 관성의 법칙

④ 작용, 반작용의 법칙

18 뇌우와 같이 동반하지 않는 것으로 옳은 것은 어느 것인가?

① 우박
② 하강기류
③ 안개
④ 번개

19 항력에 대한 설명 중 옳지 않은 것은?

① 전체 항력이 최소일 때의 속도로 비행하면 항공기는 가장 멀리 날아갈 수 있다.
② 유해항력은 항공기 속도가 증가할수록 증가한다.
③ 유도항력은 항공기 속도가 증가할수록 증가한다.
④ 받음각이 증가하면 유도항력도 증가한다.

20 초경량 비행장치 자격 증명 취득기준 비행시간 중 다른 것은?

① 2종 : 10시간
② 지도조종자 : 100시간
③ 1종 : 20시간
④ 실기평가조종자 : 200시간

21 우리나라 공항에 대한 설명으로 옳지 않은 것은?

① 군,민 공용 공항은 8개이다.
② 국내 공항은 울산, 여수 등 7개이다.
③ 울진비행장을 비롯해 여수 등 국내 공항은 8개이다.
④ 국제공항은 인천, 김포 제주 등 8개이다.

22 안개가 발생하기 적합한 조건이 아닌 것은?

① 바람이 없을 것
② 대기의 성층이 안정할 것
③ 냉각작용이 있을 것
④ 강한 난류가 존재할 것

23 관제권의 정의를 맞게 설명한 것은?

① 항공기가 관제기관으로부터 통제를 받는 공역을 말한다.
② 각 지방항공청이 고시한 공역을 말한다.
③ 항공교통의 안전을 위하여 지표면 또는 수면으로부터 200미터 이상 높이의 공역
④ 비행장 또는 공항과 그 주변의 공역으로서 항공교통의 안전을 위하여 국토교통부 장관이 지정 공고한 공역을 말한다.

24 기체의 세로축과 날개의 시위선이 이루는 각도를 무엇이라 하는가?

① 후퇴각
② 상반각
③ 취부각
④ 처진각

25 안전하고 효율적인 무인항공 방제작업을 위한 필수 요원이 아닌 사람은?

① 조종자
② 보조자
③ 운전자
④ 신호자

26 관제구는 지표면, 해수면으로부터 최소 몇 m 이상 높게 설정해야 하는가?

① 100미터
② 150미터
③ 200미터
④ 250미터

27 항공기 대여업으로 초경량 비행장치만을 대여하는 개인의 자본금은?

① 자본금 3000만 원 이상
② 자본금 1000만 원 이상
③ 자본금 2000만 원 이상
④ 자본금 4000만 원 이상

18 ③ 19 ③ 20 ③ 21 ② 22 ④ 23 ④ 24 ③ 25 ③ 26 ③ 27 ① **정답**

28 초경량 비행장치의 말소신고를 하지 않은 경우 1차 과태료는?

① 25만 원   ② 15만 원

③ 30만 원   ④ 20만 원

29 무인 멀티콥터 비행 중 조종기의 배터리 경고음이 울렸을 때 취해야 할 행동으로 옳은 것은?

① 당황하지 말고 기체를 안전한 장소로 이동하여 착륙시켜 배터리를 교환한다.

② 경고음이 꺼질 때까지 기다려본다.

③ 재빨리 송신기의 배터리를 예비 배터리로 교환한다.

④ 기체를 원거리로 이동시켜 제자리 비행으로 대기한다.

30 국제민간항공기구(ICAO)에서 공식 용어로 사용하는 무인항공기 용어로 옳은 것은?

① drone

② UAV

③ RPV

④ RPAS

31 리튬폴리머 배터리 취급에 대한 설명으로 옳은 것은?

① 폭발 위험이나 화재 위험이 적어 충격에 잘 견딘다.

② 50℃ 이상의 환경에서 사용될 경우 효율이 높아진다.

③ 수중에 장비가 추락했을 경우에는 배터리를 잘 닦아서 사용한다.

④ −10℃ 이하로 사용될 경우 영구히 손상되어 사용 불가 상태가 될 수 있다.

32 비행 교육 후 평가의 원칙으로 옳지 않은 것은?

① 평가자는 적법한 자격이 없어도 평가할 수 있다.

② 평가 방법은 표준화되어야 한다.

③ 평가 목적이 이해되어야 한다.

④ 구체적인 평가 결과를 산출한다.

33 비행 방향의 반대 방향인 공기 흐름의 속도 방향과 에어포일의 시위선이 만드는 사잇각을 말하며 양력, 항력, 및 피치 모멘트에 가장 큰 영향을 주는 것은?

① 상반각

② 받음각

③ 붙임각

④ 후퇴각

34 지면효과에 대한 설명으로 옳은 것은?

① 공기 흐름 패턴과 함께 지표면의 간섭의 결과이다.

② 날개에 대한 증가된 유해항력으로 공기 흐름 패턴에서 변형된 결과이다.

③ 날개에 대한 공기 흐름 패턴의 방해 결과이다.

④ 지표면과 날개 사이를 흐르는 공기 흐름이 빨라져 유해항력이 증가함으로써 발생하는 현상이다.

35 회전익 비행장치의 특성으로 옳지 않은 것은?

① 제자리, 측/후방 비행이 가능하다.

② 엔진 정지 시 자동활동이 가능하다.

③ 동적으로 불안하다.

④ 최저속도를 제한한다.

정답 28 2   29 1   30 4   31 4   32 1   33 2   34 1   35 4

3회 실전 모의고사 | 221

36 항공기에 작용하는 세 개의 축이 교차되는 곳은 어디인가?

① 무게중심

② 압력중심

③ 가로축의 중간 지점

④ 세로축의 중간 지점

37 다음 중 기상 7대 요소는 무엇인가?

① 기압, 전선, 기온, 습도, 구름, 강수, 바람

② 기압, 기온, 습도, 구름, 강수, 바람, 시정

③ 해수면, 전선, 기온, 난기류, 시정, 바람, 습도

④ 기압, 기온, 대기, 안정성, 해수면, 바람, 시정

38 지구의 기상에서 일어나는 변화의 가장 근본적인 원인으로 옳은 것은?

① 해수면의 온도 상승

② 구름의 양

③ 지구 표면에 받아들이는 태양에너지의 변화

④ 구름의 대이동

39 대기 중에서 가장 많은 기체는 무엇인가?

① 산소　　　　　② 질소

③ 이산화탄소　　④ 수소

40 무인비행장치 운용에 따라 조종자가 작성할 문서가 아닌 것은?

① 비행훈련기록부

② 비행체 비행기록부

③ 조종사 비행기록부

④ 장비 정비 기록부

4회 실전 모의고사

※ 해설은 무료 동영상 강의로 제공합니다.

01 항공기의 항행안전을 저해할 우려가 있는 장애물 높이가 지표 또는 수면으로부터 몇 미터 이상이면 항공장애 표시등 및 항공장애 주간 표시를 설치해야 하는가?

① 50미터
② 100미터
③ 150미터
④ 200미터

02 메인블레이드의 밸런스 측정 방법으로 옳지 않은 것은?

① 메인 블레이드 각각의 무게가 일치하는지 측정한다.
② 메인 블레이드 각각의 중심(C.G)이 일치하는지 측정한다.
③ 양손에 들어보아 가벼운 쪽에 밸런싱 테이프를 감아 준다.
④ 양쪽 블레이드의 드래그 홀에 축을 끼워 앞전이 일치하는지 측정한다.

03 회전익 무인비행장치의 기체 및 조종기의 배터리 점검사항으로 옳지 않은 것은?

① 조종기에 있는 배터리 연결단자가 헐거워지거나 접촉 불량 여부를 점검한다.
② 기체의 배선과 배터리와의 고정 볼트의 고정상태를 점검한다.
③ 배터리가 부풀어 오른 것을 사용하여도 문제없다.
④ 기체 배터리와 배선의 연결 부위 부식을 점검한다.

04 다음 중 자동제어기술의 발달에 따른 항공사고 원인이 될 수 없는 것은?

① 불충분한 사전학습
② 기술의 진보에 따른 빠른 즉각적 반응
③ 새로운 자동화 장치의 새로운 오류
④ 자동화의 발달과 인간의 숙달 시간차

05 회전익 비행장치가 제자리 비행상태로부터 전진 비행으로 바뀌는 과도적인 상태는 무엇인가?

① 횡단류효과
② 전이비행
③ 자동회전
④ 지면효과

06 무인 멀티콥터의 조종기를 장기간 사용하지 않을 경우 일반적인 관리요령으로 옳지 않은 것은?

① 보관온도에 상관없이 보관한다.
② 서늘한 곳에 보관한다.
③ 배터리를 분리해서 보관한다.
④ 케이스에 보관한다.

07 난기류를 발생하는 주요 원인이 아닌 것은?

① 안정된 대기상태
② 바람의 흐름에 대한 장애물
③ 대형 항공기에서 발생하는 후류의 영향
④ 기류의 수직 대류현상

정답 01 ③ 02 ③ 03 ③ 04 ② 05 ② 06 ① 07 ①

08 다음 중 기압에 대한 설명으로 옳지 않은 것은?

① 일반적으로 고기압권에서는 날씨가 맑고 저기압권에서는 날씨가 흐린 경향을 보인다.

② 북반구 고기압 지역에서 공기 흐름은 시계 방향으로 회전하면서 확산된다.

③ 등압선의 간격이 클수록 바람이 약하다.

④ 해수면 기압 또는 동일한 기압대를 형성하는 지역에 따라서 그은 선을 등고선이라 한다.

09 다음 중 회전익 무인비행장치의 비행 준비사항으로 적절하지 않은 것은?

① 기체 크기

② 기체 배터리 상태

③ 조종기 배터리 상태

④ 조종사의 건강 상태

10 전동식 멀티콥터의 기체 구성품과 거리가 먼 것은?

① 프로펠러

② 모터와 변속기

③ 자동비행장치

④ 클러치

11 공기밀도에 관한 설명으로 옳지 않은 것은?

① 온도가 높아질수록 공기밀도도 증가한다.

② 일반적으로 공기밀도는 하층보다 상층이 낮다.

③ 수증기가 많이 포함될수록 공기밀도는 감소한다.

④ 국제표준대기(ISA)의 밀도는 건조공기로 가정했을 때의 밀도이다.

12 초경량 비행장치 무인 멀티콥터 조종자 전문 교육기관이 확보해야 할 지도조종자의 최소 비행시간은?

① 50시간　　　　② 100시간

③ 150시간　　　　④ 200시간

13 다음을 설명하는 용어로 옳은 것은?

> 날개꼴의 임의 지점에 중심을 잡고 받음각의 변화를 주면 기수를 들리고 내리는 피칭모멘트가 발생하는데, 이 모멘트의 값이 받음각에 관계없이 일정한 지점을 말한다.

① 압력중심　　　　② 공력중심

③ 무게중심　　　　④ 평균공력시위

14 착빙에 대한 설명 중 옳지 않은 것은?

① 양력과 무게를 증가시켜 추진력을 감소시키고 항력은 증가한다.

② 거친 착빙도 항공기 날개의 공기 역학에 심각한 영향을 줄 수 있다.

③ 착빙은 날개뿐 아니라 Carburetor Pitot 관 등에도 발생한다.

④ 습한 공기가 기체 표면에 부딪치면서 결빙이 발생하는 현상이다.

15 드론에 대한 설명으로 옳지 않은 것은?

① 드론은 대형 무인항공기와 소형 무인항공기를 모두 포함하는 개념이다.

② 일반적으로 우리나라에서는 일정 무게 이하의 소형 무인항공기를 지칭한다.

③ 우리나라 항공안전법은 150kg 이하 무인항공기를 무인비행장치로 분류하고 있다.

④ 우리나라 항공안전법에 무인 멀티콥터는 동력비행장치로 분류하고 있다.

16 무인항공 시스템의 지상 지원 장비로 옳지 않은 것은?

① 발전기
② 비행체
③ 비행체 운반차량
④ 정비지원 차량

17 무인 비행장치 탑재 임무장비로 옳지 않은 것은?

① 주간(EO)카메라
② 데이터링크 장비
③ 적외선(FLIR) 감시카메라
④ 통신중계 장비

18 비행교관의 기본 구비 자질로 옳지 않은 것은?

① 교육생에 대한 수용자세 : 교육생의 잘못된 습관이나 조작, 문제점을 지적하기 전에 그 교육생의 특성을 먼저 파악해야 한다.
② 외모 및 습관 : 교관으로서 청결하고 단정한 외모와 침착하고 정상적인 비행 조작을 해야 한다.
③ 전문적 언어 : 전문적인 언어를 많이 사용하여 교육생들의 신뢰를 얻어야 한다.
④ 화술 능력구비 : 교관으로서 학과 과목이나 조종을 교육시킬 때 적절하고 융통성 있는 화술 능력을 구비해야 한다.

19 무인 항공방제 작업 간 조종자/작업자의 안전 준비사항으로 옳지 않은 것은?

① 헬멧의 착용
② 보안경, 마스크 착용
③ 메인로터가 완전히 정지하기까지는 무의식적인 접근을 하지 않을 것
④ 옷은 짧은 소매를 입는다.

20 다음의 초경량 비행장치 중 국토부에서 정하는 보험에 가입하여야 하는 것은?

① 영리 목적으로 사용되는 인력 활공기
② 개인의 취미활동에 사용되는 행글라이더
③ 영리목적으로 사용되는 동력비행장치
④ 개인의 취미활동에 사용되는 낙하산

21 멀티콥터가 제자리 비행을 하다가 이동시키면 계속 정지상태를 유지하려는 것은 뉴턴의 어떤 법칙인가?

① 가속도의 법칙
② 관성의 법칙
③ 작용, 반작용의 법칙
④ 등가속도의 법칙

22 블레이드가 회전할 때 공기와 마찰하면서 발생하는 항력은 어떤 항력인가?

① 유도항력
② 유해항력
③ 형상항력
④ 총항력

23 영각에 대한 설명으로 옳지 않은 것은?

① 에어포일의 익현선과 합력 상대풍의 사잇각
② 취부각(붙임각)의 변화 없이도 변화될 수 있다.
③ 양력과 항력의 크기를 결정하는 중요한 요소
④ 영각(받음각)이 커지면 양력이 작아지고 영각이 작아지면 양력이 커진다.

24 고유의 안정성이란 무엇을 의미하는가?

① 이착륙 성능이 좋다.
② 실속이 되기 어렵다.
③ 스핀이 되지 않는다.
④ 조종이 보다 용이하다.

25 날개의 상하부를 흐르는 공기의 압력차에 의해 발생하는 압력의 원리는 무엇인가?

① 작용–반작용의 법칙

② 가속도의 법칙

③ 베르누이의 정리

④ 관성의 법칙

26 항력과 속도의 관계로 옳지 않은 것은?

① 항력은 속도제곱에 반비례한다.

② 유해항력은 거의 모든 항력을 포함하고 있어 저속 시 작고, 고속 시 크다.

③ 형상항력은 블레이드가 회전할 때 발생하는 마찰성 저항이므로 속도가 증가하면 점차 증가한다.

④ 유도항력은 하강풍인 유도기류에 의해 발생하므로 저속과 제자리 비행 시 가장 크며, 속도가 증가할수록 감소한다.

27 초경량 비행장치를 멸실하였을 경우 신고 기간으로 옳은 것은?

① 15일   ② 30일

③ 3개월   ④ 6개월

28 구름의 형성 조건으로 옳지 않은 것은?

① 풍부한 수증기

② 냉각작용

③ 응결핵

④ 시정

29 무인동력비행장치의 수직 이,착륙비행을 위하여 어떤 조종장치를 조종하는가?

① 스로틀   ② 피치

③ 롤   ④ 요우

30 대부분의 기상이 발생하는 대기의 층으로 옳은 것은?

① 대류권   ② 성층권

③ 중간권   ④ 열권

31 대기 중의 수증기 양을 나타내는 것은 무엇인가?

① 습도   ② 기온

③ 밀도   ④ 기압

32 강수 발생률을 강화시키는 것은 무엇인가?

① 강한 하강기류   ② 수직활동

③ 상승기류   ④ 수평활동

33 다음 중 초경량 비행장치의 비행 가능한 지역은 어디인가?

① (RK)R-1   ② UFA

③ MOA   ④ P65

34 초경량 비행장치 멀티콥터를 소유한 자가 신고 시 누구에게 신고하여야 하는가?

① 한국교통안전공단 드론관리처장

② 국토부 첨단항공과장

③ 국토부 가격과장

④ 지방항공청장

35 멀티콥터의 비행자세 제어를 확인하는 시스템은?

① 자이로 센서

② 가속도 센서

③ 위성시스템(GPS)

④ 지자기방위 센서

25 3   26 1   27 1   28 4   29 1   30 1   31 1   32 3   33 2   34 1   35 1   정답

36 자격 증명 취소 처분 후 몇 년 후에 재응시 할 수 있는가?

① 2년 ② 3년
③ 4년 ④ 5년

37 배터리의 중요한 정보들을 표면에 표기하는데, 이에 해당되지 않는 내용은?

① 셀(cell)의 개수 ② 소재
③ 전압 ④ 방전율

38 수평등속도 비행을 하던 비행기의 속도를 증가시켰을 때 그 상태에서 수평비행을 하기 위해서는 받음각은 어떻게 하여야 하는가?

① 감소시킨다.
② 증가시킨다.
③ 변화시키지 않는다.
④ 감소하다 증가시킨다.

39 다음 중 배터리 관리 방법으로 옳지 않은 것은?

① 배터리 완충 후 충전기에서 분리해야 한다.
② 배터리 폐기 시 소금물에 2~3일 담가둔다.
③ 배터리의 고장난 셀은 일부 교체 후 사용한다.
④ 다른 제품의 배터리를 연결해서는 안 된다.

40 초경량 비행장치의 범위에 포함되지 않는 것은?

① 좌석이 1개인 비행장치로서 탑승자, 연료 및 비상용 장비의 중량을 제외한 해당 장치의 자체중량이 150kg인 동력비행장치
② 연료의 중량을 제외한 자체중량이 180kg 이하이고 길이가 20m 이하인 무인 비행선
③ 패러글라이더에 추진력을 얻는 장치를 부착하고 착륙장치가 없는 동력 패러글라이더
④ 기체의 성질 온도차 등을 이용하는 계류식 기계

5회 실전 모의고사

※ 해설은 무료 동영상 강의로 제공합니다.

01 무인 멀티콥터에서 비행 간에 열이 발생하는 부분으로 비행 후 반드시 점검해야 하는 부분이 아닌 것은?

① 프로펠러　　　　② 비행제어장치

③ 모터　　　　　　④ 변속기

02 GPS장치의 구성으로 볼 수 없는 것은?

① 안테나　　　　　② 변속기

③ 신호선　　　　　④ 수신기

03 초경량 비행장치 사용사업 중 지방항공청장이 등록을 취소해야 하는 경우가 아닌 것은?

① 거짓이나 그 밖의 부정한 방법으로 등록한 경우

② 법인이 3개월 이내에 해당 임원을 결격 사유가 없는 임원으로 바꾸어 임명한 경우

③ 사업 정지 명령을 위반하여 사업 정지 기간에 사업을 경영한 경우

④ 항공기 운항의 정지명령을 위반하여 운항 정지 기간에 운항한 경우

04 배터리 폐기 시 주의사항 중 다른 것은?

① 전기적 저항요소(전구, 모터)를 배터리에 연결하여 완전 방전 후 폐기

② 전기적 단락을 이용한 방전

③ 장기 보관을 통한 방전 금지

④ 환기가 잘되는 곳에서 소금물을 이용하여 완전 방전 후 폐기(유독성 기체를 주의한다)

05 다음 중 조종자 준수사항에 대해 다르게 설명한 것은?

① 비행 시 비가시권 비행은 금지한다.

② 음주 후 비행 시 3년 이하의 징역 또는 3,000만 원 이하의 벌금을 받는다.

③ 항공촬영 승인을 받은 경우 250m 이하의 비행 승인을 받지 않아도 된다.

④ 관제권 9.3km 안에서는 비행이 불가능하다.

06 주의공역에 해당하지 않는 것은?

① 군작전구역(MOA)

② 비행제한구역(R)

③ 훈련구역(CATA)

④ 경계구역(A)

07 항공사업자는 폐업 며칠 전까지 비행항공청장에게 신고해야 하는가?

① 5일　　　　　　② 7일

③ 15일　　　　　④ 30일

08 초경량 비행장치 조종자가 제출하여야 하는 신체검사 증명서류가 아닌 것은?

① 보통 2종 이하 자동차운전면허

② 항공신체검사증명서

③ 종합건강진단서

④ 보통 2종 이상 운전면허 신체검사 증명서

09 초경량 비행장치 자격 증명 취소 사유가 아닌 것은?

① 고의 또는 중대한 과실이 있는 경우

② 항공안전법에 의한 명령에 위반한 경우

③ 항공안전법을 위반하여 벌금 이상의 형을 선고받은 경우

④ 자격증을 분실한 후 1년이 경과하도록 분실신고를 하지 않는 경우

10 과태료의 금액으로 틀린 것은?

① 신고번호 미표시 100만 원

② 말소신고 미신고 30만 원

③ 조종자 증명 없이 비행한 경우 300만 원

④ 항공사고 미신고 100만 원

11 초경량 비행장치 조종자의 준수사항 중 무인 비행장치의 조종자에 대하여 적용하지 않는 조종자 준수사항은?

① 인명이나 재산에 위험을 초래할 우려가 있는 낙하물을 투하하는 행위

② 인구가 밀집된 지역이나 그 밖에 사람이 많이 모인 장소의 상공에서 인명 또는 재산에 위험을 초래할 우려가 있는 방법으로 비행하는 행위

③ 안개 등으로 인하여 지상 목표물을 육안으로 식별할 수 없는 상태에서 비행하는 행위

④ 비행 중 마약류 또는 환각물질 등을 섭취하여 사용하는 행위

12 다음 중 비행 금지구역이 다른 것은?

① P62 월성원전

② P73 청와대

③ P61 고리원전

④ P518 국방부

13 무인비행장치 비행모드 중에서 자동복귀(RH)에 대한 설명으로 옳은 것은?

① 자동으로 자세를 잡아주면서 수평을 유지시켜 주는 비행모드

② 비행 중 통신두절 상태가 발생했을 때 이륙 위치나 이륙 전 설정한 위치로 자동 복귀한다.

③ 자세제어에 GPS를 이용한 위치제어가 포함되어 위치와 자세를 잡아준다.

④ 설정된 경로에 따라 자동으로 비행하는 비행모드

14 다음 항공안전법에서 정하고 있는 초경량 비행장치 범위(구분)에 포함되지 않는 것은?

① 무인비행장치

② 행글라이더

③ 비행선류

④ 동력비행장치

15 인적 요인인 대표적 모델인 SHELL의 구성요소가 아닌 것은?

① Environment
② Hardware
③ Liveware
④ System

16 관성측정장치(IMU)에 대한 설명으로 옳지 않은 것은?

① 무인비행장치의 자세각, 자세각속도, 가속도를 측정 및 추정

② 진동에 매우 강인하여 진동에 큰 영향을 받지 않는다.

③ 무인비행장치의 자세를 안정화 하기 위해 활용

④ 일반적으로 가속도계, 자이로스코프, 지자기 센서를 포함

정답 09 ④ 10 ④ 11 ③ 12 ④ 13 ② 14 ③ 15 ④ 16 ②

17 받음각이 일정할 때 양력은 고도의 증가에 따라 어떻게 되는가?

① 감소 후 증가한다.   ② 감소한다.
③ 일정하다.   ④ 증가한다.

18 받음각이란 주날개의 시위선(익현선)과 무엇이 이루는 각을 말하는가?

① 수평선   ② 양력
③ 캠버   ④ 합력상대풍

19 자동비행장치(FCS)에 탑재된 센서와 역할의 연결이 부적절한 것은?

① 자이로 센서－비행체 자세
② GPS수신기－속도와 자세
③ 지자기 센서－비행체 방향
④ 가속도계－자세 변화 속도

20 지자기 센서의 보정(Calibration)이 필요한 시기로 옳은 것은?

① 비행체를 처음 수령하여 시험비행을 한 후 다음날 다시 비행할 때
② 10km 이상 이격된 지역에서 비행을 할 경우
③ 비행체가 GPS모드에서 고도를 잘 잡지 못할 경우
④ 전진 비행 시 좌측으로 바람과 상관없이 벗어나는 경우

21 현재 무인 멀티콥터의 기술적 해결 과제로 볼 수 없는 것은?

① 장시간 비행을 위한 동력 시스템
② 비행체 구성품의 내구성 확보
③ 농업방제장치 개발
④ 비행제어 시스템 신뢰성 개선

22 무인항공방제 간 사고의 주된 요인으로 볼 수 없는 것은?

① 방제 전날 사전 답사를 하지 않았다.
② 숙달된 조종자로서 신호수를 배치하지 않는다.
③ 주 조종자가 교대 없이 혼자서 방제작업을 진행한다.
④ 비행 시작 전에 조종자가 장애물 유무를 육안 확인한다.

23 현재의 무인 멀티콥터의 활용 분야로 볼 수 없는 것은 무엇인가?

① 인원 운송사업
② 항공촬영 분야 사업
③ 항공방제 사업
④ 공간정보 활용

24 무인 멀티콥터 비행의 위험관리 사항으로 부적절한 것은 무엇인가?

① 비행장치(지상장비의 상태, 충전기 등)
② 환경(기상상태, 주위 장애물 등)
③ 조종자(건강상태, 음주, 피로, 불안 등)
④ 비행(비행목적, 계획, 긴급도, 위험도)

25 교육생에 대한 교관의 학습 지원 요령으로 부적절한 것은 무엇인가?

① 학생의 특성과 상관없이 표준화된 한 가지 교수 방법 적용
② 정확한 표준 조작 요구
③ 긍정적인 면을 강조
④ 교관이 먼저 비행원리에 정통하고 적용한다.

26 멀티콥터나 무인 회적익 비행장치의 착륙 조작 시 지면에 근접하면 힘이 증가되고 착륙 조작이 어려워지는 것은 어떤 현상 때문인가?

① 지면효과　　　② 전이 성향
③ 양력 불균형　　④ 횡단류 효과

27 멀티콥터의 이동비행 시 속도가 증가될 때 통상 나타나는 현상은 무엇인가?

① 고도가 올라간다.
② 고도가 내려간다.
③ 기수가 좌로 돌아간다.
④ 기수가 우로 돌아간다.

28 무인동력비행장치의 전, 후진 비행을 위하여 어떤 조종장치를 조작하여야 하는가?

① 스로틀　　　　② 피치
③ 롤　　　　　　④ 요우

29 멀티콥터 암의 한쪽 끝에 모터와 로터를 장착하여 운용할 때 반대쪽에 작용하는 힘의 법칙으로 옳은 것은?

① 관성의 법칙
② 가속도의 법칙
③ 작용과 반작용의 법칙
④ 연속의 법칙

30 베르누이 정리에 의한 압력과 속도와의 관계로 옳은 것은?

① 압력 증가, 속도 증가
② 압력 증가, 속도 감소
③ 압력 증가, 속도 일정
④ 압력 감소, 속도 일정

31 블레이드가 공기를 지날 때 표면마찰(점성마찰)로 인해 발생하는 마찰성 저항으로 마찰항력이라고도 하는 항력은 무엇인가?

① 유도항력　　　② 유해항력
③ 형상항력　　　④ 총항력

32 다음 중 받음각에 대한 설명으로 옳지 않은 것은?

① 기체의 중심선과 날개의 시위선이 이루는 각이다.
② 공기 흐름의 속도 방향과 날개골의 시위선이 이루는 각이다.
③ 받음각이 증가하면 일정한 각까지 양력과 항력이 증가한다.
④ 비행 중 받음각은 변할 수 있다.

33 국제 구름 기준에 의한 구름을 잘 구분한 것은?

① 높이에 따른 상층운, 중층운, 하층운, 수직으로 발달한 구름
② 층운, 적운, 난운, 권운
③ 층운, 적란운, 권운
④ 운량에 따라 작은 구름, 중간 구름, 큰 구름, 그리고 수직으로 발달한 구름

34 안개의 시정조건으로 옳은 것은?

① 1마일 이하로 제한
② 5마일 이하로 제한
③ 7마일 이하로 제한
④ 10마일 이하로 제한

35 이슬비의 정의로 옳은 것은?

① 빗방울 크기가 직경 0.5mm 이하일 때
② 빗방울 크기가 직경 0.7mm 이하일 때
③ 빗방울 크기가 직경 0.9mm 이하일 때
④ 빗방울 크기가 직경 1mm 이하일 때

PART 01
PART 02
PART 03
PART 04
PART 05

36 다음 중 고기압이나 저기압 시스템의 설명에 관하여 옳은 것은?

① 고기압 지역 또는 마루에서 공기는 올라간다.
② 고기압 지역 또는 마루에서 공기는 내려간다.
③ 저기압 지역 또는 골에서 공기는 정체한다.
④ 저기압 지역 또는 골에서 공기는 내려간다.

37 이류안개가 가장 많이 발생하는 지역으로 옳은 것은?

① 산 경사지
② 해안지역
③ 수평 내륙지역
④ 산간 내륙지역

38 항공정기기상 보고에서 바람 방향, 즉 풍향의 기준으로 옳은 것은?

① 자북
② 진북
③ 도북
④ 자북과 도북

39 해륙풍과 산곡풍에 대한 설명으로 옳지 않은 것은?

① 낮에 바다에서 육지로 공기가 이동하는 것을 해풍이라고 한다.
② 밤에 육지에서 바다로 공기가 이동하는 것을 육풍이라고 한다.
③ 낮에 골짜기에서 산 정상으로 공기가 이동하는 것을 곡풍이라고 한다.
④ 밤에 산 정상에서 산 아래로 공기가 이동하는 것을 곡풍이라고 한다.

40 짧은 거리 내에서 순간적으로 풍향과 풍속이 급변하는 현상으로 뇌우, 전선, 깔때기 형태의 바람, 산악파 등에 의해 형성되는 것으로 옳은 것은?

① 윈드시어
② 돌풍
③ 회오리바람
④ 토네이도

6회 실전 모의고사

Unmanned Multicopter

※ 해설은 무료 동영상 강의로 제공합니다.

01 다음 공역 중 통제공역이 아닌 것은?

① 비행금지 구역

② 비행제한 구역

③ 초경량 비행장치 비행제한 구역

④ 군작전 구역

02 항공고시보(NOTAM)의 최대 유효기간으로 옳은 것은?

① 1개월

② 3개월

③ 6개월

④ 12개월

03 사고 발생 시 최초 보고 사항에 포함되지 않는 것은 무엇인가?

① 조종자 및 초경량 비행장치 소유자의 성명 또는 명칭

② 사고 발생 지역의 기상상태

③ 초경량 비행장치의 종류 및 신고번호

④ 인적 물적 피해의 개요(간단히)

04 초경량 비행장치 운용 시간으로 옳은 것은?

① 일출부터 일몰 30분 전까지

② 일출 30분 전부터 일몰까지

③ 일출 후 30분부터 일몰 30분 전까지

④ 일출부터 일몰까지

05 전동 무인 멀티콥터의 필수 구성품으로 옳지 않은 것은?

① 로터

② 비행제어장치(FCS)

③ 모터와 변속

④ 냉각펌프

06 비행제어 시스템의 내부 구성품으로 옳지 않은 것은?

① ESC ② IMU

③ PMU ④ GPS

07 산업용 무인 멀티콥터의 일반적인 비행 전 점검순서로 올바른 것은?

① 로터〉모터〉변속기〉붐/암〉본체〉착륙장치〉임무장비

② 변속기〉붐/암〉로터〉모터〉본체〉착륙장치〉임무장비

③ 임무장비〉로터〉모터〉변속기〉붐/암〉착륙장치〉본체

④ 임무장비〉로터〉변속기〉모터〉붐/암〉본체〉착륙장치

08 비행제어시스템에서 자세제어와 직접 관련이 있는 센서와 장치로 옳지 않은 것은?

① 가속도 센서 ② 자이로 센서

③ IMU ④ 모터

정답 01 ④ 02 ② 03 ② 04 ④ 05 ④ 06 ① 07 ① 08 ④

09 농업용 무인 멀티콥터로 방제작업을 할 때 조종자의 준비사항으로 옳지 않은 것은

① 헬멧의 착용
② 보안경 및 마스크 착용
③ 시원한 짧은 소매 복장
④ 양방향 무전기

10 무인 멀티콥터를 이용한 항공촬영 작업의 진행 절차로서 옳지 않은 것은?

① 작업을 위해서 비행체를 신고하고 보험을 가입하였다.
② 초경량 비행장치 사용사업 등록을 실시했다.
③ 국방부 촬영 허가는 연중 한 번만 받고 작업을 진행했다.
④ 작업 1주 전에 지방항공청에 비행 승인을 신청하였다.

11 비행교관의 자질로 적절한 것은?

① 비행 기량이 뛰어난 것을 과시하는 시범 행위
② 전문지식은 필요한 부분만 부분적으로 숙지한다.
③ 문제점을 지적하기 전에 교육생의 특성을 먼저 파악한다.
④ 교관의 자기감정을 숨김없이 표출한다.

12 세로안정성과 관계있는 운동으로 옳은 것은?

① Yawing
② Rolling
③ Pitching
④ Rolling&Yawing

13 베르누이 정리의 설명으로 옳은 것은?

① 베르누이 정리는 밀도와는 무관하다.
② 유체의 속도가 증가하면 정압이 감소한다.
③ 위치 에너지의 변화에 의한 압력이 동압이다.
④ 정상 흐름에서 정압과 동압의 합은 일정하지 않다.

14 지면효과를 받을 때의 설명으로 옳지 않은 것은?

① 받음각이 증가한다.
② 항력의 크기가 증가한다.
③ 양력의 크기가 증가한다.
④ 같은 출력으로 많은 무게를 지탱할 수 있다.

15 다음 중 무인 회전익 비행장치가 고정익형 무인비행기와 비행 특성이 가장 다른 점은?

① 우선회 비행　　② 제자리 비행
③ 좌선회 비행　　④ 전진 비행

16 상대풍의 설명으로 옳지 않은 것은?

① 에어포일에 상대적인 공기의 흐름이다.
② 에어포일의 움직임에 의해 상대풍의 방향은 변하게 된다.
③ 에어포일의 방향에 따라 상대풍의 방향도 달라지게 된다.
④ 에어포일이 위로 이동하면 상대풍은 위로 향하게 된다.

17 비행장치에 작용하는 4가지 힘이 균형을 이룰 때로 옳은 상황은?

① 가속 중일 때

② 지상에 정지상태에 있을 때

③ 등속 수평비행일 때

④ 상승을 시작할 때

18 토크작용은 어떤 운동법칙인가?

① 관성의 법칙

② 가속도의 법칙

③ 작용과 반작용의 법칙

④ 연속의 법칙

19 안정대기 상태란?

① 대기의 불안정 ② 풍부한 수증기

③ 강한 상승기류 ④ 강한 하강기류

20 해풍의 설명으로 가장 옳은 것은?

① 여름철 해상에서 육지 방향으로 부는 바람

② 낮에 해상에서 육지 방향으로 부는 바람

③ 낮에 육지에서 바다로 부는 바람

④ 밤에 해상에서 육지 방향으로 부는 바람

21 푄 현상의 발생 조건으로 옳지 않은 것은?

① 지형적 상승현상

② 습한 공기

③ 건조하고 습윤단열기온감률

④ 강한 기압경도력

22 가열된 공기와 냉각된 공기의 수직순환 형태를 무엇이라 칭하는가?

① 복사 ② 전도

③ 대류 ④ 이류

23 태풍의 세력이 약해져 소멸되기 직전 또는 소멸되어 무엇으로 변하는가?

① 열대성 고기압 ② 열대성 저기압

③ 열대성 폭풍 ④ 편서풍

24 초경량 비행장치 무인 멀티콥터 조종자 전문 교육기관의 구비 조건으로 옳지 않은 것은?

① 격납고

② 강의실 1개 이상

③ 사무실 1개 이상

④ 이/착륙 공간

25 초경량 비행장치를 이용하여 비행 시 유의사항으로 옳지 않은 것은?

① 군 방공비상사태 인지 시 즉시 비행을 중지하고 착륙하여야 한다.

② 항공기 부근에는 접근하지 말아야 한다.

③ 유사 초경량 비행장치끼리는 가까이 접근이 가능하다.

④ 비행 중 사주경계를 철저히 하여야 한다.

26 초경량 비행장치를 이용하여 비행정보구역 내에서 비행 시 비행계획을 제출할 때 포함 사항으로 옳지 않은 것은?

① 항공기의 식별부호

② 항공기 탑재 장비

③ 출발비행장 및 출발 예정 시간

④ 보안 준수사항

27 초경량 비행장치의 사업 범위가 아닌 것은?

① 야간정찰 ② 산림조사

③ 농약 살포 ④ 항공촬영

28 항공사진 촬영은 촬영 목적, 용도 및 대상 시설, 지역의 보안상 중요도 등을 검토하여 항공촬영 허가 여부가 결정된다. 다음 중 항공사진 촬영이 금지된 곳이 아닌 곳은?

① 국가 보안시설 및 군사보안 시설

② 비행장, 군항, 유도탄 기지 등 군사시설

③ 기타 군수산업시설 등 국가 안보상 중요한 시설, 지역

④ 국립공원

29 날개에서 양력이 발생하는 원리의 기초가 되는 베르누이 정리에 대한 설명으로 옳지 않은 것은?

① 전압(Pt)=동압(O)+정압(P)

② 흐름의 속도가 빨라지면 동압이 증가하고 정압은 감소한다.

③ 전압과 정압의 차이로 비행속도를 측정할 수 있다.

④ 음속보다 빠른 흐름에서는 동압과 정압이 동시에 증가한다.

30 비행기 외부점검을 하면서 날개 위에 서리를 발견했다면?

① 비행기의 착륙과 관계가 없으므로 비행 중 제거되지 않으면 제거될 때까지 비행하면 된다.

② 날개를 두껍게 하는 원리로 양력을 증가시키는 요소가 되므로 제거해서는 안 된다.

③ 날개의 양력 감소를 유발하기 때문에 비행 전에 반드시 제거해야 한다.

④ 비행기의 이륙과 착륙에 무관하므로 정상 절차만 수행하면 된다.

31 비행 전 점검사항이 아닌 것은?

① 모터 및 기체의 전선 등 점검

② 기기 배터리 및 전선 상태 점검

③ 스로틀을 상승하여 비행해 본다.

④ 조종기 배터리 부식 등 점검

32 항공기의 비행 시 조종자의 특별한 주의 경계 식별 등이 필요한 공역은?

① 관제공역　　　② 통제공역

③ 주의공역　　　④ 비관제 공역

33 다음 중 시정에 직접적인 영향을 미치지 않는 것은?

① 바람　　　② 황사

③ 연무　　　④ 안개

34 착빙에 대한 설명 중 틀린 것은?

① 거친 착빙은 항공기 날개의 공기역학에 심각한 영향을 줄 수 있다.

② 습한 공기가 기체 표면에 부딪치면서 결빙이 발생하는 현상이다.

③ 착빙은 날개뿐 아니라 Carburetor, Pitot관 등에서도 발생한다.

④ 양력과 무게를 증가시켜 추진력을 감소시키고 항력은 증가시킨다.

35 회전익 무인 비행장치의 동력장치로 적합한 것은?

① 전기모터

② 로터리엔진

③ 터보엔진

④ 가솔린엔진

36 다음 중 조종 방법 설명으로 옳은 것은?

① 고도를 하강 시 엘리베이터를 전진한다.

② 고도를 하강 시 엘리베이터를 후진한다.

③ 고도를 하강 시 스로틀을 올린다.

④ 고도를 하강 시 스로틀을 내린다.

37 기체가 양력으로 호버링 중 모터에 열이 많이 발생하는 이유는?

① 조종기에서 조작키를 잡고 있을 때

② 무거운 짐을 많이 실었을 때

③ 착륙할 때

④ 기온이 30도 이상일 때

38 뇌우(천둥)가 발생하면 항상 함께 일어나는 기상 현상은?

① 번개　　　　② 소나기

③ 우박　　　　④ 스콜

39 다음 중 초경량 비행장치가 아닌 것은?

① 낙하산류

② 동력패러글라이더

③ 동력비행장치

④ 초급 활공기

40 주취 또는 약물복용 판단기준이 아닌 것은?

① 소변검사

② 혈액검사

③ 알코올 측정검사

④ 육안 판단

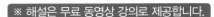

Unmanned Multicopter

※ 해설은 무료 동영상 강의로 제공합니다.

01 국토교통부장관에게 소유 신고를 하지 않아도 되는 장치는?

① 동력비행장치
② 계류식 무인비행장치
③ 초소형 자이로플레인
④ 초소형 헬리콥터

02 멀티콥터 착륙 지점으로 바르지 않은 것은?

① 고압선이 없고 평평한 지역
② 평평한 해안지역
③ 바람에 날아가는 물체가 없는 평평한 지역
④ 평평하면서 경사진 곳

03 NOTAM 유효기간으로 적당한 것은?

① 6개월
② 3개월
③ 1개월
④ 1년

04 조종기 관리법으로 적당하지 않은 것은 어느 것인가?

① 조종기 점검은 비행 전 시행한다.
② 조종기는 22~28℃ 상온에서 보관한다.
③ 조종기는 하루에 한 번씩 체크한다.
④ 조종기 장기 보관 시 배터리 커넥터를 분리한다.

05 다음 중 항공종사자가 아닌 사람은?

① 자가용 조종사
② 항공교통 관제사
③ 부조종사
④ 무인항공기 운항 관련 업무자

06 모터의 설명 중 맞는 것은 어느 것인가?

① BLDC모터는 브러시가 있는 모터이다.
② DC모터는 영구적으로 사용할 수 없는 단점이 있다.
③ BLDC모터는 변속기가 필요 없다.
④ DC모터는 BLDC모터보다 수명이 길다.

07 다음 중 벡터(Vector)량이 아닌 것은?

① 양력
② 속도
③ 질량
④ 가속도

08 섭씨 0℃는 화씨 몇 도인가?

① 32°F
② 64°F
③ 212°F
④ 0°F

09 다음 중 기상 보고 상태 +RA FG는 무엇을 의미하는가?

① 비와 함께 안개가 동반되지 않는다.
② 강한 비 이후 안개가 내린다.
③ 약한 비가 내린 뒤 안개가 내린다.
④ 비와 함께 안개가 동반된다.

01 ② 02 ④ 03 ② 04 ③ 05 ④ 06 ② 07 ③ 08 ① 09 ② **정답**

10 다음 중 비행 후 점검사항이 아닌 것은?

① 열이 식을 때까지 해당 부위는 점검하지 않는다.
② 전파테스트를 한다.
③ 기체를 안전한 곳으로 옮긴다.
④ 수신기를 끈다.

11 4행정 왕복엔진의 행정순서로 올바른 것은 어느 것인가?

① 흡입, 폭발, 압축, 배기
② 압축, 흡입, 배기, 폭발
③ 배기, 폭발, 압력, 흡입
④ 흡입, 압축, 폭발, 배기

12 로터의 피치에 대한 설명으로 맞는 것은 어느 것인가?

① 로터가 한 번 회전할 때 전방으로 진행한 실제 거리를 기하학적 피치라 한다.
② 로터가 한 번 회전할 때 전방으로 진행한 이동거리를 기하학적 피치라 한다.
③ 바람의 속도가 증가할 때 로터의 회전을 유지하기 위해서는 피치를 감소시킨다.
④ 로터가 블레이드 각의 기준선이다.

13 신고를 필요로 하지 아니하는 초경량 비행장 치는?

① 사용하지 않고 보관해 놓은 무인비행기
② 초경량 헬리콥터
③ 계류식 무인비행장치
④ 7m를 초과하는 무인비행선

14 베르누이 정의에 대한 바른 설명으로 적당한 것은 어느 것인가?

① 동압과 정압의 합이 일정하다.
② 정압이 일정하다.
③ 전압이 일정하다.
④ 동압이 일정하다.

15 초경량 비행장치의 비행 전 조종기 테스트로 적당한 것은 어느 것인가? (테스트로 적당한 거리)

① 기체를 이륙해서 조종기를 테스트한다.
② 기체 바로 옆에서 테스트한다.
③ 기체와 30m 떨어져서 레인지 모드로 테스트한다.
④ 기체와 100m 떨어져서 일반 모드로 테스트한다.

16 무인 멀티콥터가 비행 가능한 지역은?

① 인파가 많고 차량이 많은 곳
② 전파수신이 많은 지역
③ 장애물이 없고 안전한 곳
④ 전깃줄 및 장애물이 많은 곳

17 비행 중 떨림 현상이 발견되었을 때 착륙 후 올바른 조치상황을 모두 고르시오.

> 가. rpm을 낮추고 낮게 비행한다.
> 나. 프로펠러 모터의 파손 여부를 확인한다.
> 다. 조임쇠와 볼트의 잠짐 상태를 확인한다.
> 라. 기체의 무게를 줄인다.

① 다, 라　　② 나, 다
③ 나, 라　　④ 가, 나

18 비행장치에 작용하는 힘은?

① 양력, 중력, 추력, 항력
② 양력, 무게, 동력, 미칠
③ 양력, 중력, 무게, 추력
④ 양력, 마찰, 추력, 항력

19 회전익 비행장치가 호버링 상태로부터 전진 비행으로 바뀌는 과도적인 상태는?

① 자동 회전
② 지면 효과
③ 전이 성향
④ 전이 양력

20 초경량 비행장치 무인 헬리콥터 자격시험 응시자격 연령은?

① 만 18세 이상
② 만 14세 이상
③ 만 12세 이상
④ 만 20세 이상

21 항공기가 아닌 것은 어느 것인가?

① 지구 대기권 내외를 비행할 수 있는 항공 우주선
② 계류식 무인비행기
③ 비행기
④ 헬리콥터

22 날개골의 받음각이 증가하여 흐름의 떨어짐 현상이 발생하면 양력과 항력의 변화는?

① 양력은 감소하고 항력은 증가한다.
② 양력은 증가하고 항력은 감소한다.
③ 양력과 항력이 모두 증가한다.
④ 양력과 항력이 모두 감소한다.

23 조종자 리더십에 관한 설명으로 옳은 것은?

① 결점을 찾아내서 수정한다.
② 기체 손상 여부 관리를 의논한다.
③ 다른 조종자에 대한 험담을 한다.
④ 편향적 안전을 위하여 의논한다.

24 비행기에 고정 피치로터를 장착하고 시험운전 중 진동이 느껴졌다. 다음 중 추정되는 원인으로 맞는 것은?

① 로터의 장착과는 관계없다.
② 로터 장착 볼트의 조임치가 일정하지 않다.
③ 엔진출력에 비해 큰 마력수에 적당한 로터를 장착했다.
④ 로터의 표면이 거칠다.

25 초경량 비행장치의 비행계획 승인 신청 시 포함되지 않는 것은?

① 조종자의 비행경력
② 비행경로 및 고도
③ 비행장의 종류 및 형식
④ 동승자의 자격 소지

26 동력비행장치의 연료 제외 무게는 어느 것인가?

① 70kg 이하
② 220kg 이하
③ 150kg 이하
④ 115kg 이하

27 로터(프로펠러)의 피치에 대한 설명으로 옳은 것은?

① 로터(프로펠러)의 1회전 시 진행하는 거리
② 로터(프로펠러)의 1회전 시 진행하는 방향
③ 로터(프로펠러)의 1회전 시 진행하는 속도
④ 로터(프로펠러)의 1회전 시 발생하는 바람의 양

18 1   19 3   20 2   21 2   22 1   23 1   24 2   25 4   26 4   27 1   **정답**

28 다음 중 국토부장관이 지정 고시한 공역의 종류 중 "항공기의 조종사가 비행 시 특별한 주의/경계/식별 등이 필요한 공역"은 무엇인가?

① 주의공역　　　② 관제공역
③ 통제공역　　　④ 비관제 공역

29 뉴턴의 운동법칙 중 토크현상과 관계있는 것은?

① 작용, 반작용 법칙
② 관성의 법칙
③ 가속도의 법칙
④ 베르누이의 법칙

30 항공법에 명시된 비행과 관련한 '초경량 비행장치 사고'에 속하지 않는 것은?

① 초경량 비행장치의 추락, 충돌 또는 화재 발생의 경우
② 초경량 비행장치의 위치를 확인할 수 없거나 초경량 비행장치에 접근이 불가능한 경우
③ 차량이 주기장에 주기된 초경량 비행장치를 파손시킨 경우
④ 초경량 비행장치에 의한 사람의 사망/중상 또는 행방불명 된 경우

31 다음 중 무인비행장치의 비상램프 점등 시 조치로서 틀린 것은?

① GPS에러 경고 – 비행자세 모드로 전환하여 즉시 비상착륙을 실시한다.
② 통신두절 경고 – 사전 설정된 RH내용을 확인하고 그에 따라 대비한다.
③ 배터리 저전압 경고 – 비행을 중지하고 착륙하여 배터리를 교체한다.
④ IMU센서 경고 – 자세 모드로 전환하여 비상착륙을 실시한다.

32 사고 발생 시 조치사항으로 옳지 않은 것은?

① 사고조사를 위해 기체, 현장을 보존할 것
② 인명구호를 위해 신속히 필요한 조치를 취할 것
③ 사고 발생 사실을 항공철도사고조사위원회로 신속히 신고할 것
④ 사고조사를 위해 조종자가 미리 손상된 기체를 살펴보고 항공철도사고조사위원회에 보고한다.

33 다음 중 우시정에 대한 내용으로 옳지 않은 것은?

① 항공기상 분야에서는 국제적으로 최단시정이 쓰이고 있다.
② 우리나라, 일본, 미국 등 일부 나라에서는 우시정을 사용하고 있다.
③ 우시정이란 방향에 따라 보이는 시정이 다를 때 가장 큰 값으로부터 그 값이 차지하는 부분의 각도를 더해가서 합친 각도의 합계가 180도 이상이 될 때의 가장 낮은 시정값을 말한다.
④ 공항면적의 60% 이상에서 보이는 '거리의 최저치'를 말하는 것이다.

34 외부로부터 항공기에 작용하는 힘을 외력이라고 한다. 다음 중 외력과 가장 거리가 먼 것은 무엇인가?

① 항력　　　② 양력
③ 중력　　　④ 압축력

35 공기 흐름 방향에 관계없이 모든 방향으로 동등하게 작용하는 압력으로 옳은 것은?

① 정압
② 동압
③ 벤투리 압력
④ 전압의 양에 정압을 감한 값

정답 28 1　29 1　30 3　31 1　32 4　33 4　34 4　35 1

36 다음 항공기상에 대한 설명 중 옳지 않은 것은?

① 시정은 대기의 혼탁도를 나타내는 척도이다.

② 항공기상은 항공기의 안전하고 경제적인 운항에 관계있는 기상상태를 의미한다.

③ 기압은 대기의 압력을 의미하며 대기권에서는 고도가 높아질수록 증가한다.

④ 지표면에 대한 공기의 수평방향 상대운동을 바람이라고 한다.

37 다음 중 대기에 대한 설명으로 옳은 것은?

① 대기권은 고도 1,100미터 정도이다.

② 고도계는 대기의 압력(정압)을 감지하여 지시한다.

③ 대기 압력이 낮아지면 엔진의 출력은 증가한다.

④ 대류권 내에서 고도가 증가하면 대기 압력은 증가한다.

38 기압을 나타내는 단위로 옳지 않은 것은?

① Ibs

② hPa

③ Millbar(mb)

④ mm mercury(mm, Hg)

39 무풍, 맑은 하늘, 상대습도가 높은 조건에서 낮고 평평한 지형에서 주로 아침에 발생하는 안개는 어떤 안개인가?

① 증기안개   ② 활승안개

③ 복사안개   ④ 이류안개

40 태양에너지가 지표면을 불규칙하게 가열하여 발생한 기압차로 인한 공기의 수평 이동 현상은?

① 바람   ② 안개

③ 구름   ④ 수직대류

8회 실전 모의고사

01 고기압에 대한 설명으로 옳지 않은 것은?

① 바람은 시계 방향을 발산한다.

② 중심 부근에는 상승기류가 있다.

③ 주위보다 높으면 고기압이다.

④ 고기압 접근 시에는 대체로 맑은 날씨를 보인다.

02 온난전선의 특징으로 옳지 않은 것은?

① 하층에 층운형 구름을 형성한다.

② 온난전선 통과 시 시정은 불량하고 이슬비가 내린다.

③ 기압은 온난전선 접근 시 감소하고 통과 시 급상승한다.

④ 하층 윈드시어는 온난전선의 전방에서 6시간 이상 지속되기도 한다.

03 항속거리를 높이는 요소는?

① 측풍   ② 하강류

③ 정풍   ④ 배풍

04 상승해서 좌측으로 이동하려면 조종기 조작법은?

① 피치를 당기고 스로틀을 내린다.

② 스로틀을 천천히 올리고 좌측으로 조종

③ 롤을 좌로 밀고 피치를 앞으로 민다.

④ 피치를 앞으로 밀고 롤을 좌측으로 조종

05 우리나라는 중심 최대 풍속이 몇 km/h, m/s 이상일 때 태풍이라 부르는가?

① 61.2km/h(17m/s) 이상

② 45.4km/h(13m/s) 이상

③ 50.4km/h(14m/s) 이상

④ 75.6km/h(21m/s) 이상

06 통제구역에 해당하는 것은?

① 위험구역(D)   ② 비행금지구역(P)

③ 훈련구역(CATA)   ④ 경계구역(A)

07 다음 뇌우의 형성 조건이 아닌 것은?

① 강한 대류활동   ② 불안정 대기

③ 높은 습도   ④ 상승운동

08 스트레스(피로) 방법으로 옳지 않은 것은?

① 충분한 수면

② 적절한 휴식과 운동

③ 적절한 보상

④ 호식(좋은 음식)과 반주

09 이륙거리를 짧게 하는 방법으로 적당하지 않은 것은?

① 고양력 장치를 사용한다.

② 배풍으로 이륙한다.

③ 추력을 크게 한다.

④ 비행기 무게를 작게 한다.

정답 01 ② 　 02 ③ 　 03 ④ 　 04 ② 　 05 ① 　 06 ② 　 07 ① 　 08 ④ 　 09 ②

10 태풍이 발생하는 조건으로 알맞은 것은 어느 것인가?

① 열대성 고기압
② 열대성 폭풍
③ 열대성 저기압
④ 편서풍

11 한랭전선 통과 후 특징이 아닌 것은?

① 전선 통과 후 바람의 변화는 남서풍에서 북서풍이다.
② 전선 통과 후 기압 상승
③ 전선 통과 후 기온 하강
④ 전선 통과 후 바람의 변화는 남동풍에서 남서풍이다.

12 멀티콥터가 왼쪽(좌에일러론)으로 좌선회(평행이동)하려고 할 때 프로펠러가 빨리 도는 모터는? (단, quadcopter이고, 전 좌측 모터는 시계 방향으로 돈다)

① 전 우측모터 – 후 좌측모터
② 전 좌측모터 – 후 우측모터
③ 전 좌측모터 – 후 좌측모터
④ 전 우측모터 – 후 우측모터

13 프로펠러 비행기가 최대항속거리를 비행하기 위한 조건은?

① 양항비 최소, 연료소비율 최대
② 양항비 최소, 연료소비율 최소
③ 양항비 최대, 연료소비율 최소
④ 양항비 최대, 연료소비율 최대

14 대류권 내에서 기온은 1000ft마다 몇 도(℃)씩 감소하는가?

① 1도
② 3도
③ 2도
④ 4도

15 초경량 비행장치 소유자의 주소 변경 시 신고 기간은?

① 60일
② 45일
③ 30일
④ 15일

16 기체에 작용하는 외력이 아닌 것은?

① 압축력
② 항력
③ 추력
④ 양력

17 전자변속기(ESC)에 대한 설명으로 옳지 않은 것은?

① 발열이 생길 경우 냉각 필요
② 전자변속기 허용 전압에 맞는 배터리 연결 필요
③ 브러시리스 모터의 회전수를 제어하기 위해 사용
④ 가급적 허용 전류가 작은 전자변속기 장착이 안전

18 양력 발생에 영향을 미치는 것이 아닌 것은?

① 속도
② 받음각
③ 해발고도
④ 장애물이 없는 지역

19 양력 발생에 대한 설명으로 맞는 것은?

① 블레이드 면적의 제곱에 비례하여 증가한다.
② 공기밀도와는 무관하다.
③ 양력 개수는 변하지 않는다.
④ 속도의 제곱에 비례하여 증가한다.

20 일정 고도 유지 비행 시 사용하는 장치는?

① 자이로 센서 　② GPS

③ 기압계 센서 　④ 지자계 센서

21 바람을 일으키는 주요 원인은 무엇인가?

① 습도

② 지구의 회전

③ 태양 복사열의 불균형

④ 공기량 증가

22 다음 멀티콥터의 기본 비행이론에 대한 설명 중 틀린 것은?

① 고속을 회전하는 모터와 같은 방향으로 회전한다.

② 모터의 회전속도가 다르면 기체가 기울어지면서 방향 이동을 한다.

③ 헬리콥터처럼 꼬리날개가 필요 없다.

④ 멀티콥터는 수직이륙 및 호버링이 가능하다.

23 공기 흐름 방향에 관계없이 모든 방향으로 작용하는 압력으로 맞는 것은?

① 벤투리 압력

② 정압

③ 속도는 동압+정압에서 전압을 뺀 것이다.

④ 동압

24 멀티콥터 착륙 지점으로 바르지 않은 것은?

① 평평하면서 경사진 곳

② 바람에 날아가는 물체가 없는 평평한 지역

③ 고압선이 없고 평평한 지역

④ 평평한 해안지역

25 항공안전법에 대한 내용 중 바르지 못한 것은?

① 국제민간 항공조약의 규정과 동 조약의 부속도서로서 채택된 표준과 방식에 따른다.

② 국가, 항공사업자 및 항공종사자 등의 의무 등에 관한 사항을 규정한다.

③ 시행령과 시행규칙은 국토부령으로 제정되었다.

④ 항공기 항행의 안전을 도모하기 위한 방법을 정한 것이다.

26 초경량 비행장치의 배터리가 작동하여 발생시키는 힘이 아닌 것은?

① 수직추력 　② 마찰항력

③ 중력 　④ 수평추력

27 다음 중 항공안전법의 목적에 대한 내용에서 틀린 것은?

① 국제민간 항공 협약 및 같은 협약의 부속서에서 채택된 표준과 권고되는 방식을 따른다.

② 안전하고 효율적인 항행을 위한 방법을 규정한다.

③ 항공기, 경량항공기, 초경량 비행장치로 구분한다.

④ 국가, 항공사업자, 항공종사자 등의 권리와 의무에 관한 사항을 규정한다.

28 항공정보 간행물은 무엇인가?

① AIC 　② AIP

③ AIRAC 　④ NOTAM

29 항공안전법에서 규정하는 항공업무가 아닌 것은?

① 항공교통관제

② 운항관리 및 무선설비의 조작

③ 정비, 수리, 개조된 항공기, 발동기, 프로펠러 등의 장비나 부품의 안정성 여부 확인 업무

④ 항공기를 탑승하여 실시하는 조종 연습 업무

30 고기압 지역에서 저기압 지역으로 고도계 조정 없이 비행하면 고도계는 어떻게 변화하는가?

① 해면 위 실제 고도보다 낮게 지시

② 변화하지 않는다.

③ 해면 위 실제 고도보다 높게 지시

④ 해면 위 실제 고도 지시

31 항공보험 가입 신고를 위한 서류 제출 기간은?

① 5일 이내   ② 3일 이내

③ 10일 이내   ④ 7일 이내

32 다음 항공안전법의 적용 및 적용 특례에 대한 설명 중 옳지 않은 것은?

① 세관업무 항공기와 관련 항공기와 관련 항공업무에 종사하는 사람은 항공안전법 적용

② 민간항공기는 항공안전법 전체를 적용

③ 경찰업무 항공기는 공중 충돌 등 항공기 사고 예방을 위한 사항만 적용

④ 군용항공기와 관련 항공업무에 종사하는 사람은 항공안전법 미적용

33 양력중심이 무게중심의 뒤에 있는 이유는?

① 꼭 같은 위치에 있을 수 없기 때문에

② 항공기의 전방이 조금 무거운 경향을 주기 위해

③ 항공기의 후방이 조금 무거운 경향을 주기 위해서

④ 더 좋은 수직 안정을 갖게 하기 위하여

34 안정된 대기의 특성이 아닌 것은?

① 지속성 강수   ② 적운형 구름

③ 불량한 시정   ④ 잔잔한 기류

35 비행정보를 고시할 때 어디를 통해서 고시하는가?

① 항공협회 정기 간행물

② 항공협회 회람

③ 일간신문

④ 관보

36 받음각이란 주날개의 시위선(익현선)과 무엇이 이루는 각을 말하는가?

① 양력

② 합력 상대풍

③ 캠버

④ 수평선

37 조종자 증명을 받지 않고 비행한 경우 3차 과태료는?

① 200만 원   ② 400만 원

③ 300만 원   ④ 100만 원

38 비행제한공역의 비행 승인권자는 누구인가?

① 항공철도사고조사위원회

② 한국교통안전공단

③ 항공안전기술원

④ 지방항공청장

39 진고도의 설명으로 맞는 것은?

① 모든 오차를 수정한 해면으로부터의 실제 높이

② 지표면으로부터의 고도

③ 고도계가 지시하는 고도

④ 표준 기준면으로부터의 고도

40 초경량 비행장치가 수평비행 중 등속도 비행을 하기 위해서는?

① 항력과 추력이 같아야 한다.

② 양력과 항력이 같아야 한다.

③ 항력이 양력보다 커야 한다.

④ 양력과 무게가 같아야 한다.

PART 01
PART 02
PART 03
PART 04
PART 05

9회 실전 모의고사

※ 해설은 무료 동영상 강의로 제공합니다.

01 초경량 비행장치 사용사업의 등록 시 사업계획서에 들어가는 내용이 아닌 것은?

① 사업 개시 예정일

② 사업 목적 및 범위

③ 안전관리대책

④ 사업 개시 후 3개월간 운용 재원 계획

02 다음 지구 대기권에 대한 설명 중 옳지 않은 것은?

① 성층권은 약 11~50km까지이며, 상승할수록 온도가 강하하는 특성이 있다.

② 대류권은 평균 높이 11km까지이며, 대류 및 기상현상이 발생되는 구역이다.

③ 지구대기권은 물리적 특성에 따라 극외권, 열권, 중간권, 성층권, 대류권으로 나뉜다.

④ 중간권은 약 50~80km까지이며, 상승할수록 온도가 강하하는 특성이 있다.

03 다음 중 배터리를 탈착(분리) 할 때의 설명으로 옳은 것은?

① +극을 먼저 떼어낸다.

② −극을 먼저 떼어낸다.

③ 아무거나 무방하다.

④ 동시에 떼어낸다.

04 다음 중 항공기에 복합소재를 사용하는 가장 주된 이유는 무엇인가?

① 금속보다 저렴하기 때문

② 금속보다 오래 견디기 때문

③ 금속보다 가볍기 때문

④ 열에 강하기 때문

05 다음 중 무인비행장치 운용에 따라 조종자가 직접 작성한 문서로 옳지 않은 것은?

① 비행훈련 기록부

② 항공기 이력부

③ 조종자 비행기록부

④ 정기검사 정비기록부

06 멀티콥터 비행 중 떨림현상을 감지했을 때 조치사항으로 옳은 것은?

① rpm을 낮추고 낮은 고도로 비행한다.

② 비행을 중지하고 로터 및 모터의 파손, 그리고 조임쇠와 볼트의 잠김상태를 확인한다.

③ 기체의 무게를 줄여본다.

④ 비행을 중지하고 잠시 쉬었다가 다시 비행해 본다.

07 다음 중 멀티콥터 동체의 좌, 우 흔들림을 잡아주는 센서는?

① 자이로 센서　　② 지자계 센서

③ 기압 센서　　④ GPS

01 ④　02 ①　03 ②　04 ④　05 ④　06 ②　07 ① 정답

08 다음 중 4행정 왕복엔진의 행정순서로 올바른 것은 어느 것인가?

① 배기-폭발-압축-흡입

② 흡입-압축-폭발-배기

③ 배기-흡입-압축-폭발

④ 흡입-폭발-압축-배기

09 다음 멀티콥터 비행에 관한 설명 중 틀린 것은?

① 지구 자기장 교란지수 5 이상일 경우 비행을 자제하는 것이 좋다.

② 기체 시동, 비행 등 기체와의 안전거리는 5m 정도 이격하여 운용한다.

③ 방제용 멀티콥터의 경우 5m/sec 이하로 운용한다.

④ 운용고도는 AGL 150m 이하에서 운용한다.

10 다음 중 무인비행장치의 비상램프 점등 시의 조치로 틀린 것은?

① GPS에러 경고 – 비행자세 모드로 전환하여 즉시 비상착륙을 실시한다.

② 통신 두절 경고 – 사전 설정된 RH내용을 확인하고 그에 따라 대비한다.

③ 배터리 저전압 경고 – 비행을 중지하고 착륙하여 배터리를 교체한다.

④ IMU센서 경고 – 자세 모드로 전환하여 비상착륙을 실시한다.

11 다음 중 베르누이 정리의 특성으로 옳은 것은?

① 비압축성, 비유동성, 무점성

② 압축성, 유동성, 점성

③ 비압축성, 유동성, 무점성

④ 압축성, 비유동성, 점성

12 공기 흐름 방향에 관계없이 모든 방향으로 동등하게 작용하는 압력으로 옳은 것은?

① 정압

② 동압

③ 벤투리 압력

④ 전압의 양에 정압을 감한 값

13 다음 중 비행장치에 작용하는 힘의 방향(양력, 항력, 중력, 추력)과 속도와의 관계 설명으로 옳지 않은 것은?

① 항력은 속도의 제곱에 비례한다.

② 양력은 받음각이 증가하면 증가한다.

③ 중력은 속도에 비례한다.

④ 추력은 받음각과 상관없다.

14 다음 중 착빙의 종류로 옳지 않은 것은?

① 맑은 착빙

② 이슬 착빙

③ 거친 착빙

④ 서리 착빙

15 다음 중 항공기의 이륙성능과 대기 압력의 관계를 설명한 것으로 올바른 것은? (단, 대기 압력의 조건은 동일하다고 가정한다.)

① 대기 압력이 높아지면 공기밀도 증가, 양력 증가, 이륙거리 증가

② 대기압력이 높아지면 공기밀도 증가, 양력 감소, 이륙거리 증가

③ 대기 압력이 높아지면 공기밀도 증가, 양력 증가, 이륙거리 감소

④ 대기 압력이 높아지면 공기밀도 증가, 양력 감소, 이륙거리 감소

16 무풍, 맑은 하늘, 상대습도가 높은 조건에서 낮고 평평한 지형에서 주로 아침에 발생하는 안개는 무엇인가?

① 증기안개
② 활승안개
③ 복사안개
④ 이류안개

17 태양에너지가 지표면을 불규칙하게 가열하여 발생한 기압차로 인한 공기의 수평 이동 현상은?

① 바람
② 안개
③ 구름
④ 수직대류

18 고기압에 대한 설명으로 옳지 않은 것은?

① 바람은 시계 방향으로 발산한다.
② 중심 부근에는 상승 기류가 있다.
③ 주위보다 기압이 높으면 고기압이다.
④ 고기압 접근 시에는 대체로 맑은 날씨를 보인다.

19 다음 구름의 종류 중 하층운(2km 미만) 구름으로 옳지 않은 것은?

① 층적운
② 층운
③ 난층운
④ 권층운

20 다음 과태료의 금액이 가장 작은 위반 행위로 옳은 것은?

① 조종자 증명을 받지 않고 초경량 비행장치를 사용하여 비행한 경우의 1차 과태료
② 조종자 준수사항을 따르지 않고 비행한 경우의 1차 과태료
③ 비행안전의 안전성 인증을 받지 않고 비행한 경우의 1차 과태료
④ 초경량 비행장치의 말소신고를 하지 않은 경우의 1차 과태료

21 일반적인 비행금지 사항에 대한 설명으로 옳은 것은?

① 서울지역 P−73A/B 구역의 건물 내에서는 야간에도 비행이 가능하다.
② 한적한 시골지역 유원지 상공의 150m 이상 고도에서 비행이 가능하다.
③ 초경량 비행장치 전용공역에서는 고도 150m 이상, 야간에도 비행이 가능하다.
④ 아파트 놀이터나 도로 상공에서는 비행이 가능하다.

22 초경량 비행장치에 의하여 중사고가 발생한 경우 사고조사를 담당하는 기관으로 옳은 것은?

① 관할 지방항공청
② 항공교통관제소
③ 교통안전공단
④ 항공철도사고조사위원회

23 초경량 비행장치 무인 멀티콥터의 안전성 인증을 실시하는 기관으로 옳은 곳은?

① 교통안전공단
② 지방항공청
③ 항공안전기술원
④ 국방부

24 다음 중 초경량 비행장치에 속하지 않는 것은?

① 동력비행장치
② 행글라이더
③ 동력 패러슈트
④ 동력 패러글라이더

16 ③   17 ①   18 ②   19 ④   20 ④   21 ①   22 ④   23 ③   24 ③   **정답**

25 비행장 및 그 주변의 공역으로서 항공교통의 안전을 위하여 지정된 공역으로 옳은 것은?

① 관제구   ② 관제권

③ 항공로   ④ 특수공역

26 다음 중 항공장애등 설치 기준 높이로 옳은 것은?

① 300ft(AGL)   ② 500ft(AGL)

③ 300ft(MSL)   ④ 500ft(MSL)

27 항공기의 비행 시 조종사의 특별한 주의, 경계, 식별 등이 필요한 공역으로 맞는 것은?

① 관제공역   ② 통제공역

③ 주의공역   ④ 비관제 공역

28 따뜻한 해수면 위를 덮고 있던 기단이 차가운 해면으로 이동했을 때 발생하는 안개로 옳은 것은?

① 활승안개   ② 복사안개

③ 증기안개   ④ 바다안개

29 낮에 산 사면이 햇빛을 받아 온도가 상승하여 산 사면을 타고 올라가는 바람을 무엇이라고 하는가?

① 산풍   ② 곡풍

③ 육풍   ④ 해무

30 한랭전선의 특징이 아닌 것은?

① 따뜻한 기단 위에 형성된다.

② 적운형 구름

③ 온난전선에 비해 이동속도가 빠르다.

④ 좁은 지역에 소나기나 우박이 내린다.

31 우리나라는 중심최대풍속이 몇km/h, m/s 이상일 때 태풍이라 부르는가?

① 75.6km/h(21m/s) 이상

② 61km/h(17m/s) 이상

③ 50.4km/h(14m/s) 이상

④ 45.4km/h(13m/s) 이상

32 조종기 및 지상통제장치에 대한 설명으로 옳지 않은 것은?

① 지상통제장치를 통해 비행체로부터 데이터를 받으며 비행상태 파악 가능

② 기체 전원을 먼저 인가하고 조종기 및 지상통제장치 전원을 이후에 인가하는 것이 적절

③ 안전을 위해 조종기 및 지상통제장치와 통신이 두절되었을 경우 자동귀환 설정 필요

④ 전원을 차단할 때는 조종기 및 지상통제장치 전원을 마지막에 차단하는 것이 적절

33 완전히 비행이 금지된 곳은 아니지만 대공포 사격, 유도탄 사격 등으로 항공기에게 보이지 않는 위험이 존재하므로 민간비행기의 비행이 금지되어 있는 공역은?

① 군사작전/훈련공역

② 경고공역

③ 제한공역

④ 금지공역

34 다음 초경량 비행장치 중 안전성 인증 대상이 아닌 기체는?

① 항공레저스포츠사업에 사용되는 행글라이더

② 동력비행장치

③ 사람이 탑승하지 않는 기구류

④ 회전익 비행장치

35 특별 승인을 받을 자가 무인비행장치 특별비행 승인 신청서에 첨부하여 국토교통부장관에게 제출할 서류가 아닌 것은?

① 무인비행장치의 제조 및 정비에 관한 서류

② 무인비행장치의 조종자의 조종 능력 및 경력 등을 증명하는 서류

③ 무인비행장치의 성능 및 운용한계에 관한 서류

④ 무인비행장치의 종류, 형식 및 제원에 관한 서류

36 초경량 비행장치 중 프로펠러가 8개인 멀티콥터를 무엇이라 부르는가?

① 옥토콥터　　　　② 헥사콥터
③ 쿼드콥터　　　　④ 트라이콥터

37 비행장치에 작용하는 4가지의 힘이 균형을 이룰 때는 언제인가?

① 지상에 정지상태에 있을 때
② 등속도 비행 시
③ 가속 중일 때
④ 상승을 시작할 때

38 초경량 비행장치 무인 멀티콥터 조종자 전문교육기관 지정을 위해 교통안전공단 이사장에게 제출할 서류가 아닌 것은?

① 전문 교관의 현황
② 교육시설 및 장비의 현황
③ 교육훈련 계획 및 교육원훈련 규정
④ 보유한 비행장치의 제원

39 조종사 준수사항으로 옳지 않은 것은?

① 야간에 비행은 금지되어 있다.
② 사람이 많은 아파트 놀이터 등에서 비행은 가능하다.
③ 음주, 마약을 복용한 상태에서 비행은 금지되어 있다.
④ 사고나 분실에 대비하여 비행장치에 소유자 이름과 연락처를 기재하여야 한다.

40 다음 중 벡터량이 아닌 것은 무엇인가?

① 가속도　　　　② 속도
③ 양력　　　　　④ 질량

10회 실전 모의고사

※ 해설은 무료 동영상 강의로 제공합니다.

01 초경량 비행장치를 신고/변경 신고 비이행 상태에서 비행 시 벌칙조항으로 맞는 것은?

① 6개월 이하 징역 또는 500만 원 이하 벌금

② 4개월 이하 징역 또는 300만 원 이하 벌금

③ 5개월 이하 징역 또는 400만 원 이하 벌금

④ 3개월 이하 징역 또는 200만 원 이하 벌금

02 다음 중 관제권에 대한 설명으로 옳지 않은 것은?

① 관제권은 계기비행 항공기가 이착륙하는 공항에 설정되는 공역이다.

② 관제권은 수직적으로 지표면으로부터 3000ft 또는 5000ft까지 설정할 수 있다.

③ 관제권은 수평적으로 중앙 중심(ARP)으로부터 반경 5NM까지 설정할 수 있다.

④ 관제권은 하나의 공항에 대해 설정하며, 다수의 공항을 포함할 수는 없다.

03 안전, 국방상 그 밖의 이유로 공기의 비행을 금지하는 공역은?

① 비행 금지구역   ② 훈련구역

③ 군작전구역   ④ 비행 제한구역

04 프로펠러의 밸런스가 맞지 않을 때 가장 우선적으로 나타나는 현상을 무엇인가?

① 진동이 나타난다.

② 모터가 비정상적으로 회전한다.

③ 회전이 되지 않는다.

④ LED 경고등이 점등된다.

05 모터 발열의 원인으로 옳지 않은 것은?

① 조종사가 조종기의 트림선을 맞추지 못한 경우

② 탑재 중량이 무거운 경우

③ 높은 고도에서 장시간 비행한 경우

④ 착륙 직후

06 무인기의 인적 에러에 의한 사고 비율은 유인기와 비교할 때 상대적으로 낮은 것으로 나타났다. 그 이유로 옳은 것은?

① 유인기와 비교할 때 무인기는 자동화율이 낮기 때문이다.

② 유인기에 비해 무인기는 인간 개입의 필요성이 적기 때문이다.

③ 무인기는 아직까지 기계적 신뢰성이 낮기 때문이다.

④ 설계 개념상 File-safe 개념의 시스템의 이중 설계 적용이 미흡하기 때문이다.

07 지도조종자가 교육생의 조종을 논평하는 이유로 옳은 것은?

① 교육생의 의견에 반론하기 위해

② 자신의 비행 경험을 이야기하며 공유하기 위해

③ 교육생의 조종 실수를 지적하기 위해

④ 서로 대화하며 문제점을 찾기 위해

정답 01 1   02 4   03 1   04 1   05 1   06 1   07 4

08 가속도 센서의 설명으로 옳은 것은?

① 기압을 측정하는 센서

② 온도를 측정하는 센서

③ 기울기와 가속을 측정하는 센서

④ 각속도를 측정하는 센서

09 비행체 구조의 크기나 모양에 의해 발생되는 저항으로 옳은 것은?

① 마찰항력　　　② 유해항력

③ 유도항력　　　④ 형상항력

10 측풍작용의 종류가 아닌 것은?

① 크랩착륙　　　② 사이드슬립착륙

③ 디크랩착륙　　④ 포워드슬립착륙

11 비행장치의 착륙거리를 짧게 하는 방법으로 옳지 않은 것은?

① 착륙무게를 가볍게 한다.

② 접지속도를 작게 한다.

③ 배풍으로 착륙한다.

④ 항력을 크게 한다.

12 동력장치의 출력과 비행고도의 관계 설명으로 틀린 것은?

① 과급기가 없는 피스톤 엔진은 고도가 높아짐에 따라 출력이 급격히 감소된다.

② 엔진의 출력이 고도에 따라 변화하는 주된 이유는 공기의 밀도 변화이다.

③ 전기 동력이 사용되는 고정피치 프로펠러 비행기는 고도가 높아지더라도 추력의 변화가 없다.

④ 가스터빈엔진을 장착한 항공기도 고도가 높아질수록 출력이 낮아진다.

13 실속의 설명으로 옳은 것은?

① 기체를 급격히 감속한 것

② 지상에서 주행 중인 기체를 정지한 것

③ 날개가 임계각을 초과하여 양력을 상실한다.

④ 대기 속도계의 고장으로 속도를 알 수 없게 된 것

14 기체의 기울기를 감지하고 비행을 안정화하는 장치는?

① 강착장치　　　② 추력장치

③ 자세제어장치　④ 전압안정화장치

15 멀티콥터의 안전성 인증에 대한 설명으로 옳지 않은 것은?

① 실시하는 이유는 비행 안전을 위해서다.

② 설계, 비행계획, 장치 등 모두를 검사한다.

③ 초도, 정기, 재 수시 인증 등이 있다.

④ 운영규정과 정비규정을 점검한다.

16 설정된 공역을 고지해 주는 것은 무엇인가?

① 관보　　　　　② 일간신문

③ AIP　　　　　④ NOTAM

17 다음 초경량 비행장치에 대한 설명으로 틀린 것은?

① 초경량 비행장치는 공기의 반작용으로 뜰 수 있는 장치를 말한다.

② 초경량 비행장치는 대통령령(시행령)으로 기준을 정한다.

③ 초경량 비행장치에는 무인비행장치가 포함된다.

④ 초경량 비행장치 중 무인동력비행장치는 자체중량이 150kg 이하이다.

08 ③　09 ②　10 ④　11 ④　12 ③　13 ③　14 ③　15 ②　16 ④　17 ② **정답**

18 다음 항공안전법에서 정하고 있는 사항에 대한 설명으로 틀린 것은?

① 항공안전법은 국제민간항공협약 및 같은 부속서에서 채택된 표준과 권고되는 방식을 따른다.

② 항공안전법은 항공기, 경량항공기, 초경량 비행장치로 구분하여 안전사항을 규정한다.

③ 항공안전법은 효율적인 항행을 위한 방법에 대한 사항을 규정한다.

④ 항공안전법은 항공 안전을 책임지는 국가의 권리와 항공사업자 및 항공종사자 등의 의무에 대한 사항을 규정한다.

19 다음 항공안전법에서 정하고 있는 사항에 대한 설명으로 틀린 것은?

① 항공기 등록에 관한 사항

② 항공기 기술기준 및 형식증명에 관한 사항

③ 항공종사자에 관한 사항

④ 항행안전시설 안전에 관한 사항

20 관성측정장치(IMU)에 대한 설명으로 옳은 것은?

① 일반적으로 가속도계, 자이로스코프, 지자기 센서를 포함

② 무인비행장치의 자세를 안정화하기 위해 활용

③ 무인비행장치의 자세각, 자세각속도, 가속도를 측정 및 추정

④ 진동에 매우 강인하여 진동에 큰 영향을 받지 않는다.

21 무인 멀티콥터가 비행할 수 없는 것은 어느 것인가?

① 전진 비행   ② 추진 비행

③ 배면 비행   ④ 회전 비행

22 토크작용에 대한 내용으로 틀린 것은?

① 후미에 장착된 안티토크로터의 피치 변화로 상쇄시킨다.

② 주로 고정익 비행체에서 발생한다.

③ 뉴턴의 작용 반작용법칙에 해당한다.

④ 동체는 블레이드 회전 방향의 반대로 회전하려 한다.

23 날개의 공기 흐름 중 기류박리에 대한 설명으로 틀린 것은?

① 날개의 표면과 공기 입자 간의 마찰력으로 공기 속도가 감소하여 정체 구역이 형성된다.

② 기류박리는 양력과 항력을 급격히 증가시킨다.

③ 경계층 밖의 기류는 정체점을 넘어서게 되고 경계층이 표면에 박리되게 된다.

④ 날개 표면에 흐르는 기류가 날개의 표면과 공기 입자 간의 마찰력으로 인해 표면으로부터 떨어져 나가는 현상을 말한다.

24 비행 중 날개에 발생하는 항력으로 공기와의 마찰에 의하여 발생하며 점성의 크기와 표면의 매끄러운 정도에 따라 영향을 받는 항력은 무엇인가?

① 유도항력   ② 압력항력

③ 조파항력   ④ 마찰항력

25 로터의 피치에 대한 설명으로 맞는 것은 어느 것인가?

① 로터가 한 번 회전할 때 전방으로 진행한 실제 거리를 기하학적 피치라 한다.

② 로터가 블레이드 각의 기준선이다.

③ 바람의 속도가 증가할 때 로터의 회전을 유지하기 위해서는 피치를 감소시킨다.

④ 로터가 한 번 회전할 때 전방으로 진행한 이동거리를 기하학적 피치라 한다.

26 항공 분야에서 인적요소(Human Factor)란?

① L-L은 사람과 사람 사이의 인터페이스. 조종사, 관제사 정비사, 승객 등과의 상호 관계 작용

② L-H 인간과 절차, 매뉴얼, 체크리스트, 컴퓨터 프로그램과 같은 시스템의 비물질적인 측면

③ SHE를 말한다.

④ 2명 이상의 운용 요원으로 팀을 구성하고 팀원들 간 긴밀하고 효율적인 협조를 필요로 하는 것.

27 초경량 비행장치 사고 발생 후 사고조사 담당 기관은 어디인가?

① 항공철도사고조사위원회

② 지방항공청

③ 한국교통안전공단

④ 국토교통부

28 모든 항공기에 비행정보 업무만 제공되는 공역은?

① D등급
② A등급
③ E등급
④ G등급

29 공역의 설정 기준에 어긋나는 것은?

① 국가 안전보장과 항공 안전을 고려한다.

② 공역의 활용에 효율성과 경제성이 있어야 한다.

③ 공역의 구분이 이용자보다는 설정자가 쉽게 설정할 수 있어야 한다.

④ 항공교통에 관한 서비스의 제공 여부를 고려해야 한다.

30 항공조사위원회가 항공사고조사보고서를 작성, 송부하는 기구 또는 국가가 아닌 곳은?

① 항공기제작국

② NASA

③ ICAP

④ 항공기운영국

31 습윤한 공기가 상대적으로 한랭한 수면이나 지면 위를 지날 때 발생하는 안개는?

① 이류안개
② 복사안개
③ 증기안개
④ 활승안개

32 항공안전법의 적용 및 적용 특례에 관한 설명으로 틀린 것은?

① 민간항공기는 항공안전법 전체를 적용

② 군용항공기와 관련 항공업무에 종사하는 사람은 항공안전법 미적용

③ 세관업무 항공기와 관련 항공업무에 종사하는 사람은 항공안전법 적용

④ 경찰업무 항공기는 공중 충돌 등 항공기 사고 예방을 위한 사항만 적용

33 다음 초경량 비행장치 안전성 인증에 대한 설명으로 틀린 것은?

① 안전성 인증 대상은 국토교통부령으로 정한다.

② 초경량 비행장치 중에서 무인비행기도 안전성 인증 대상이다.

③ 무인비행장치 안전성 인증 대상은 최대 이륙중량이 25kg을 초과하는 것이다.

④ 초경량 비행장치 안전성 인증기관은 기술원(항공안전기술원)만이 수행한다.

34 다음 중 무인비행장치 조종자가 준수해야 하는 사항으로 옳은 것은 무엇인가?

① 일몰 후부터 일출 전까지의 야간에 비행하는 행위

② 주류 등의 영향으로 조종 업무를 정상적으로 수행할 수 없는 상태로 조종하는 행위

③ 비행 중 주류 등을 섭취하거나 사용하는 행위

④ 무인비행장치를 육안으로 확인할 수 있는 범위에서 조종하는 행위

35 받음각이 변하더라도 모멘트의 계수 값이 변하지 않는 점을 무슨 점이라 하는가?

① 중력중심　　② 반력중심
③ 공기력 중심　　④ 압력중심

36 다음 중 항공교통관제업무가 제공되는 공역이 아닌 곳은?

① 관제구
② 비행장교통구역
③ 관제권
④ 정보구역

37 니켈-카드뮴 배터리에 대한 설명 중 옳지 않은 것은?

① 이상이 있을 때만 교체하면 되므로 정비비용이 적게 든다.

② 완전 방전 시 배터리 성능이 심각하게 저하되므로 관리 시 유의해야 한다.

③ 내부의 전해액이 유출되지 않도록 실링을 잘해야 한다.

④ 가스의 방출은 없으나 고열 차단을 위한 적절한 환기장치가 필요하다.

38 대한민국 항공법 최초 제정은 몇 년인가?

① 1961년 2월　　② 1963년 3월
③ 1961년 3월　　④ 1962년 2월

39 초경량 항공기의 실속 회복을 위해 우선적으로 해야 하는 유효한 방법을 고르시오.

① 엔진을 풀파워로 한다.

② 조종간을 중립 상태로 하여 수평을 빨리 유지하고 파워를 서서히 증가시킨다.

③ 조종간을 뒤로 당겨 기수를 올려준다.

④ 조종간을 앞으로 밀어서 기수를 내려준다.

40 다음 구름 종류 중 수직운(3km 미만) 구름은?

① 층운　　② 층적운
③ 적란운　　④ 난층운

11회 실전 모의고사

※ 해설은 무료 동영상 강의로 제공합니다.

01 무인 멀티콥터의 비행 형태가 아닌 것은?

① 횡요비행　　② 수직이착륙
③ 정지비행　　④ 초음속비행

02 비행 후 기체 점검사항 중 옳지 않은 것은?

① 남은 연료가 있을 경우 호버링 비행하여 모두 소모시킨다.
② 송/수신기의 배터리 잔량을 확인하고 부족 시 충전한다.
③ 메인 블레이드, 테일 블레이드의 결합상태, 파손 등을 점검한다.
④ 동력계통 부위의 볼트 조임 상태 등을 점검하고 조치한다.

03 멀티콥터 또는 무인회전익기의 착륙 시 지면으로 하강할 때 힘이 증가하고 조작이 어려워지는 현상은?

① 양력 불균형　　② 횡단류 효과
③ 지면 효과　　④ 전이 성향

04 초경량 비행장치로 위규비행을 한 자가 지방항공청장이 고지한 과태료 처분에 대하여 불복이 있는 경우 이의 제기를 할 수 있는 기간은?

① 고지를 받은 날부터 10일 이내
② 고지를 받은 날부터 15일 이내
③ 고지를 받은 날부터 30일 이내
④ 고지를 받은 날부터 60일 이내

05 대류성 기후에 의해 형성되는 구름은?

① 권층운　　② 고층운
③ 적운　　④ 층운

06 비행장에 설정하여야 할 장애물 제한 표면과 관계없는 것은?

① 진입 표면　　② 수평 표면
③ 기초 표면　　④ 전이 표면

07 안전성 인증을 받지 않고 비행한 경우 과태료는?

① 300만 원　　② 500만 원
③ 200만 원　　④ 400만 원

08 진한 회색을 띠며 비와 안개를 동반한 구름은 무엇인가?

① 난층운　　② 권적운
③ 권층운　　④ 층적운

09 다음 바람 용어에 대한 설명 중 옳지 않은 것은?

① 바람속도는 스칼라양인 풍속과 같은 개념이다.
② 풍향은 바람이 불어오는 방향을 말한다.
③ 풍속은 공기가 이동한 거리와 이에 소요된 시간의 비이다.
④ 바람시어는 바람 진행 방향에 대해 수직 또는 수평 방향의 풍속 변화이다.

정답　01 4　02 1　03 3　04 3　05 3　06 3　07 2　08 1　09 1

10 프로펠러에 이상이 있을 시 가장 먼저 발생하는 현상은 무엇인가?

① 경고등이 들어온다.

② 경고등이 안 들어온다.

③ 진동 발생

④ 기체가 추락한다.

11 바람이 고기압에서 저기압으로 불어갈수록 북반구에서 우측으로 휘게 되는 현상은?

① 원심력

② 기압경도력

③ 지면마찰력

④ 전향력(코리올리의 힘)

12 고기압 지역에서 저기압 지역을 고도계 조정 없이 비행하면 고도계는 어떻게 변화하는가?

① 해면 위 실제 고도보다 낮게 지시

② 변화하지 않는다.

③ 해면 위 실제 고도보다 높게 지시

④ 해면 위 실제 고도 지시

13 공기는 고기압에서 저기압으로 흐른다. 이러한 흐름을 직접적으로 방해하는 힘은?

① 마찰력

② 구심력

③ 전향력

④ 원심력

14 인적요인 중 피로와 관련된 설명으로 옳지 않은 것은?

① 인간은 피로할 경우 시야가 어두어지며 무기력해진다.

② 수면 부족 시 결정장애 증상이 없다.

③ 급성피로는 휴식, 식이운동 등을 통해 회복한다.

④ 다양한 항공 분야에서 피로관리를 중요하게 다루고 있다.

15 리포배터리의 4cell 충전 전압은 몇 V인가?

① 11.1V

② 14.8V

③ 16.8V

④ 7.4V

16 배터리 폐기 시 주의사항 중 다른 것은?

① 환기가 잘되는 곳에서 소금물 이용 완전 방전 후 폐기(유독성 기체 주의)

② 전기적 저항요소(전구, 모터)를 배터리에 연결하여 완전 방전 후 폐기

③ 장기 보관을 통한 방전 금지

④ 전기적 단락을 이용한 방전

17 수평등속도 비행을 하던 비행기의 속도를 증가시켰을 때 그 상태에서 수평비행을 하기 위해서는 받음각은 어떻게 하여야 하는가?

① 감소하다 증가시킨다.

② 증가시킨다.

③ 감소시킨다.

④ 변화시키지 않는다.

18 드론의 핵심 데이터링크 기술 중 LTE에 대한 설명 중 다른 것은?

① 드론제어 통신거리 무제한

② 고용량 자료 전송 어려움

③ 실시간 영상 스트리밍

④ 테러나 범죄 악용 가능성

19 ICAO지역 사무소 중 아,태 권역 사무소는?

① EUR/NAT

② APAC

③ NACC

④ ESAF

20 다음 중 비행 금지구역 P61~P65의 원전 중 다른 것은?

① P-62 월성원전

② P-61 고리원전

③ P-63 한빛원전

④ P-64 대전원자력연구소

21 위성항법시스템(GNSS)에 대한 설명으로 옳지 않은 것은?

① 무인비행장치의 위치와 속도를 제어하기 위해 활용

② 수평 위치보다 수직 위치의 오차가 상대적으로 큼

③ 위성신호 교란, 다중경로 오차 등 측정값에 발생시키는 다양한 요인 존재

④ 5.5m/s 이상의 바람에 의해 GNSS 오차가 발생한다.

22 배터리 사용(충/방전) 횟수 증가에 따른 현상은?

① 배터리 내부 저항 증가로 충전시간 단축 효과 발생

② 배터리 내부 저항 증가로 방전율 저하

③ 배터리 내부 저항 증가로 비행시간 증가 효과 발생

④ 배터리 내부 저항 증가로 사용 시 전압 증가

23 일반적으로 위험한 윈드시어를 만날 수 있는 곳은?

① 뇌우를 동반한 기온역전 현상이 있는 곳

② 온난전선 주변

③ 바람의 속도가 10kts 이상일 때

④ 정체전선 주변

24 마그네틱 컴퍼스가 지시하는 북쪽은?

① 북극

② 진북

③ 도북

④ 자북

25 다음 중 항공기 사용사업의 등록 취소 제외 사항이 아닌 것은?

① 등록기준에 일시적으로 미달한 후 3개월 이내에 그 기준을 충족하는 경우

② 금융채권협의회가 채권 금융기관 공동 관리 절차 개시의 의결을 하고 그 절차가 진행 중인 경우

③ 법원이 회생절차 개시의 결정을 하고 그 절차가 진행 중인 경우

④ 항공기 운항의 정지명령을 위반하여 운항 정지 기간에 1회 운항한 경우

26 서로 마주보고 접근하는 두 항공기는 항로를 어떻게 변경해야 하는가?

① 하강한다.

② 좌측으로

③ 우측으로

④ 상승한다.

27 다음 중 초경량 비행장치가 비행하고자 할 때의 설명으로 맞는 것은?

① 주의 공역은 지방항공청장의 비행계획 승인만으로 가능하다.

② 통제 공역의 비행계획 승인을 신청할 수 없다.

③ CTA(Civil Training Area) 비행 승인 없이 비행이 가능하다.

④ 관제공역, 통제공역, 주의공역은 관할 기관의 승인이 있어야 한다.

28 1마력은 몇 kgm/s인가?

① 60kgm/s

② 75kgm/s

③ 65kgm/s

④ 70kgm/s

20 ④ 21 ④ 22 ② 23 ① 24 ④ 25 ④ 26 ③ 27 ④ 28 ② 정답

29 지구의 기상에서 일어나는 변화의 가장 근본적인 원인은?

① 해수면의 온도 상승

② 구름의 양

③ 지구 표면에 받아들이는 태양에너지의 변화

④ 구름의 대이동

30 활공 시 가장 멀리 갈 수 있는 조건은?

① 가로세로비를 작게 한다.

② 활공각을 최대로 한다.

③ 활공각을 최소로 한다.

④ 양항비를 최소로 한다.

31 다음 중 벌칙 적용 사항이 다른 하나는?

① 보험 또는 보험공제에 가입하지 아니하고 경량항공기 또는 초경량 비행장치를 사용하여 비행한 자

② 명의대여 금지를 위반한 초경량 비행장치 사용사업자

③ 요금표 등을 갖추지 아니하거나 거짓 사항을 적은 요금표를 갖추어둔 자

④ 자료를 제출하지 아니하거나 거짓으로 제출한 자

32 북반구 저기압에 대해 옳지 않은 것은 어느 것인가?

① 시계 방향으로 불며 맑은 날씨를 보인다.

② 반시계 방향으로 바람이 분다.

③ 비와 기상을 동반

④ 상승기류가 있다.

33 초경량 비행장치 조종자 증명 취소 사유에 해당하지 아니한 것은?

① 행정처분을 받고 비행하는 경우

② 거짓으로 조종자 증명을 받은 경우

③ 부정한 방법으로 조종자 증명을 받은 경우

④ 주류를 섭취 후 비행하는 경우

34 강수 발생률을 강화시키는 것은?

① 수평활동　　　② 수직활동

③ 상승기류　　　④ 온난한 하강기류

35 진북과 자북의 사잇각을 무엇이라 하는가?

① 편각　　　② 자차

③ 복각　　　④ 수평분력

36 프로펠러 직경에 대한 설명으로 옳지 않은 것은?

① 프로펠러 직경과 피치는 프로펠러의 규격

② 프로펠러 직경에 따라 추력 변화

③ 프로펠러 직경이 짧을수록 대형 기체에 유리

④ 프로펠러가 회전하면서 만드는 회전면의 지름

37 다음 중 유도기류의 설명 중 맞는 것은?

① 취부각의 증가로 영각이 증가하면 공기는 위로 가속한다.

② 취부각이 "0"일 때 에어포일을 지나는 기류는 상.하로 흐르게 된다.

③ 공기가 로터 블레이드의 회전에 의해 변화된 하강기류를 말한다.

④ 유도기류 속도는 취부각이 증가하면서 감소한다.

정답 ▶ 29 ③　30 ③　31 ②　32 ①　33 ④　34 ③　35 ①　36 ③　37 ③

38 전선의 설명 중 틀린 것은?

① 폐색전선은 한랭전선이 온난전선을 따라 잡아 두 전선이 겹쳐지는 경우에 만들어지는 전선

② 온난전선은 차가운 공기로 찬 공기 위로 상승하면서 생기는 전선

③ 정체전선은 세력이 비슷한 두 전선이 만나서 오랫동안 한곳에 머물러 있는 전선

④ 한랭전선은 찬 공기가 따뜻한 공기 쪽으로 이동하여 따뜻한 공기 아래로 파고들며 생기는 전선

39 브러시 없는 모터에 대한 설명으로 옳지 않은 것은?

① 정확한 속도제어가 가능하다.

② 구동을 위한 제어기가 필요하다.

③ 브러시 모터에 비해 가격이 싸다.

④ 브러시 모터에 비해서 수명이 길다.

40 모터의 동일한 회전 수에서 프로펠러의 직경과 피치가 증가할 경우 이동거리와 추력은 어떻게 되는가?

① 이동거리 감소, 추력 감소

② 이동거리 감소, 추력 증가

③ 이동거리 증가, 추력 감소

④ 이동거리 증가, 추력 증가

• 함께 읽으면 좋은 책 •

수소 연료전지 드론의
설계와 정비

★QR 스캔하기★

차세대 에너지 캐리어 수소 연료전지와 수소 드론 설계·조립·정비를 한 번에!
더 오래 더 멀리 가는 친환경 에너지 모빌리티!

연료전지의 개념과 각종 연료전지(직접 메탄올 연료전지(DMFC), 고분자 전해질막 연료전지(PEMFC), 인산형 연료전지(PAFC), 용융탄산염형 연료전지(MCFC), 고체 산화물 연료전지(SOFC), 알칼리 연료전지(AFC))의 구분과 특징부터 살펴본다. 그런 다음 수소의 개념과 수소 연료전지의 원리 등을 설명하고, 수소 연료전지 드론의 설계, 조립, 관리, 안전을 위한 정비 등 모든 것을 다룬다. 기체 수소보다 안전한 수소 액화, 액화기, 수소 연료전지 관련 부품과 관련 산업 등 수소 경제 관련 내용까지 살펴본다. 또한 화학적으로 수소를 추출할 때 이산화탄소 배출 여부에 따라 구분되는 그레이 수소, 그린 수소, 블루 수소뿐 아니라 청록 수소 등을 풀이한 수소 드론 관련 용어 사전, 드론 관련 취업에 도움 되는 한국산업인력공단의 산업용 드론 기능경기대회 등 관련 내용도 부록으로 실었다. 미래 지향적인 드론 산업과 차세대 에너지 수소, 이 두 마리 토끼를 한 번에 잡을 수 있는 교재로, 관련 공부와 취업에 큰 도움이 될 것이다.

홍성호, 박찬호, 위형도, 이동주 지음
4×6배판 / 200쪽 / 23,000원

픽스호크
드론의 정석

★QR 스캔하기★

특수 목적형 드론을 픽스호크로 개발·활용하는 데 필요한 모든 것!
아두파일럿의 오픈 소스 픽스호크 프로젝트에 대한 입체 분석!
개정증보판에서 최신 Pixhawk4 학습용 드론 조립가이드 대폭 추가!

이 책에서는 드론코드 프로젝트의 핵심인 아두파일럿(http://ardupilot.org/)의 내용을 철저히 분석하고 마브링크(MAVLink), 픽스호크(Pixhawk), PX4, 큐그라운드 컨트롤(QGround control) 같은 무인항공기(드론) 표준 외에 미션 플래너 등도 다루고 기체 조립 방법과 튜닝, 각종 설정 방법도 다룬다. 또, 다양한 이해를 돕기 위한 동영상 시각 자료 QR코드와 픽스호크 연결도, 멀티콥터 관련 도해, 사진 등을 빠짐없이 수록했으며 책 말미에는 중국 CUAV 사의 픽스해크(pixhack) 연결도도 등장한다. 중요한 픽스호크 연결 다이어그램과 프레임 유형별 모터 방향은 한 장의 브로마이드로 별도 삽입되어 있다.

공현철, 한기남, 김지연, 서동훈 지음
4×6배판 / 400쪽 / 35,000원

쇼핑몰 QR코드 ▶ 다양한 전문서적을 빠르고 신속하게 만나실 수 있습니다.
경기도 파주시 문발로 112번지 파주 출판 문화도시   TEL. 031)950-6300   FAX. 031)955-0510

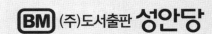

드론 (초경량비행장치)(무인멀티콥터) 조종자 자격 필기

2023. 1. 3. 1판 1쇄 인쇄
2023. 1. 11. 1판 1쇄 발행

지은이 | 김종복, 오석봉, 김창수, 김장호
펴낸이 | 이종춘
펴낸곳 | BM ㈜도서출판 성안당

주소 | 04032 서울시 마포구 양화로 127 첨단빌딩 3층(출판기획 R&D 센터)
10881 경기도 파주시 문발로 112 파주 출판 문화도시(제작 및 물류)

전화 | 02) 3142-0036
031) 950-6300

팩스 | 031) 955-0510
등록 | 1973. 2. 1. 제406-2005-000046호
출판사 홈페이지 | www.cyber.co.kr
ISBN | 978-89-315-5852-4(13000)
정가 | 20,000원

이 책을 만든 사람들
책임 | 최옥현
진행 | 최창동
본문 디자인 | 인투
표지 디자인 | 박원석
홍보 | 김계향, 이보람, 유미나, 이준영
국제부 | 이선민, 조혜란, 권수경
마케팅 | 구본철, 차정욱, 오영일, 나진호, 강호묵
마케팅 지원 | 장상범, 박지연
제작 | 김유석